海洋境界画定の国際法

*International Law of
maritime boundary delimitation*

Murase Shinya 村瀬信也
Etou Junichi 江藤淳一

［共編］

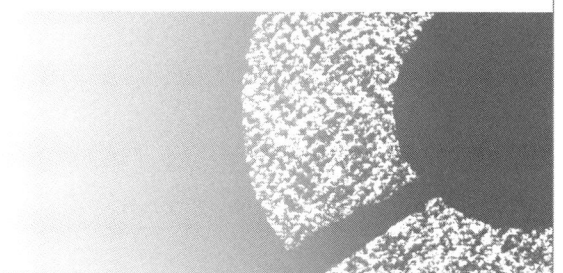

東信堂

はしがき

　海洋基本法の下で新たな海洋立国の実現をめざす、海に囲まれた日本にとって、その主権ないし主権的権利の及ぶ範囲を定める海洋境界画定問題は避けて通れぬ重要な国際法上の課題である。隣国間の画定問題については、すでに多くの条約慣行と国際判例の蓄積があり、わが国をめぐる海洋境界も、それらに準拠して画定されなければならない。もっとも、境界画定の原則にはまだ不確定のまま残された問題もあり、また、領土紛争がその海域に影を落としている場合には、境界画定が容易でないことも事実である。場合によっては、境界画定を棚上げにして「共同開発」を進めることも一つの方法である。隣国間の問題に加えて、200カイリを越えて遠く広がる大陸棚の限界を定めるという課題も重要である。

　本書はこうした問題について、国際法の観点から多面的に検討し、問題状況を分析するとともに、解決のための方策を考えようとするものである。

　本書の基になったのは『国際問題』2007年10月号（電子ジャーナル、日本国際問題研究所刊）での「日本の海洋境界画定」に関する特集である。そこでは共編者を含む5名の執筆者による論稿が掲載されたが、本書は、新たに4名の執筆者を加え、かつ原稿枚数も倍近くに増やして、全く新しい企画として出版することとした。新たな執筆者の方々には、きわめて短期間のうちに原稿を完成していただくよう依頼しなければならなかったが、ご協力に対し心から感謝申し上げる。

　本書は、海洋境界画定問題について多面的に取り組むという趣旨から、各論文の筆者はそれぞれの考えに基づいて検討を行なっており、必ずしも見解が統一されているわけではないことを、予めお断りしておきたい。

　東信堂の下田勝司社長には本書の出版につき格別のご配慮を頂いた。編集を担当して下さった松井哲郎氏に対する感謝とともに、心から御礼申し上げる。

　　2008年6月1日

村瀬　信也

江藤　淳一

序に代えて

――日中大陸棚境界画定問題――

村瀬　信也

　国際法の中でも海洋法は最も古くから発展してきた分野である。海洋法形成の動因となったのは、古くは「貿易商人」の活動であり、近代に入ると「海賊」と「捕鯨者」[1]、さらに「漁民」と「軍人」、現代はさしずめ「石油採掘者」が加わることになろう。

　20世紀後半から、各国は海洋石油資源の確保を目指して、それぞれ沿岸海域の囲い込みを行なってきた。そうした動きに対応して、大陸棚条約(1958年)、さらに国連海洋法条約(1982年)が採択され、関連の国際慣習法の発展とあいまって、国家間の海洋境界画定を合理的な基準で調整するための規則が次第に確立してきた。この分野の国際法の発展変容は目覚しく、そのため国家間に国際紛争が生じてきたことも事実である。しかし、その多くは国際司法裁判・仲裁裁判・調停など紛争の平和的解決手続を通して調整が図られ、境界画定の基準についても、すでに多くの国際判例が集積して、一定の方向性が示されている。海洋に関する境界画定問題が生じた場合には、まずもって、国際法に則って解決することが重要であることは言うまでもない。

　周知のように、日中間ではこの数年、東シナ海の大陸棚に関する境界画定問題が重要な外交案件として取り上げられてきた。中国が中間線の西側付近で「春暁」油ガス田の採掘施設建設に着手したと報道されたのは2004年5月のことであった。その後「天外天」ガス田や「八角亭」油ガス田においてもガスの

燃焼によると思われる炎が確認された。これらの施設それ自体はぎりぎり中間線の西側に位置するものといわれるが、油ガス田は中間線の東側にもまたがっている。もとより日本政府は、中国側のそうした一方的な行動に強く抗議してきた。東シナ海大陸棚に関する日中協議は、2004年11月以来、10数回にわたって重ねられてきたが、最近まで見るべき進展はなかった。

しかるに、2007年4月の温家宝総理の訪日の際、最終的な境界画定までの間の「暫定的な枠組み」として、双方の海洋法に関する諸問題についての立場を損なわないことを前提として、互恵の原則に基づき、双方が受け入れ可能な比較的広い海域での「共同開発」を行なうことや協議のプロセスを加速させること等で一致した。さらに、2008年5月の胡錦濤主席の訪日の際、近い将来、具体的な進展があることが強く示唆された。こうして、2008年6月18日、日中間でついに「政治的合意」に到達したのである。

同日発表された「東シナ海における日中間の協力について」と題する共同プレス発表では、「日中双方は、日中間で境界がいまだ画定されていない東シナ海を平和・協力・友好の海とするため、……境界画定が実現するまでの過度的期間において双方の法的立場を損なうことなく協力することについて一致し、そして、その第一歩を踏み出した。今後も引き続き協議を継続していく。」と述べられている。

この「政治的合意」は、具体的に2つの「了解」からなる。一つは北部海域(概ね北緯29度31分から30度4分と東経125度53分から126度26分の線で囲まれる区域)の「共同開発」についての了解であり、「双方は、共同探査を経て、互恵の原則に従って、……双方が一致して同意する地点を選択し、共同開発を行なう。具体的な事項については双方が協議を通じ確定する。」とし、「双方は、上述の開発の実施に必要な二国間合意をそれぞれの国内手続を経て早期に締結すべく努力する」としている。さらに「双方は、東シナ海のその他の海域における共同開発を出来るだけ早く実現するため、継続して協議を行なう」こととしている。

もう一つの了解は前記「春暁」(日本名「白樺」)の油ガス田開発に関するもので、「中国企業は、日本法人が中国の海洋石油資源の対外協力開発に関する法律に従って、春暁の現有の油ガス田における開発に参加することを歓迎する」とし、「日中両国政府はこれを確認し、必要な交換公文に合意し、早期に締結すべく努力する。双方はその締結のために必要な国内手続をとる」と記され

ている。

　これらの了解において、共同開発区域が日中の中間線を跨いだ形で設定され、そこで互恵の原則に基づき、操業権・権益比率などが対等に確保されることが確認されたこと、また中間線の中国側に位置する春暁についても日本法人の参加が認められたことなど、その意義は極めて大きい。

　他方でしかし、この政治的合意は、最終的な境界画定が実現するまでの「過度的」性質の合意であり、かつ「双方の法的立場を損なうことなく」というディスクレイマーがかかっていることからも、双方の基本的立場の対立が止揚されたわけではない。そうしたことから、ここでは、国際法に照らして、大陸棚境界画定に関するそれぞれの立場を比較検討しておきたい。

係争区域の範囲

　まず先決的な問題として、係争区域の範囲を確定する必要がある。係争区域をどう決めるかは、境界画定に決定的な意味をもつ。中国側の主張によれば、日本は、日本の基線から中間線までを主張し、中国側は、中国基線から沖縄海溝までを主張しているのであるから、中国基線から中間線までが中国の海域に属することは争われてはいない。したがって「係争区域」は、中間線以東・沖縄海溝までである、というものである。

　これに対して日本側は、紛争の範囲は、「権原」（title, entitlement）ないし「法的基礎」に関する主張の衝突する範囲であり、単なる請求（claims）の衝突する範囲ではない。国連海洋法条約76条によれば、大陸棚は「基線から200海里の距離までのものをいう」のであるから、日中双方は200海里までの大陸棚について、権原を有しているのである。東シナ海における日中の海岸の距離は400海里に満たず、日本からの200海里線は中国沿岸に達し、中国（台湾を含めて）の200海里線も沖縄列島に迫って重なり合っている。したがって「係争区域」は、北緯21度から31.5度の「東シナ海全域」ということになる。

　係争区域をいかに確定するかについては、国際司法裁判所（ICJ）の「グリーンランド・ヤンマイエン海洋境界画定事件」判決（1993年）でも明らかにされている。

　「… 海洋境界画定請求は、権原が重複している区域（an area of overlapping

entitlements)、すなわち、それぞれの国が他国の存在がなければ請求しえたであろう区域が重複しているという意味においての権原の重複があるという点で、特別の側面を有する。本件において、対抗する請求および対抗する権原の関係についての真の視点は、重複する請求区域と重複する潜在的権原(overlapping potential entitlement)の区域との双方を考慮しなければ得られないということは明らかである。」[2]

　日本は当初からこの判決と同様、「権原」の重複を前提として、日中双方の200海里線が重なる海域の中間線を具体的な「請求」(claim)として提起しているのに対し、中国は、権原と請求とをあえて区別することなく、自国領土の自然の延長として沖縄海溝までの大陸棚を主張しているのである。日本は中間線以西を権原として放棄したわけではないので、上記のように、中国がわが国の了解なしに一方的な採掘活動を行なってきたことは、極めて深刻な問題と言わなければならない。

境界画定基準としての中間線

　中国はいわゆる「自然延長論」に基づき、中国の大陸棚が沖縄海溝まで延びていると主張している。しかるに、東シナ海の大陸棚は「琉球海溝」(沖縄の東側、6000メートル級の深い海溝)に至る「一枚の大陸棚」である。沖縄列島もこの大陸棚の上に乗っているのである。列島の西側に位置する「沖縄海溝」(2000メートル級)は、その大陸棚の中の窪みに過ぎず、この大陸棚は、沖縄海溝で終わるわけではない。したがって日本は、このような「一枚の大陸棚」の場合、自然延長を持ち出すのは意味がないし、国連海洋法条約上も、沿岸から200海里の大陸棚を認めている以上、向かい合う国の間の距離が400海里未満の海域では自然延長論が認められる余地はありえないと主張しているのである。

　そもそも「自然延長」論はICJ「北海大陸棚事件判決」(1969年、本件は向かい合う国の間ではなく隣接する国の間の境界画定事件)で言及され、1970年代前半には一定の影響力を持っていたので、1982年の国連海洋法条約の大陸棚定義条項(76条1項)でもこの言葉が残ったが、ここで問題としている大陸棚の「境界画定」に関する条項(83条1項)では「衡平」が規定されるのみで、自然延長基準

は存在しない。

　その後の国際判例では、1970年代後半以降今日に至るまで、ほぼ一貫して、「等距離中間線」基準が採用されてきており、自然延長は線引きの基準としては廃れてしまったといってよい。すなわち、まずは中間線を「暫定線」として引き、これに衡平の観点から「関連事情」(双方の海岸線の長さや形状・島の存在など)を考慮して「微調整」を図るという方式である。こうした国際判例の集積を背景として、等距離中間線原則は、限りなく国際慣習法に近づいてきたものと捉えられる。同原則が、義務的であるとか、唯一の基準であるとまでは言えないとしても、それ以外の方法をとるとすれば、余程強い根拠のある正当な理由の存在が、(それを主張する側によって)証明されなければならないのである。

　国際判例の詳細については、本書の別稿で論じられるが、「英仏大陸棚事件」判決(1977年)で仲裁裁判所は、「断層」(ハードディープ)を画定に用いるべきだとする英国の主張を退け、中間線を採用した。ICJ「メイン湾境界画定事件」(1984年)でも、向かい合った海岸では中間線を暫定線として引いている。

　国際判例の中でも圧巻はICJ「リビア・マルタ大陸棚事件」判決(1985年)である。本件でマルタは距離基準(中間線)を、リビアは自然延長を主張した。裁判所は「沿岸国は沿岸から200海里の大陸棚を主張できるから、そもそも沿岸国の権原にとって海底の地質・地形の継続性の問題は無関係であり、またそれゆえ、境界画定に関しても、それらが『関連事情』として考慮されることはない」、「沿岸との物理的な継続性は少なくとも200海里以内においては、もはや過去のものである」としたのである。この判決は「地質学的意味での自然延長に死を与えた」と評されてもいる[3]。

　その後の国際判例も基本的に同様である。ICJ「グリーンランド・ヤンマイエン海洋境界画定事件判決」(1993年)、「エリトリア・イエメン仲裁判決」(1999年)、ICJ「カタール・バーレーン海洋境界事件判決」(2001年)、ICJ「カメルーン・ナイジェリア境界事件判決」(2002年)、「バルバドス・トリニダードトバゴ仲裁判決」(2006年)など、等距離中間線基準を適用した事例は枚挙に遑がない。

　裁判に至らなかったその他の国家実行を見ても、イタリア・チュニジア間(1971年)、アルゼンチン・ウルグアイ間(1973年)、ミャンマー・インド間(1986年)、アイルランド・英国間(1988年)、カーボヴェルデ・セネガル間(1993年)などの二国間協定では、何れも等距離中間線(関連事情による修正)を基準に線

引きが行なわれている[4]。さらに注目すべきは、中国とベトナムとの間の海洋境界画定に関する協定(2000年)である。この交渉過程でベトナムが自然延長論を主張したのに対して、中国側はこれに強く反対した。結局この協定では、「折半」基準ないし「等距離中間線」基準により(「関連事情」による調整を行った上で)線引きがなされたのである[5]。

こうした海洋境界画定問題は、それぞれの国の経済的利益に深い関係をもつだけでなく、双方のナショナリズムを刺戟して、合意が難しくなる場合も少なくない。国際法の原則に照らして、今後も冷静で生産的な交渉が進められることを望みたい。

【注】

1 カール・シュミット、生松敬三・前野光弘訳『陸と海と―世界史的一考察』慈学社出版2006年参照。
2 *ICJ Reports 1993*, para.59; Hugh Thirlway, "The Law and Procedure of the ICJ," Part Five, *British Year Book of International Law*, 1993, pp.14-18.
3 Thirlway, *op. cit., supra note* 2, Part Six, 1994, p.29.
4 村瀬信也「海洋境界画定に関する二国間協定に関する調査」日本国際問題研究所2000年43-56頁。
5 本書第6章参照。

目次／海洋境界画定の国際法

序に代えて……………………………………………村瀬 信也 iii
　係争区域の範囲 ………………………………………………… v
　境界画定基準としての中間線 ………………………………… vi

第1章　海洋境界画定に関する国際判例の動向 …… 江藤 淳一 3
　Ⅰ　はじめに ……………………………………………………… 3
　Ⅱ　関連海域の特定 ……………………………………………… 5
　Ⅲ　適用法の認定 ………………………………………………… 7
　Ⅳ　画定方法の選択 ……………………………………………… 10
　Ⅴ　関連事情の考慮 ……………………………………………… 12
　Ⅵ　最終的な画定までの義務 …………………………………… 16
　Ⅶ　おわりに ……………………………………………………… 19

第2章　海洋境界画定における比例性概念 ……… 田中 嘉文 23
　Ⅰ　問題の所在 …………………………………………………… 23
　Ⅱ　大陸棚境界画定における比例性概念 ……………………… 24
　Ⅲ　大陸棚と排他的漁業・経済水域に単一の境界画定における
　　　比例性概念 …………………………………………………… 29
　Ⅳ　海洋境界画定の国際法における比例性概念の機能と問題点 …… 38

第3章　海洋境界画定と領土紛争 ………………… 坂元 茂樹 49
　Ⅰ　はじめに ……………………………………………………… 49
　Ⅱ　海洋境界画定と国連海洋法条約 …………………………… 51
　Ⅲ　日韓の海洋境界画定と竹島の影 …………………………… 56
　Ⅳ　日中の海洋境界画定と尖閣諸島の影 ……………………… 61
　Ⅴ　おわりに ……………………………………………………… 72

第4章　大陸棚の共同開発 ……………………… 濱本　幸也　83
　Ⅰ　序　論 …………………………………………………… 83
　Ⅱ　東シナ海の特徴 ………………………………………… 84
　Ⅲ　日韓間の協定 …………………………………………… 85
　Ⅳ　共同開発の意義 ………………………………………… 93
　Ⅴ　結　語 …………………………………………………… 97

第5章　200海里を越える大陸棚の
　　　　限界設定をめぐる一考察……………… 兼原　敦子　103
　Ⅰ　はじめに ………………………………………………… 104
　Ⅱ　大陸棚への沿岸国権利の根拠 ………………………… 106
　Ⅲ　OCS制度における大陸棚沿岸国の権原論 …………… 113
　Ⅳ　OCS制度における科学的要因とLOSC76条の解釈 … 118
　Ⅴ　OCS限界設定における沿岸国・委員会・他国の関係 ……… 124
　Ⅵ　おわりに ………………………………………………… 126

第6章　中越海洋境界画定協定 ………………… 加々美康彦　133
　Ⅰ　序　論 …………………………………………………… 133
　Ⅱ　画定対象海域の特徴 …………………………………… 134
　Ⅲ　交渉過程 ………………………………………………… 137
　Ⅳ　中越画定協定による解決 ……………………………… 143
　Ⅴ　結　論 …………………………………………………… 152

第7章　境界未画定海域の管轄権 ……………… 奥脇　直也　161
　Ⅰ　境界未画定海域の海洋秩序の維持と国内法の適用範囲 ……… 161
　Ⅱ　境界画定線の一方的設定と境界画定合意阻害行為 ………… 163
　Ⅲ　境界未画定海域における国内法適用の対抗力 …………… 168

第8章　国連海洋法条約における
　　　　海洋境界画定紛争の解決手続………… 青木　隆 181

Ⅰ　制度の構造、その沿革と問題点 ………………………… 181
Ⅱ　条約当事国の宣言実行 …………………………………… 186
Ⅲ　新たな展開 ………………………………………………… 191
Ⅳ　ありうべき紛争解決手続 ………………………………… 197

資料編　海洋境界画定関連地図……………………………… 203

地図①　北海大陸棚事件(1969年) ……………………………… 204
地図②　英仏大陸棚事件(1977年) ……………………………… 205
地図③　チュニジア／リビア大陸棚事件(1982年) …………… 206
地図④　メイン湾海洋境界画定事件(1984年) ………………… 207
地図⑤　ギニア／ギニアビサウ海洋境界画定事件(1985年) … 208
地図⑥　リビア／マルタ大陸棚事件(1985年) ………………… 209
地図⑦　サン・ピエール・ミクロン海洋境界画定事件(1992年) … 210
地図⑧　グリーンランド／ヤン・マイエン海洋境界画定事件(1993年) … 211
地図⑨　エリトリア／イエメン海洋境界画定事件(1999年) … 212
地図⑩　カタール／バーレーン海洋境界・領土問題事件(2001年) …… 213
資料⑪　カメルーン／ナイジェリア領土・海洋境界事件(2002年) …… 214
資料⑫　バルバドス／トリニダード・トバゴ海洋境界画定事件(2006年) …… 215
資料⑬　ガイアナ／スリナム海洋境界画定事件(2007年) …… 216
資料⑭　カリブ海におけるニカラグア／ホンジュラス
　　　　領土・海洋紛争事件(2007年) ………………… 217

索　引……………………………………………………………… 219

海洋境界画定の国際法

村瀬 信也
江藤 淳一 共編

第1章　海洋境界画定に関する国際判例の動向

江藤　淳一

I　はじめに
II　関連海域の特定
III　適用法の認定
IV　画定方法の選択
V　関連事情の考慮
VI　最終的な画定までの義務
VII　おわりに

I　はじめに

　1945年9月のトルーマン米国大統領の大陸棚宣言に始まる海洋秩序の再編成は、1958年の「大陸棚に関する条約」（大陸棚条約）を経て、1982年の「海洋法に関する国際連合条約」（国連海洋法条約）における大陸棚と排他的経済水域（EEZ）という二つの制度に結実した。
　この新たな海域に対する各国の主権的権利の主張は、世界の多くの海域で境界画定をめぐる紛争を惹起し、その解決が各国の外交課題となった。大陸棚条約第6条は、大陸棚の境界は関係国の合意によって決定するものとし、合意がない場合には、特別の事情により他の境界線が正当と認められないかぎり、その境界は関係国の領海基線から等しい距離にあると定めた（以下、等距離・特別事情の原則）。これに対して、大陸棚の境界画定に関する国際司

法裁判所(ICJ)の最初の事件となった1969年の北海大陸棚事件判決は、等距離・特別事情の原則は慣習法として確立していないとの見解を示し、これに代わって、衡平原則(equitable principles)に従って、すべての関連事情を考慮して合意によって画定を行うというのが国際法の原則および規則であるとの結論を下した(以下、衡平原則・関連事情の原則)。これ以降、国際判例においては、大陸棚とEEZ(または漁業水域)の両者の境界画定について、衡平原則・関連事情の原則が慣習法であるとの見解が支持されるようになる。

ところが、国連海洋法条約は、衡平原則・関連事情の原則を明記せず、EEZと大陸棚の両者につき、「衡平な解決を達成するために、国際司法裁判所規程第三十八条に規定する国際法に基づいて合意により行う」(74条1項、83条1項)と規定するにとどまった。他方、この条約を転機として、最近の国際判例においては、海洋境界画定にあたっては、まず暫定的に等距離線を引き、衡平な結果を達成するために関連事情を考慮して等距離線の調整を行なう二段階アプローチが定着しつつある。2006年のバルバドス／トリニダード・トバゴ事件の仲裁判決は、このアプローチを「等距離・関連事情」の原則と呼び、従来の等距離・特別事情の原則と衡平原則・関連事情の原則の一本化をはかった。

本章は、下記の14の判決の分析に基づき判例の動向を明らかにするとともに、主にEEZと大陸棚に関し、境界画定紛争の解決にあたって考慮すべき基本的な問題につき検討を加えることを目的とする。なお、海洋境界画定に関する法は、後述するように、国際司法裁判所の判例法(case law)と仲裁判例(arbitral jurisprudence)を通じて発展してきたといえる。本章では、この判例法と仲裁判例の両者を国際判例として一括して扱うことにする[1]。

各事件は、以下で引用する場合、括弧内のアルファベット2文字で略記して判決のパラグラフ番号を示す(イタリックは仲裁裁判、下線は大陸棚の境界画定のみを扱った事件を示す)。各事件の地図は、巻末に掲載した(順番に各事件に1頁をあてている)。

①1969年　<u>North Sea Continental Shelf cases(Federal Republic of Germany/Denmark, Netherlands) (NS)</u>, ICJ Reports 1969, p.3.

②1977年　*Anglo-French Continental Shelf*(*A/F*),18 Reports of International Arbitral Award, p.10.

③1982年　Continental Shelf(Tunisia/Libya)(T/L), ICJ Reports 1982, p.18.

④1984年　Delimitation of the Maritime Boundary in the Gulf of Maine(United States/ Canada)(GM), ICJ Reports 1984, p.246.

⑤1985年　*Delimitation of the Maritime Boundary between Guinea/Guinea-Bissau case*(G/G), 89 Revue général de droit international public, p.484. 77 International Law Reports(ILR), p.635.

⑥1985年　Continental Shelf(Libya/Malta)(L/M), ICJ Reports 1985, p.13.

⑦1992年　*St.Pierre and Miquelon*(*France/Canada*)(*SM*), 95 ILR, p.645.

⑧1993年　Maritime Delimitation in the Area between Greenland/Jan Mayen (Norway/Denmark)(JM), ICJ Reports 1993, p.38.

⑨1999年　*Arbitration between Eritrea and Yemen*(*E/Y*), 119 ILR p.417.

⑩2001年　Maritime Delimitation and Territorial Questions between Qatar and Bahrain(Q/B), ICJ Reports 2001, p.40

⑪2002年　Land and Maritime Delimitation between Cameroon and Nigeria case (C/N), ICJ Reports 2002, p.303.

⑫2006年　*Arbitration between Barbados/Trinidad Tobago*(*B/T*), 45 International Legal Materials(ILM), p.800.

⑬2007年　*Arbitration between Guyana and Suriname*(*G/S*), online:〈http://www.pca-cpa.org〉

⑭2007年　Territorial and Maritime Dispute between Nicaragua and Honduras in the Caribbean Sea(N/H), 46 ILM, p.1053, online:〈http://www.icj-cij.org〉

II　関連海域の特定

　ここでは関連海域は、境界画定の際に考慮の対象となる海域という意味で用いる。この海域の特定は、裁判所が境界画定の方法を決定し衡平原則に基づく考慮を行う際に重要な役割を果たすものであり、本来は裁判のなかで何らかの形で行われるはずであるが、実際上の困難(地理的な状況と第三国の請求の存在)からそれが行われない場合もある(L/M)。ここでは、明確な形でこの特定が行われたヤン・マイエン事件を参考にして、その問題点にふれておきたい[2]。

ヤン・マイエン事件では、グリーンランド(デンマーク領)とヤン・マイエン(ノルウェー領)間(両島間の距離は約250海里)の大陸棚と200海里漁業水域の境界画定が紛争の主題であった。ノルウェーは、両島の中間線による境界画定を主張したのに対し、デンマークは、グリーンランドがヤン・マイエン(定住人口のない小島)に対し完全な200海里の大陸棚と漁業水域の権原をもつと主張し、権原が重複する水域についてはヤン・マイエンの水域をまったく認めないという立場をとった(JM60)。

裁判所は、最初に、当事者の議論で重要な役割を果たしてきた三つの海域を示した。第一は、デンマークの主張する200海里境界線とノルウェーの主張する中間線で囲まれた区域で、これを「重複請求区域(area of overlapping claim)」と呼ぶ。この区域の南限はアイスランドの200海里EEZの限界線である。第二は、デンマークの200海里境界線とヤン・マイエンが本来(グリーンランドがなかったならば)権原をもつ大陸棚と漁業水域の200海里境界線で囲まれた区域で、これを「潜在的重複請求区域(potential area of overlap of claims)」と呼ぶ。第三の区域は「境界画定紛争に関連する区域(relevant area)」である。これは、デンマークの主張に従い、「重複請求地域」の両端の点からヤン・マイエンまでの距離と同じ距離の点をグリーンランドの海岸上にとり、それらの点を結んだ線で囲まれた区域である(JM18-21, 巻末の地図⑧参照)。

この海域の特定で注目されるのは、まず、重複請求区域に加えて、潜在的重複請求区域(他国が存在しなければ権利主張を行うことができる区域)を認めたことである(本書の村瀬序文参照)。これは、国際法によって認められる可能性のある最大限まで請求している国とそうでない国との衡平をはかる趣旨である。これにより、グリーンランドが完全な200海里水域をもつとの主張はヤン・マイエンの権利と衡平の要素に反するとされた(JM59, 70)。また、「境界画定紛争に関連する区域」は、グリーンランドとヤン・マイエンの海岸のそれぞれの長さと両島に帰属する区域の面積との均衡性をはかる際の関連海域とされ、この均衡性の考慮に基づき重複請求区域のなかで中間線の修正が行われた(JM68-69, 91-92)。

このヤン・マイエンの関連海域の特定に関連して二つの点を指摘しておきたい。第一は、関連海域にかかわる第三国の水域の存在の問題である。ヤン・マイエン事件の場合、アイスランドの200海里水域にノルウェーもデンマークも合意していたので、その水域が関連海域の南限となった。しかし、この

ような合意がない場合は第三国の水域の扱いは難しい問題を提起する。これまでの判例では、第三国の主張する水域に関して予断するものではない（判決は第三者の行為（res inter alios acta））としつつ、当事国の求める海域に関し判断を下すもの（A/F28）のほか、第三国の水域を関連海域から除外するか（L/M21, E/Y136, 164, N/H318）、曖昧なままに残す（G/G94）という方法、あるいは、当該水域には影響を及ぼさないよう、そこに至る境界線の方向のみを示す（T/L130, Q/B249, C/N307）という方法がとられている。第三国の水域を除外する方法をとると、十分な境界画定を行うことができなくなるおそれがある。なお、最近のニカラグア／ホンジュラス事件では、決定された境界線が第三国の権利を侵害しない限度を確認する作業を行っている（N/H315-317）。

　第二は、関連海域に関する関連海岸の認定の問題である。ヤン・マイエン事件では、デンマークが定めた点の間の海岸は、「暫定的な中間線の全道筋（complete course）を生成するその役割に照らして」、関連海岸として適切であると認められたが、しかし、その根拠については何ら説明されていない（JM67）。ただ、デンマークがとった方法以上に合理的な方法を提示できるかといえば、それは困難かもしれない。関連区域の設定方法に反対した裁判官はいなかったと指摘されている[3]。これまでの判例でも、請求が重複する区域に延びていない海岸は除外されるとの立場（T/L75）がとられていたが、具体的に設定された点については十分な理由がないと思われる例も少なくない（T/L75, GM221, SM93）[4]。最近のガイアナ／スリナム事件においても、ヤン・マイエン事件判決が示した上記の判断基準に従って当事者の海岸を関連するものとして扱うとの見解が示されたが、実際に決定された関連海岸の根拠については何も説明されていない（G/S352）。

　なお、ヤン・マイエン事件で、ノルウェーは関連海域の法的意義を否定した（JM20）。確かに、等距離線（中間線）による境界画定を主張し、関連事情の考慮の余地はないという立場に立てば、関連海域の特定は必要ない。しかし、実際には、関連事情、とくに海岸の長さが検討されないのは稀である。

III　適用法の認定

　国際法の基本的な考え方に従えば、紛争当事国に適用できる条約規定があるときはその条約規定が適用法（applicable law）となり、それがなければ慣習

法上の規則が適用法となる。

　最初の一般的な条約は大陸棚条約であるが、この条約は当事国の数があまり多くはない(日本も未批准)。また、当事国の場合であっても、境界画定に関する第6条への留保のため一部区域に適用されないこともあった(*A/F*61)。さらに、この条約は大陸棚のみに関するものなので、大陸棚とEEZに同一(単一)の境界線を引くように求められる場合には、その適用が排除されることもあった(GM124, *SM*40)。このため、大陸棚条約の規定が適用法となった例は少ない(*A/F*48, 205, JM45)。

　北海大陸棚事件では、西ドイツが批准していなかったため、大陸棚条約は適用されず、また、その第6条が慣習法であるとの主張も認められなかった(NS60-81)。裁判所は、これに代わって、衡平原則・関連事情の原則が国際法の原則および規則であると判示した(NS85)。この原則は、大陸棚の境界画定に関する*opinio juris*(法的信念)を当初から反映している基本的法観念に合致しており(NS85)、裁判所の判決が公正で衡平でなければならないという一般的な根拠に基づくものとされる(NS88)。この衡平原則としては、他方の当事者の自然延長への侵入の回避といったきわめて一般的な原則があげられる(NS85)。その後の判例では、この衡平原則・関連事情の原則が慣習法上の原則として位置づけられるようになる(*A/F*75, GM123, L/M26-29, JM46)[5]。

　その後、この衡平原則・関連事情の原則と大陸棚条約第6条の等距離・特別事情の原則との関係を整合的に理解する判例の一つの流れが生じた。英仏大陸棚事件判決は、等距離・特別事情という単一の複合規則は、衡平原則という一般規範に特定の表現を与えるものであり(*A/F*70)、個々の境界画定方法の選択は、大陸棚条約の下であれ、慣習法の下であれ、地理その他の関連事情に照らし、かつ、画定は衡平原則に従うべしとの基本的規範に照らして決定されなければならないとの見解を示した(*A/F*97)[6]。また、ヤン・マイエン事件判決は、大陸棚に関しては大陸棚条約が、漁業水域には慣習法が適用されたが、いずれの場合も暫定的に中間線を引き、大陸棚については特別事情を考慮して、漁業水域については関連事情を考慮してそれぞれ調整を行うとする一方(JM49-53)、大陸棚条約第6条の特別事情と衡平原則に基づく関連事情は、衡平な解決を達成するという観点から同化する傾向にあると指摘した(JM56)[7]。この同化(密接な相互関係)の認識は、その後の判例に受け継がれ(Q/B231, C/N288)、バルバドス／トリニダード・トバゴ事件判決が「等距離・関連

事情」の原則と呼ぶ二段階アプローチとなる（B/T242、G/S340はこれを引用する）。

　ヤン・マイエン事件判決は、これに関連して、「この裁判所の判例法や仲裁判例を通じて、また、国連海洋法会議の作業を通じて発展した一般国際法」が「関連事情」の概念を採用してきたと指摘した（JM55）。ここでは、おそらく慣習法とは異なる、判例と条約作業を通じて形成される「一般国際法」の認識が表明されている。「特別事情」と「関連事情」の同化はまさにこうした「一般国際法」を通じて行われてきたものであり、海洋境界画定に関する法の発展過程を示す典型といえよう[8]。

　最近では、国連海洋法条約の発効と当事国数の増加を受けて、国連海洋法条約の第74条1項と第83条1項を適用法とする判例がみられるようになった（E/Y130-31, C/N285, B/T193, G/S330, N/H261）。しかし、「衡平な解決を達成するために、国際司法裁判所規程第三十八条に規定する国際法に基づいて合意により行う」と定めるこの二つの同一内容の規定は、条約交渉において衡平原則派と等距離原則派が対立した結果の妥協の産物であり、特定の規則を指示するものではない。このため、この規定は「問題を合意により解決する必要を表明し、衡平な解決を達成すべき義務を想起させるだけである」（GM95）とか、「達成されるべき目標を設定するがその達成のための方法については沈黙する」ものであり、「基準を設定することを差し控え、基準に特定の内容を与えることは、国または裁判所に任せている」（L/M28）と評価されてきた[9]。ただし、「国際判例法によりこの分野でもたらされる発展の継続に扉を開くのに役立つ」（GM95）とも指摘されていた[10]。

　これに対し、バルバドス／トリニダード・トバゴ事件判決は、この二つの規定を積極的に評価している。すなわち、「このみたところ簡単で曖昧な定式は、条約や慣習法に具体化された法規則を当事者間の画定にふさわしいものとして広く考慮することを可能にし、また、同様に国際法の一般原則、および、この一群の法規則の理解や解釈について国際裁判所（international courts and tribunals）の判決や学識者が果たしてきた貢献を考慮することも可能にする」（B/T222）と述べる。これは、さきのヤン・マイエン事件判決の一般国際法の認識をさらに進め、たんに条約や慣習法だけでなく、国際法の一般原則や判決・学説などを総合的に考慮して、国際法の内容を明らかにするという立場を示したものと思われる。その後、ガイアナ／スリナム事件判決もこの立場を支持する見解を示した（G/S333）。

今後、多くの場合、海洋境界画定に関する適用法は国連海洋法条約第74条1項と第83条1項となろう。これにより、裁判所は、慣習法の議論に立ち入ることなく、衡平な解決を達成するための境界画定の方法の検討に移ることができる。等距離・関連事情の原則は適用法の問題としてではなく、画定方法の問題として論じられることになろう[11]。

IV 画定方法の選択

北海大陸棚事件判決は、衡平原則・関連事情の原則を示した際、大陸棚の境界画定に関する特定の方法を指示しなかった(NS84, 101(B))。その後の判例では、画定方法の適否は特定の地理的事情の関数と考えられており(A/F84)、最近では、画定の方法はまず「関連海岸」に照らして解決を求めるべきものとされる(Q/B178, N/H289)。実際には、等距離方法以外に、事実上、歴史上の境界線の考慮(T/L117-21, 133B(4), G/G111)、海岸の方向に対する垂線ないし二つの海岸線のつくる角度の二等分線(bisector)(T/L120, GM213, G/G111)、海岸正面の投影(SM70)といった方法が採用されている。しかし、1993年のヤン・マイエン事件以降は、まず暫定的に等距離線を引き、関連事情を考慮して調整を行う方法(等距離・関連事情の原則)が定着している。

当初、境界の画定方法を決定する際の最も重要な要因は、海岸の関係、すなわち、向い合う(相対の)関係か、隣り合う(隣接の)関係か(または、その他)、であった(A/F97)。北海大陸棚事件では、三国の海岸が並んでおり、西ドイツの海岸がへこんだ形状(凹型)であったため、等距離線が西ドイツにとってきわめて不衡平な結果になるとの理由により、等距離線の適用が否定された(NS89)。その後も、隣接の海岸の事例では等距離の方法は採用されなかった(T/L110, GM155-56, G/G103, SM37-41)。それに対して、北海大陸棚事件判決も言及したように(NS57)、相対の場合は等距離線(中間線)が衡平な結果をもたらすと考えられ、実際にも等距離の方法が採用されている(A/F109, 205, L/M62, JM51-53, E/Y131-32)。さらに最近では、隣接の場合にも等距離の方法が適用されるようになった(Q/B230, C/N290, G/S342)。

この判例の展開は、大陸棚に対する権原(大陸棚に対して管轄権をもつ根拠)の変化によっている。北海大陸棚事件では、大陸棚は陸地領土の自然の延長(自然延長論)とされ(NS19, 43)、これにより、境界画定は「陸地の自然の延長

をなす大陸棚すべての部分を、他の領土の自然の延長に侵入しないで、できるだけ多く残すような仕方で合意により行うべきである」(NS101(C)(1))とされた。しかし、その後、国連海洋法条約は、EEZの影響により、海底の地形にかかわりなく200海里の距離までを大陸棚と規定し(76条1項)、200海里内では「海岸からの距離」が大陸棚に対する権原となった。

この規定を受けて、判例の展開を促したのはリビア／マルタ事件である[12]。この判決は、現代の法では、大陸棚の制度とEEZの制度がともに関連しているため、EEZの範囲は大陸棚の境界画定について考慮される関連事情の一つとなり、両者に共通の要素としての「海岸からの距離」がより重視されると判示した(L/M33)。これにより、海底地形の不連続性に代表される地球物理学的、地質学的要因を理由とする権原の主張は200海里内においてはもはや過去のものであると断定された(L/M40)[13]。他方、海岸からの距離規準によって大陸棚に対する権原が根拠づけられるからといって、等距離が境界画定の唯一の適切な方法となるわけではなく(L/M43)、等距離の方法に一般規則としての地位や義務的、優先的な方法の地位を付与するものではないと指摘した(L/M77, 同旨としてT/L110, GM107,162, G/G102, SM38)。等距離の方法は多くのなかの一つにすぎず、その科学的性質や適用の比較的容易さから一定の固有の価値をもつことが認められるにしても、それを使用し、優先する義務はないという趣旨である(G/G102)。こうして、裁判所は、境界画定における距離規準の優位を認めたものの、権原の原則を画定の方法に直結することには慎重な姿勢を示した[14]。

これ以降最近まで、サンピエール・ミクロン事件を除き、判例は、隣接の場合も含めて、暫定的に等距離線(領海基線の最も近い点から等距離にある点を結んだ線)を引く方法を採用するようになる(上記参照)。しかし、それは衡平な解決をもたらすための方法の一つであって、他の方法による衡平な結果の達成を排除する趣旨ではないとされてきた。バルバドス／トリニダード・トバゴ事件判決も、境界画定において通常適用されてきた方法は等距離・関連事情の方法であるが、いかなる方法もそれだけで当然に義務的であるとはみなしえないと述べている(B/T306)。しかし、この判決は、さらに一歩進めて、等距離の方法が一定の確実性をもつと指摘し、別の方法を用いる場合には十分に根拠のある正当な理由が必要であると論じて(B/T306)、等距離・関連事情の方法の優位性を認めるに至った。裁判所は、この方法が確実性の必要と

衡平な解決に関連する事情の考慮の両者を確保することに満足すると述べる（B/T307）。同様に、ガイアナ／スリナム事件判決も、留意すべき重要な点として、相対の海岸をもつ諸国に関する判例法で確立した等距離に有利な推定が、隣接する海岸をもつ諸国にも妥当することを最近の判例は示していると述べている（G/S338）。

　これに対して、最近のニカラグア／ホンジュラス事件判決は、等距離の方法の固有の価値を認めつつも、それは「自動的に」他の画定方法に優位するものではないとして、特定の事情においては、等距離の方法の適用を不適当とする要素がありうると判示した（N/H272）。そのうえで、河川の堆積物による地形の変化のため、等距離線を引くための基点の設定が不能との理由により、等距離原則が適用できない特別事情が存在すると認定された（N/H277-281）。このため、裁判所は、等距離の方法に近似するものとして、両国の海岸線のつくる角度の二等分線の方法を採用した。等距離の方法は二つの基点間の関係を考慮して両当事者の海岸の関係を測るが、二等分線の方法は海岸線のマクロ地理に基づき測るものであって、そのため、「自然を完全につくりかえること」を避けるように注意しなければならないと説明した（N/H287-288）。この判決は、あらためて等距離原則が通常の形では適用できない特別事情があることを示すことになったが、それに代わって採用された方法は等距離の方法と同様の結果をもたらしうるものであり、これまでの判例の方向を変えるものではないといえよう[15]。

　このように判例を通じて、現在では等距離・関連事情の原則が確立しつつある[16]。これにより、衡平な境界画定が裁判官の印象により左右されるのを回避し、画定過程に一定の客観性が担保されることになる。しかし、この方法は、ようやく優位性が認められつつあるものの、大陸棚条約が適用される場合とは異なり、一般に義務的に適用される規則として確立したわけではない。裁判所は、客観的な方法の確立をめざしながらも、国家実行（とくに国連海洋条約に等距離の方法が明記されていないこと）を無視することのないよう自制しているようにみえる。

V　関連事情の考慮

　北海大陸棚事件判決は、大陸棚の境界画定について、衡平原則に従って

すべての関連事情を考慮して合意により行うという原則を示した(NS101(C)(1))。これにより、境界画定において何が関連事情にあたるかが中心的問題の一つとなり[17]、地理、地質、地形、資源、経済状況、安全保障、航行等、さまざまな関連事情の主張がなされた[18]。また、関連事情には、当該事件の諸事情だけでなく、それ以前に判決の下された事件や諸国の実行も考慮も含まれるとの見解も示された(JM58)。これに対して、裁判所は、関連事情として考慮される要因は、当事者にとっては無限でありうるが、裁判所にとっては法のなかで発展してきた大陸棚制度に関連する(pertinent)ものに限定されるとの見解を示した(L/M48)。また、早い時期から、海岸の地理を重視するとの考えを示す判例もあり(A/F96, GM59)、その後、地理的特徴は画定過程の核心であり、画定を律する規準はもっぱら地理的事実に見出されなければならないとの立場が示された(SM24)。最近ではその傾向がさらに強くみられるようになった(B/T233)。

こうした判例の展開は、EEZの制度の確立によってもたらされたといえる。すでに検討したように、海域に対する権原が「海岸からの距離」に変わったことにより、海岸の地理がもっとも関連のある事情となったのである(B/T224, 233)。また、多くの事例において、紛争当事国が大陸棚とEEZについて単一の境界線を引くことを要求したため(GM26, G/G42, SM36, E/Y132, Q/B168, C/N286, G/S353, N/H261)、裁判所は、大陸棚とEEZのどちらか一方だけに関連する事情を優先することをためらい、地理的性質をもつ中立的規準の追求に向かった(GM194, L/M33, B/T228)。ただし、国家実行は圧倒的に単一の境界線の設定を支持するものの、わずかな例外(とくにトーレス海峡)も存在するため、裁判所はこの実行が慣習法として確立したとは考えていないようにみえる(B/T235)。ただし、最近のガイアナ／スリナム事件では、単一の海洋境界の概念はまさに国家実行と国際裁判所により発展した法に基づいていることが一般に認められているという一歩踏み込んだ見解が示されている(G/S334)。

他方、裁判所は地理的要因以外の関連事情を完全に排除しているわけではない。メイン湾事件において、裁判所は、漁業等の活動の規模が関連事情として考慮できないことは明らかであるとしつつも、境界線の画定の結果が「関係諸国の住民の生計と経済的厚生に破局的影響をもたらす可能性がある」場合には、その不衡平を是正するために考慮されるとの見解を示した(GM237)。ヤン・マイエン事件では、この判例法に従うとしながら、漁業資源への衡平

なアクセスを確保することが必要であるとし、これを関連事情として考慮して等距離線(中間線)の修正を行っている(JM75-76)。

これに対し、バルバドス／トリニダード・トバゴ事件判決は、このヤン・マイエン事件判決をきわめて例外的なものと位置づけた(*B/T*228, *G/S*356はこれを引用)。一方の国民による(従来の)公海上での伝統的漁業に基づき境界線の調整を決定するという立場を支持する慣習や条約国際法の原則はなく、それをとくに支持するのはSir Gerald Fitzmauriceの見解とヤン・マイエン事件判決だけであり、それは国際法の規則を確立させるには不十分であると論じている(*B/T*269)。この見解は、漁業資源の要因は関連事情となりえないとの立場に立ちつつ、それを覆す材料が不十分であるという論理に基づいており、漁業資源の考慮にきわめて否定的な姿勢を示したものといえる。ただし、この判決は、付随的に、境界画定とは別の問題として、法廷での当事国の確約に基づき、漁業問題に関し誠実に交渉を行うべき当事国の義務を認定している(*B/T*283-92)。同様に、石油・天然ガスの資源開発に関し通報協議義務にふれた例もある(*E/Y*86)。

最近では裁判所が非地理的要因を取り上げることはあまりない。北海大陸棚事件判決は、地質学的要因を関連事情にあげたが(NS101(D)(2))、それ以降、この要因が考慮されたことはなく、ヤン・マイエン事件以降はほとんど議論すら行われていない。人口や経済発展等の社会経済的要因が主張されることもあるが、海洋境界画定の制度には関係がないとされてきた(T/L107, L/M50, *G/G*122-23, JM79-80)。当事国の活動のうち、石油・天然ガス開発のコンセッションは、一般には関連事情とはみなされていない(GM150, L/M25, *SM*91)。しかし、それが多年にわたり尊重されてきたとの理由から関連事情として認められた例があり(T/L96)、最近の判例でもコンセッションが当事者の明示または黙示の合意を示す場合には考慮の対象になるとされている(C/N304, *B/T*364, *G/S*390)。ただし、実際には考慮されていない。安全保障上の利益はしばしば関連事情として提起されるが(最近では、JM81, *E/Y*21)、裁判所は、関連事情となる可能性は否定していないものの(*G/G*124, L/M51, JM81)、それを明示に考慮した例はない。航行の利益も時おり関連事情として主張されるが(*A/F*162, GM233, *G/G*121)、領海の画定に関する例(*E/Y*128, *G/S*306)を除き明示に考慮したとみられる例はない。ほかに、生態系上の境(GM51-55)や文化的要因(JM79)が主張された例があるが、いずれも考慮されなかった。以上のよ

うに非地理的要因は関連事情として考慮されることは少ないが、ただし、例えば、航行の利益が画定方法の選択の際に暗黙に考慮されたのではないかといった指摘[19]がある。

　ところで、地理的要因には、海岸の形状、海岸の長さ、海岸の関係(相対か隣接か)、島の存在、基線や陸地国境線の位置等がある。このうち、境界画定の過程において特別の重要性をもつとされるのが、海岸の長さである(*B/T*236)。海岸の長さが境界画定に対し決定的な影響をもつのは、海域に対する権原の根拠が海岸だからであり、それゆえ衡平規準に照らして考慮されなければならない関連事情であると説明される(*B/T*239)。ほかに地理的要因としては島の存在も重要であるが、ここでは、海岸の長さに関わる均衡性(比例性 proportionality)の要因を簡単に取り上げるにとどめる(詳細は本書の田中論文を参照)。

　北海大陸棚事件判決は、関係国に帰属する大陸棚の広さと、海岸の一般的方向に従って計測されるそれぞれの海岸線の長さとの合理的な程度の均衡性を考慮すべき最後の要因としてあげた(NS98, 101(D)(3))。これは、隣接する海岸で凹型の形状であるという地理的事情に配慮したものであった。その後、英仏大陸棚事件判決は、より一般的に、境界画定の衡平性に対する地理的特徴の効果を判断する際に考慮すべき要因として均衡性の概念を説明した(*A/F*99)。それ以降、最近のニカラグア／ホンジュラス事件を除き、特別な地理的事情の有無にかかわらず、相対の海岸の場合を含めて、すべての事件において均衡性の検討が行われるようになる。しかし、均衡性の役割や実際の考慮の仕方には事件ごとに相違があり、均衡性の適用には不可解な点もみられる。

　均衡性の役割については、当初は境界線の衡平性の事後的な検証とみる見解が示されたが(*T/L*131、同様に*G/G*120)、その後、この見解を支持しつつも海岸線の長さの相当の不均衡は線引きの修正を必要とするとの考え方がとられた(GM185)。さらに、島と大陸ないしは最大の島との間の境界画定であった、リビア／マルタ事件やヤン・マイエン事件では、海岸の長さの顕著な違いを関連事情として考慮して等距離線(中間線)の修正が行われた(*L/M*66-73, JM68-69, 91-92)。リビア・マルタ事件では、そのうえで事後的な検証(*L/M*74-75)も行われている。ヤン・マイエン事件後も、事後的な検証とする立場(*E/Y*168, *B/T*240, 379, *G/S*392)と等距離線の修正の要因とみる立場(Q/

B243, C/N301)があるが、いずれも均衡性に基づく等距離線の修正は行われていない。ただし、バルバドス／トリニダード・トバゴ事件では、暫定的な境界線の設定の際に海岸正面の海域への投影を考慮して等距離線の修正がすでに行われており、そのうえで、その結果の衡平性について均衡性による検証が行われている(B/T376-79)[20]。

　判例の蓄積にもかかわらず、均衡性の考慮はいまだにきわめて主観的なものといわざるをえない。例えば、関連する海岸と海域の正確な特定が行われない例(L/M74, Q/B243, C/N301)、関連する海岸と海域を特定する際に十分に理由が説明されない例(T/L75, GM221, SM93)、海岸の長さの不均衡を等距離線の調整に反映させる方法の根拠が示されない例(JM91-92)がある。バルバドス／トリニダード・トバゴ事件でも、裁判所は、均衡性は広い概念であり、均衡性の感覚(sense of proportionality)であると述べたうえで、ヤン・マイエン事件判決(JM69)に従って、均衡性は海域の帰属を数理的に決定するものではないとの立場をとり(B/T376)、海岸の長さと海域の面積に関し何ら比率を示さないまま均衡性の結論が下されている(B/T376-80)。かくして均衡性の考慮がどの程度に最終的な海洋境界の画定に影響を及ぼすのか、その予測はきわめて困難である[21]。こうした理由のため、境界画定における均衡性の役割を否定すべきとする意見が有力である[22]。

　このように関連事情を地理的要因に限定したとしても、その客観的な考慮には限界がある。バルバドス／トリニダード・トバゴ事件において、裁判所は、法原理により制約される(constrained by legal principle)なかで衡平な結果の達成のために司法的裁量を行使する権利と義務をもつと言明し、それだけが唯一衡平である単一の線はきわめて稀だと指摘した(B/T244)。裁判所は、実際、トバゴ島の海岸正面を境界線に反映させる際、どこで調整を行うかを決定するための魔法の公式(magic formulas)があるわけではないと述べたうえで、適用法の制限内で裁量を行使するとした(B/T372-374)。衡平な結果を達成するために等距離線を修正する必要がある場合、その修正に関しては裁判所の裁量行使が伴うことになろう(JM90)。

VI　最終的な画定までの義務

　国連海洋法条約は、第74条3項と第83条3項で、EEZと大陸棚の海洋境界の

最終的な画定に至るまでの関係国の義務を規定している（この問題につき本書の奥脇論文を参照）[23]。すなわち、関係国は、「理解及び協力の精神により、実際的な性質を有する暫定的な取極を締結するため及びそのような過渡的期間において最終的な合意への到達を危うくし又は妨げないためにあらゆる努力を払う」義務を負う。最近のスリナム／ガイアナ事件は、この規定の解釈に関して、はじめての判断を示した。

　この規定の第一の義務は、暫定的な取極を締結するための交渉の義務であり、「画定までの間、係争区域の暫定的な利用のための道を開く暫定的なレジームおよび実際的な措置を促進する」ためのものである。この義務は、「最終的な解決の到達に影響しない限りで、係争海洋区域における経済開発の停止を回避する重要性の黙示の承認にあたる。このような取極は、海洋資源の衡平かつ効率的な利用という、この条約の目的の一つの実現を促進する」ものと考えられている（G/S460）。

　この規定は、「あらゆる努力を払う」という文言を用いているが、裁判所によれば、この文言は、当事国に「誠実に交渉する義務」を課すものであり、「当事国が暫定的な取極の追求において歩み寄り（concessions）を進んで行う」べく、「交渉への融和的アプローチ」を求めるものである（G/S461）。実際に、共同開発協定としばしば呼ばれる、鉱物資源の共同の探査・開発の取極の例は多数あり、国際裁判所も、境界にまたがる資源の共同開発を奨励する判断を示してきた（NS99, E/Y84）。暫定的な取極は、条約の目的を達成する際の重要な道具であり、この理由から、条約は、こうした取極を締結するよう「あらゆる努力を払う」義務を当事国に課しているとされた（G/S462-464）。

　この規定の第二の義務、すなわち、「最終的な合意への到達を危うくし又は妨げないためにあらゆる努力を払う」義務は、「平和と国家間の友好関係を強化し、紛争を平和的に解決するという条約の目的の重要な側面である」。ただし、裁判所は、「この義務は、係争海洋区域のすべての活動を排除することを意図していない」と述べ、条約のコメンタリーを引用し、この義務は「当該活動が最終的な解決を害する効果を有しない限り、係争区域内での関係国の一定の活動の遂行を妨げない」[24]と指摘する（G/S465）。

　裁判所によれば、炭素探査開発活動をめぐる状況においては、係争水域で二種類の活動が許される。すなわち、暫定的な取極に従った活動と、海洋境界の画定の最終的な解決の到達を危うくし、妨げる効果を有しない、一方的

な行為である。後者のなかには、海洋環境の物理的な変化をもたらさない一方的行為が含まれるというのが裁判所の見解である。この例として、地震探査があげられる。物理的変化をもたらす行為とそうでない行為の区別は、ICJのエーゲ海大陸棚事件の仮保全措置の判例[25]にも合致すると指摘される。そこで示された厳しい基準（物理的な損害の危険）に該当する活動は、最終的な解決の到達を危うくし、妨げない義務の違反にあたるという議論である(*G/S*466-469)。

また、「紛争当事者が他方の当事者の権利に対し恒久的に影響を及ぼしかねない一方的活動を行うことは許されない」が、他方、紛争解決は時間のかかる過程であるので、係争区域での経済開発を追求する当事者の能力を阻害しないよう注意すべきとも指摘される。第二の義務の解釈は、この微妙なバランスを反映しなければならない。「海洋環境に恒久的な物理的影響を及ぼす活動とそうでない活動との区別は、これを達成するものであり、海洋法の他の側面と国際法に合致している」との見解が示される(*G/S*470)。

裁判所は、第74条3項と第83条3項の規定について、条約のコメンタリーや学者の著作[26]に依拠しつつ、以上のような解釈を示した。そして、これに照らして、それぞれの義務違反の有無について検討が行われた。これによれば、スリナムは、ガイアナが付与したコンセッション保有者が試掘の計画を有していることを知っていたにもかかわらず、ガイアナを積極的に交渉のテーブルにつかせようとせず、交渉の誘いを受け入れず、条約に反して掘削施設に対し武力による威嚇を行ったことにより、第一の義務に違反したと認定された(*G/S*474-476)。また、ガイアナも、協力の精神において、試掘の計画をスリナムに直接に知らせるべきであったし、また、もっと早い段階で掘削に関する話合いをスリナムに対して求めるべきあったといった理由から、第一の義務に違反したと認定された(*G/S*477-478)。

他方、第二の義務に関しては、両当事国がコンセッション保有者に地震探査の権限を付与している点については義務違反にあたらないとした(*G/S*481)。他方、ガイアナがコンセッション保有者に係争区域で一方的な試掘の権限を与えたことは第二の義務に違反すると認定した(*G/S*480,482)。また、暫定措置の要請を含む多数の平和的な選択肢があったにもかかわらず、スリナムが、ガイアナの試掘に対して武力による威嚇に訴えたことは、第二の義務に違反すると結論された(*G/S*484)。

以上のように、国連海洋法条約第74条3項、第83条3項の下では、最終的な境界画定までの間、係争区域の資源の採掘を一方的に開始することは許されないばかりでなく、裁判所の見解に従えば、国家は、係争区域の資源の採掘の計画があるような場合、これを公式に直接に相手に知らせる義務を負い、また、これに関する話合いを相手に求める義務を負うものである。

Ⅶ　おわりに

　海洋境界画定に関する国際法は、もっぱら判例に基づいて形成されてきた。現在では、等距離・関連事情の原則が定着し、主に地理的要因が関連事情として考慮されている。地質学的・地形学的要因に基づく自然延長論のような主張が受け入れられる余地はもはやなくなった。こうした状況のなかで、2006年、韓国、中国は、国連海洋法条約298条に基づき、それぞれ海洋境界画定に関する紛争について条約上の義務的な裁判手続を受け入れない宣言を行った[27]。判例を通じた境界画定の客観化により裁判の予測可能性が高まった結果といえようか。

　しかし、境界画定の客観化とはいっても、そこには限界がある。第一に、等距離の方法は、優位性を認められたといっても、一般規則として義務的に適用される方法とはみなされていない。第二に、関連事情として地理的要因が重視されるとしても、その他の要因がまったく排除されたとはいえない。第三に、均衡性等の関連事情がいかなる場合に考慮の対象となるか、また、考慮の結果をどのように境界線に反映させるかについて明確な規準がなく、裁判所の裁量に委ねられている。これらの点をあわせ考えると、裁判による境界画定にはまだ予測が困難な面も多く残る。

　こうした限界は、海洋境界画定に関する判例法が、裁判規範にとどまるのか、それとも、国家実行を規律しうる規範としての性質をもつかという問いにつながる。バルバドス／トリニダード・トバゴ事件判決は、他の紛争中の諸国の衡平な解決を求める交渉の助けとなるよう、判例において確立した法原理に合致した画定を行うことが必要であると述べている(*B/T*243)。外交交渉への支援という裁判所の願いは、義務的な裁判制度が完備していない現実のなかで、果たしてどの程度交渉担当者に届くものであろうか(外交交渉による境界画定の一例として本書の加々美論文を参照)[28]。

【注】
1 Trevesは、仲裁判決はハーグ裁判所の判例と調和しており、仲裁判決間の相違や仲裁判決とハーグ裁判所の判決との間の相違は、ハーグ裁判所の判決間に存在する相違よりも目立つほど大きいものではないと指摘する。T.Treves, "New Trends in the Settlement of Disputes and the Law of the Sea Convention," H.N Scheiber (ed), *Law of the Sea: The Common Heritage and Emerging Challenges* (2000), pp.83-84. この指摘は、Charneyの判例の分析に基づいている。J.Charney, "Is International Law Threatened by Multiple International Tribunal?" *Recueil des cours*, Vol.278 (1998), pp.315-45. この分野の国際判例の分析を中心とした、わが国における研究として、井口武夫「最近の海洋区域をめぐる国家間の境界画定に関する国際法の動向―「衡平(Equity)」原則の導入の意義」(『東海法学』13号、1994年、33-124頁)、三好正弘「海洋の境界画定」(国際法学会編『日本と国際法の100年 第3巻 海』2001年、163-87頁)。

2 関連海域の特定に関しては、H.Thirlway, "The Law and Procedure of the International Court of Justice 1960-1989, Part Six" *British Year Book of International Law*, Vol.65 (1995), pp.45-54.

3 *Id.*, p.53. 田中嘉文は、裁判所が示した、等距離線を生成する両極の点により関連海岸を特定する方法は客観的な特定を可能にすると評価する。F.Tanaka, *Predictability and Flexibility in the Law of Maritime Delimitation* (2006), p.183. しかし、裁判所は、関連海岸を特定する際の方法の妥当性についてはなんら説明しておらず、この事件でデンマークがとった方法が、関連海岸の特定に一般にどの程度適用可能といえるか疑問が残る。

4 この点に関し、位田隆一「最近の海の境界画定紛争における比例性の原則―国際法における比例性原則の研究―」(『法学論叢』124巻5―6号、1988年、99-100頁)。

5 ChurchillとLoweは、裁判所は、国家実行やopinio iurisを検討せず、慣習法が何かを宣言しており、しがたって、ここで扱うのはもっぱら裁判官法(judge-made law)だと述べている。R.R.Churcill/ A.V.Lowe, *The Law of the Sea* (3rd ed.,1999), p.185. Weilも、海洋境界画定では、裁判所が一次的、直接的法源の役割を果たしていると指摘する。P.Weil (translated by M.MacGlasham), *The Law of the Maritime Delimitation-Reflection* (1989), pp.6-8. なお、衡平原則の慣習法化の意義については、兼原敦子「大陸棚の境界画定における衡平の原則(3・完)」(『国家学会雑誌』101巻11・12号、1988年、46-101頁)。

6 Kolbは、ここにはパラダイムの転換があった、すなわち、問題の核心はもはや方法(等距離)ではなく、目標(衡平)にあると指摘する。R.Kolb, *Case Law on Equitable Maritime Delimitation* (2003), pp.107-08.

7 特別事情はそれまではかなり範囲の狭いものと考えられており、海岸の異例の形状、島、航行可能な海峡の存在があげられていたのに対し、関連事情はずっと範囲の広いものとみなされてきた。Churchill/Lowe, *supra* note p.187. Evansは、特別事情は規則に対する例外を意味し、関連事情は文脈によるアプローチを意味する、とその違いを説明している。M.Evans, "Maritime Boundary Delimitation: Where Do We Go From Here?" D.Freestone et al (eds.), *The Law of the Sea : Progress and Prospects* (2006), p.138.

8 田中嘉文は、国家実行には必ずしも依拠しない特別の規則が判例法の枠内で発展してきたことを指摘し、その典型例としてproportionality(田中の訳語では「比例性」)の概念や島に与えられる効果をあげる。Tanaka, *supra* note 3, pp.325-26.

9 Trevesは、74条と83条の規定は、紛争解決機関に訴えることなしに適用するのはきわめて困難であると指摘する。Treves, *supra* note 1, p.72.

10 Nelsonは、この規定について、立法者は司法に規則の発展を委ねたと指摘する。L.D.M, Nelson, "The Roles of Equity in the Delimitation of the Maritime Boundaries," *American Journal of International Law*, Vol.84 (1990), pp.853-54.

11　Quintanaは、当初、等距離は国際法の原則と一般にみなされていたが、いまでは「他の方法に関して優先的地位をもたない単なる一つの方法となった」と指摘する。J.J.Quintana, "The International Court of Justice and the Formation of General International Law: The Law of Maritime Delimitation as an Example", A.S.Muller et al(eds), *The International Court of Justice* (1997), p.373. ただし、本論で次に述べるように、最近は、他の方法に対する優位性が認められるようになりつつある。

12　Kozyrisは、リビア／マルタ事件は理論上画期的な事件であり、裁判所は衡平の理論の泥沼から抜け出す過程を開始したものと評価する。P.J.Kozyris, "Lifting the Veil of Equity in Maritime Entitlements: Equidistance with Proportionality around the Islands," *Denver Journal of International Law and Policy*, Vol.26(1998), p.338.

13　Thirlwayによれば、地質学的な意味での自然延長はかくして死んだが、ただし、海岸の自然延長という考え方は、「不侵入(non-encroachment)」の原則として存命しているという。H.Thirlway, "The Law and Procedure of the International Court of Justice 1960-1989, Part Five" *British Year Book of International Law*, Vol.64(1994), pp.29-30.

14　Thirlwayは、裁判所が権原の原則により画定の規則を決めるのをためらうのは、権原の原則から論理的に画定の規則が導き出されれば、それだけその規則の適用における柔軟性の余地が少なくなるためであると指摘する。*Id.*, p.37.

15　M.Pratt, "Commentary: Case concerning Territorial and Maritime Dispute between Nicaragua and Honduras in the Caribbean Sea(Nicaragua v. Honduras)," *The Hague Justice Journal*, Vol.2 No.3 (2007), p.38. online: http://www.haguejusticeportal.net/Docs/HJJ-JJH/Vol_2(3)/Pratt_Nicaragua-Honduras_EN.pdf

16　Thirlwayは、等距離線を引き、それを調整する方法は、少なくとも画定を求められる裁判所にとって「いまや確立するに至った」と論じている。H.Thirlway, "The Law and Procedure of he International Court of Justice 1960-1989, Supplement, 2005：Parts One and Two", *British Year Book of International Law*, Vol.76(2006), p.33. また、Evansも、最近の二つの判例(Q/BとC/N)は、等距離・特別事情のアプローチの優位を再確立したと指摘する。M.Evans, "Maritime Boundary Delimitation: Where Do We Go From Here?", D.Freestone et al(eds.), *The Law of the Sea :Progress and Prospects*(2006), p.138.

17　Weilは、衡平原則に生命と肉体を与えるのは関連事情であると評した。Weil, *supra* note 5, p.212.

18　関連事情に関する文献は多数にのぼるが、最近の体系的研究として、Tanaka, *supra* note 3. なお、これまでの判例における関連事項の取扱いに関して、江藤淳一「海洋境界画定における関連事情の考慮―判例を通じた客観化の過程―」(『国際法外交雑誌』107巻2号(2008年9月刊行予定))。

19　J.I.Charney, "Progress in International Maritime Boundary Delimitation Law", *American Journal of International Law*, Vol.88(1994), pp.247-48.

20　この事件も含め、事後の検証で不均衡とされ修正が行われた例がないことから考えて、事後の検証で不均衡とならないよう、関連海域の特定や線引きの修正等の操作が行われているとみるべきかもしれない。この点に関し、サンピエール・ミクロン事件のWeil判事の反対意見参照。*ILR*, Vol.95, p.645, para.25. したがって、画定過程のどの段階で均衡性の概念が導入されるかは重要でないことになる。G.Jaenicke, "The Role of Proportionality in the Delimitation of Maritime Zones", A. Bos / H.Siblesz(eds.), *Realism in Law-Making: Essays in International Law in Honour of William Riphagen*(1986), p.53.

21　Kolbは、均衡性の作業は裁量の煙幕でおおい隠されていると指摘する。Kolb, *supra* note 6, p.466. また、Jaenickeは、均衡性の要件は画定過程のなかで考慮されなければならない多数の要因の一つにすぎないことを理解することが必要と指摘する。Jaenicke, *supra*

note 20, p.67.
22 Weilは、海岸の長さは権原としての特別な役割をもたず、画定になんら役割を果たすべきではないとしつつ、均衡性の考慮は、理論的に正当化できず、実行が不可能であり、有用ではないと結論し、均衡性の考慮を否定する。Weil, *supra* note 5, pp.242, 243-44. また、三好は、海岸線の長さと大陸棚区域の広さの比率を比べるというのは、実質的に配分をすることだったのではないかとの疑念を提起し、「裁判所は、繰り返し否定してきた『衡平及び善』による裁判を現実には行ったことになるのではないか」との批判を加えている。三好正弘、前掲論文(注1)、178-79頁。これに対して、田中は、裁判所による均衡性の考慮は客観性に欠ける問題があることを指摘しつつも、均衡性の重要な役割は判例法において十分に確立しているとして、唯一現実的な道は関連する海岸や海域の特定と測定の方法を改善し、均衡性の適用を客観化することであると主張する。Y.Tanaka, "Reflections on the Concept of Proportionality in the Law of Maritime Boundary Delimitation," *International Journal of Marine and Coastal Law*, Vol.16(2001), p.461. Evansは、この田中の論文をすぐれた分析として評価しつつ、まじめに検討に値する別の選択肢として、均衡性の役割を否定すべきことを指摘する。Evans, *supra* note 18, p.156.
23 日中の海洋境界画定問題との関連で、これらの義務に検討を加えているものとして、西村弓「日中大陸棚の境界画定問題とその処理方策」『ジュリスト』1321号(2006)、54-57頁。
24 M.H.Nordquist(ed.), *United Nations Convention on the Law of the Sea 1982: A Commentary*, Vol.II(1993), p.815.
25 Aegean Sea, Interim Protection, Order, *ICJ Reports 1976*, para.30.
26 R.Lagoni, "Interim Measures Pending Delimitation Agreements," *American Journal of International Law*, Vol.78(1984), p.354. T.A.Mensa, "Joint Development Zones as an Alternative Dispute Settlement Approach in Maritime Boundary Delimitation," R.Lagoni / D.Vignes, *Maritime Delimitation*(2006), p.143.
27 韓国の宣言は2006年4月18日、中国の宣言は2006年8月25日。国連の海洋法のサイトを参照。
http://www.un.org/Depts/los/settlement_of_disputes/choice_procedure.htm, as of Aug.20,2007.
28 Weilは、政府間の交渉においては、いかなる解決が適切かを自由に決めることができるから、境界画定の法の必要性はそれほど高くはないと述べたうえで、にもかかわらず、「過剰な請求にブレーキをかけ、極端な立場を思いとどまらせ、議論を合理的な制限内に保つため」、交渉している政府が指針をもつことは有用であると指摘する。Weil, *supra* note 5, pp.5-6.

第2章　海洋境界画定における比例性概念
―― その機能と問題点 ――

田中　嘉文

- I　問題の所在
- II　大陸棚境界画定における比例性概念
  - 1　比例性概念の登場
  - 2　比例性概念の拡大
- III　大陸棚と排他的漁業・経済水域に単一の境界画定における比例性概念
  - 1　比例性概念の展開
  - 2　2000年以降の判決における比例性概念
- IV　海洋境界画定の国際法における比例性概念の機能と問題点
  - 1　判例における比例性概念の機能的拡大
  - 2　比例性概念に関する判例と国家実行の乖離
  - 3　判例における比例性概念の問題点

I　問題の所在

　比例性(proportionality/proportionalité――均衡性とも訳される)概念は、国際法の様々な分野で問題となりうるが、海洋境界画定の国際法においても重要な役割を果たしている[1]。この概念によれば、海洋境界画定は、各当事国の海岸線の長さと各々に属する海洋空間の広さの比率を考慮して行われなくてはならない。比例性概念の重要性は、この分野におけるほとんど全ての判例において当該概念の適用が問題とされてきたことからもうかがうことが出来る。

また後にみるように、海洋境界画定における比例性概念は国際判例を通じて形成されて来たものである。従って海洋境界画定の国際法における比例性概念は、裁判による国際法規則の形成に関しても興味深い事例を提供すると思われる。以上をふまえ本章では、海洋境界画定の国際法における比例性概念の機能とその問題点を検討したい。主題の考察は、国際判例の分析が中心になるであろう[2]。

II 大陸棚境界画定における比例性概念

1 比例性概念の登場

(1) 北海大陸棚事件(1969年)

海洋境界画定における比例性概念の登場は、北海大陸棚事件におけるドイツ連邦共和国(以下西ドイツ)の主張に始まる[3]。本件において、オランダ、デンマークが等距離方法の義務的適用を主張したのに対し、西ドイツはこれを否定した。西ドイツの沿岸は凹状であり、その中央部でほぼ直角に湾曲している。従って等距離方法を適用した場合、境界画定線は陸地側に引き付けられることになり、西ドイツにとって不利な結果となるからである。そこで西ドイツは、各沿岸国は海岸の長さに比例して「公正かつ衡平な」配分の大陸棚を得るべきであると主張した[4]。西ドイツによれば、北海に面する各国の海岸の幅が提示された大陸棚境界画定線の衡平性を評価する適切かつ客観的な基準となるのである[5]。国際司法裁判所は「公正かつ衡平な配分」という西ドイツの議論は否定したが、比例性概念に関しては実質的にこれを認めた。この点について裁判所は次のように述べている。

「考慮さるべき最後の要因は、衡平原則に従って行われる境界画定が、沿岸国に帰属する大陸棚の範囲と各々の海岸線の長さとの間にもたらすべき合理的な釣合いという要素である。そうした海岸線は、直線的な海岸をもつ国と明らかな凹凸を示す海岸をもつ国との間の必要なバランスを保つため、あるいは、非常に不規則な海岸線をより正確なプロポーションに近づけるために、一般的な方向に従って測定される」[6]。

ここでわれわれは、北海大陸棚事件判決から、海洋境界画定における比例性概念の適用を基礎づける三つの地理的要素を取り出すことが出来る。すなわち、(i)本件で問題となった三国の海岸線は互いに隣接する関係にあること、(ii)西ドイツの海岸線は凹状であること、(iii)北海に面する三国の海岸線は、およそ等しい長さであること、である。このような特徴をもつ地理的状況の場合、等距離方法の適用は、西ドイツの大陸棚の範囲を西ドイツとほぼ等しい海岸線をもつ隣国と比較して狭めることになる。裁判所によれば、これは衡平に反する[7]。裁判所が、等距離方法の適用から生じる不衡平を取り除く、あるいは縮小するために比例性概念を考慮したのは、上述の三つの要素が複合的に存在する特殊な地理的状況であった[8]。実際、等距離方法の適用から歪み(distorting effect)が生じるのは、隣接する海岸線に著しい凹凸が存在する場合である。従って問題となる海岸線の隣接性およびその形状(凹凸性)は、比例性の考慮にあたって決定的な重要性をもつ。このような地理的状況において比例性概念は、等距離線から生じうる不衡平性をテストするという機能を果たすのである。また裁判所が、比例性概念を海洋境界画定の原則としてではなく、衡平原則に従った境界画定を確保するための一つの、そして最後の要因として位置付けていたという点にも注意しておく必要がある。北海大陸棚事件における特殊な地理的状況および比例性概念の限定的位置付けに鑑みて、北海大陸棚事件判決の段階で裁判所が、比例性を海洋境界画定に一般的に適用される概念とみなしていたかどうかは疑問であろう。

(2)　英仏大陸棚事件(1977年)

以上のような比例性概念の限定的位置付けは、英仏大陸棚事件判決においても確認することができる。仲裁裁判所は次のように述べる。

「特に裁判所は、大陸棚の範囲と海岸線の長さの間の合理的均衡という北海大陸棚事件で採られた基準が全ての場合に適用可能であるとは考えない。反対に北海大陸棚事件におけるこの基準の採用は、隣接する三国が凹状の沿岸に位置しているという特殊な地理的状況によるものであった」[9]。

更に仲裁裁判所は、大陸棚境界画定における比例性概念を次のように明確

化している。

　第一に、比例性は特殊な地理的状況において等距離方法の適用から生じ得る不均衡を評価するための基準となる。仲裁裁判所によれば、「比例性は、境界画定、特に等距離方法によって行われる境界画定の衡平性ないし不衡平性に及ぼす地理的特性の効果を判断するために考慮すべき要因である」[10]。

　第二に、比例性概念はあくまで一つの基準にすぎないのであり、大陸棚に対する権利の独立の淵源ではない。仲裁裁判所の言葉によれば、「比例性は、一定の地理的状況が生み出す衡平性を判断するための基準ないし要因として用いられるべきであって、大陸棚区域に対する権利の独立した源をなす一般原則としてではない」[11]。

　第三に、比例性概念の機能は、単に各々の海岸線の長さに比例して大陸棚の一部を配分することではない[12]。この見解は、大陸棚境界画定を「公正かつ衡平な配分」ととらえる考え方を否定した北海大陸棚事件判決と一致する。しかし、まさに比率という考え方自体の中に、配分という要素が含まれている点を見逃すことは出来ないであろう[13]。そうすると比例性概念は、北海大陸棚事件判決が否定したはずの「配分」的要素を含んでいるということになる。この矛盾は、比例性概念が拡大適用されてゆくにつれ、覆い難く現われてくるであろう。

2　比例性概念の拡大

(1)　チュニジア／リビア大陸棚事件(1982年)

　比例性概念の適用範囲は、チュニジア／リビア大陸棚事件において大きく変化する[14]。本件では、北海大陸棚事件判決で述べられた地理的限定はもはや見られない[15]。事実、国際司法裁判所は、本件の地理的状況が北海大陸棚事件におけるそれとは異なるにもかかわらず比例性概念を適用した[16]。Gros裁判官が「本判決は比例性の要素に本来属する制限的な役割を大きく変えている」と評する由縁である[17]。

　具体的に裁判所は、比例性概念を境界画定線の衡平性のテストとして適用した。ここで裁判所は、比較的詳細な計算結果を明らかにしている。裁判所によれば、リビアとチュニジアの関連する海岸線の長さの比率は約31対69、Ras TajouraからRas Ajdirを結ぶ直線によって示されるリビアのファサードと

Ras KaboudiaからGabes湾の最も西側の地点と、その地点からRas Ajdirまでを結ぶ直線によって示されるチュニジアのファサードの比率は34対66である。他方、リビアとチュニジアの属する低潮線から測った大陸棚の面積の比率は40対60である。かくして裁判所は、以上の結果は比例性のテストを満足させるものであると結論した[18]。しかし以上のような比例性概念の適用に関しては、次のような問題点を指摘しておかなくてはならない。

第一に、法的意味における大陸棚は内水および領海の海底を含まない[19]。ところが裁判所は、低潮線からの海底部分を測量することによって、内水および領海の海底部分をも大陸棚の面積の一部に加えている。これは国際法における大陸棚の概念に反する[20]。本件において裁判所自身、法的意味における大陸棚は内水及び領海の海底を含まないことを再確認している。この点について裁判所は、ここで問題となるのは比較できるものを比較することであり、リビアの低潮線から測定された大陸棚と同じくチュニジアの低潮線から測った大陸棚とを比較するのであれば、境界画定線の衡平性を判断することができるであろうと述べている[21]。しかし、内水と領海の海底部分を計算に入れるか否かで比例性テストの結果は変化し得る。従って比例性の計算にあたっては、厳密に法的意味における両当事国の大陸棚を比較するべきであろう。

第二に、関連する海岸線および大陸棚の面積をどのようにして測定するのかという問題が生じる。前者に関し裁判所は、一方の国の沿岸でその海底部分の延長が他方の国の沿岸の海底の延長と重複しない部分は検討の対象から除かれると述べる[22]。これは、重複する海底部分に関わる海岸のみが問題となるということであろう。しかし、それではなぜケルケナー諸島の海岸は完全に無視されることになるのだろうか[23]。次に各当事国に属する大陸棚の範囲の測定は、第三国の存在によって困難に直面することになる。本件では、第三国の位置に鑑みて大陸棚の外側の限界は特定されていない。チュニジア、リビア両国に属する大陸棚の面積は第三国との境界画定の結果によって変わり得るであろうし、それに伴って比例性の計測結果も変化することになるであろう[24]。

(2) リビア／マルタ大陸棚事件(1985年)

比例性概念の適用範囲は、リビア／マルタ大陸棚事件において更に拡大す

る。これまでの判決は、主として隣接する国家間の大陸棚境界画定に関するものであった。しかしリビア／マルタ大陸棚事件において国際司法裁判所は、比例性概念を相対する国家間の大陸棚境界画定に適用したのである。裁判所によれば、Ras Ajdirから Ras Zarruqを結ぶリビアの海岸線の長さが192海里であるのに対し、Ras il-Wardija から Delimara Pointを結ぶマルタの海岸線の長さは24海里である。裁判所の見解によれば、この相違は余りにも著しいので、リビアにより広い大陸棚を付与すべく中間線を移動させる必要がある[25]。そのため裁判所は、暫定的に引いた中間線を北へ18分移動させたのである[26]。更に境界画定の最終段階で裁判所は、境界画定線の衡平性のテストとして比例性の概念をもう一度適用した。その結果裁判所は、本件において明らかな不均衡は生じないと結論したのである[27]。しかし以上のような裁判所のアプローチに関しては、次のような批判がなされなくてはならない。

　第一に、比例性の計算方法の不明確性が指摘される。海岸線の長さの相違が測定されたならば、次に各当事国に属する大陸棚の面積が測定されなくてはならないだろう。ところが裁判所は、イタリアの存在を考慮して両国に属する大陸棚の範囲を特定せず、従って大陸棚の面積を計算していない。では、どのようにして境界画定の結果の衡平性を判断することが出来るのであろうか。

　第二に、両当事国の海岸線の長さの相違が、どのようなプロセスをへて中間線を18分北へ移動するという結果に反映されたのか不明確である[28]。この点について小田裁判官は、修正された中間線の位置、すなわち北緯34度30分という地点は、イオニア海におけるイタリアの大陸棚に対する主張の南西の限界点と一致するという興味深い事実を指摘している[29]。Decauxもまた、裁判所がイタリアの大陸棚に対する権原を損なわないように裁判所自らの管轄権の地理的範囲を限定した時点で、修正された中間線の位置は既に決定されていたのではないかと推定している[30]。いずれにしても、具体的な境界画定線の位置を決定するプロセスにおいて比例性を考慮する以上、裁判所は比例性がどのようにして境界画定線の位置に影響を及ぼしたのか、より明確に説明すべきであったであろう。

　第三に、裁判所は、比例性を暫定的中間線を北へ移動させる要素として考慮し、更に結果の衡平性のテストとして適用した。第一の作業は衡平な結果を導き出すのが目的である以上、このような比例性概念の二重の適用は作為的であり、実益に乏しいと思われる。

第四に、海岸線が相対する大陸棚境界画定における比例性概念の妥当性が問題とされなくてはならない[31]。相対する境界画定では、海岸線の長さの相違は、中間線によって区分される二つの大陸棚区域の関係に既に反映されている[32]。例えば本件における地理的状況は、マルタの短い海岸線を上辺とし、リビアの長い海岸線を底辺とする台形とみなすことが出来る。台形に水平に中間線が引かれた場合、下部、この場合リビアに帰属する大陸棚は上部、すなわちマルタに属する大陸棚よりも幾何学的にみて常に広い[33]。従って、その海岸線がマルタより長いがゆえに、リビアに対し更に大陸棚区域を与えなければならない理由は見出せないように思われる[34]。裁判所が自ら認めるように[35]、比例性概念の機能は―そして衡平な境界画定とは―海岸線の長さに比例して大陸棚を配分することではない。もしも厳格に海岸線の長さに比例して大陸棚の範囲が決定されるならば、マルタのように短い海岸線しか持たない国は、ほとんど大陸棚を持つことが出来なくなるであろう[36]。相対する国家間の海岸の距離が短い場合には、両国間にもともと狭い大陸棚しか存在していないため、なおさらそうである[37]。

　以上の分析から、リビア／マルタ事件判決は、北海大陸棚事件判決で示された比例性概念の本来の機能からは大きく逸脱していると観察される[38]。

III　大陸棚と排他的漁業・経済水域に単一の境界画定における比例性概念

1　比例性概念の展開

（1）　メイン湾境界画定事件（1984年）

　比例性概念は、初期の限定的な役割を越えて、大陸棚と排他的漁業・経済水域に単一の境界画定においても重要な役割を果たしている。カナダとアメリカ合衆国で争われたメイン湾境界画定事件で国際司法裁判所裁判部は、当事国の海岸が相対する第二区域において比例性を考慮して境界画定を行った[39]。メイン湾におけるアメリカ合衆国の海岸線全体の長さは284海里、カナダのそれは206海里であるから[40]、アメリカ合衆国とカナダの海岸ファサードの比率は1.38対1となる。そこで裁判部は、まず中間線をこの比率に比例させ[41]、更にNova Scotia 沖にあるSeal島に半分効果を与える形で中間線を移動したのである。その結果、修正された中間線に適用されるべき比率は約1.32

対1となる[42]。このようにして裁判部は、暫定的に引いた中間線を二段階にわたって修正したのである。

以上のような比例性概念の適用に関し、まず、当事国の沿岸ファサードの測定方法の問題点を指摘しておかなくてはならない。ここで裁判部は、大陸棚および排他的漁業経済水域が重複する区域ではないにもかかわらず、Fundy湾の沿岸を測量のなかに含めている。これは、一方の国の海岸であって、その海底部分の延長が他国の海岸からの延長部分と重ならない沿岸は検討の対象から除かれるべきであるとしたチュニジア／リビア大陸棚事件判決と一致しない。またSchwebel裁判官が指摘するとおり、Fundy湾の沿岸を測量のなかに含めることは、比例性の計算の結果を歪めることになるであろう[43]。

次に裁判部は、比例性概念を地理的にも機能的にも拡大している点に注意しなければならない。まず地理的形状に関し裁判部は、北海大陸棚事件判決とは異なり、比例性の適用を特殊な地理的状況に限定しようとはしていない。事実、本件において裁判部は、隣接ではなく相対する国家間の境界画定に比例性の概念を適用している。また比例性の機能に関し裁判部は、比例性概念は境界画定の直接の根拠となる基準ではなく、暫定的に引かれた境界画定線の妥当性を検証するための手段であることを確認してはいる。しかし第二区域において比例性は、境界画定線の位置を決定するプロセスの中で考慮され、しかも決定的な役割を果たしたのである。

(2)　ギニア／ギニアビサオ境界画定事件（1985年）

ギニア／ギニアビサオ境界画定事件において仲裁裁判所は、比例性を衡平性のテストとして検証段階で考慮した。この点に関し仲裁裁判所は、島々の存在を考慮すれば両当事国の海岸線の長さは等しく、いずれの国も他方に勝る主張を行うことはできないと判示した[44]。逆に言えば、もし海岸線の長さに不釣り合いがあるならば、より長い海岸線をもつ国は追加的な海洋空間を主張することが出来るということであろう[45]。そうすると比例性の概念は、衡平性の検証機能を超えて、海洋空間の配分機能を果たすことになるであろう。本判決が比例性について述べた判決部分は非常に短く、実際どのようにして比例性の概念を適用したのか明らかではない。実際に比較の対象とされたのは当事国の海岸線の長さだけであって、問題となる海域の広さは測定さ

れていない。これでは、比例性が正確に衡平性の検証機能を果たしたとはいえないであろう[46]。

(3) サン・ピエール・ミクロン境界画定事件(1992年)

比例性概念は、カナダ、フランス間で争われたサン・ピエール・ミクロン境界画定事件においても、境界画定線の衡平性を検証するためのテストとして適用されている。仲裁裁判所によれば、カナダとフランスの海岸線の長さの比率は15.3対1であるのに対し[47]、各当事国に属する海域の面積の比率は、16.4(カナダ)対1(フランス)である[48]。従って仲裁裁判所は、本件において不均衡は存在しないと結論した。しかしながら、仲裁裁判所による比例性の測定方法には議論の余地がある。例えば海岸線の長さの比率について、カナダは21.4(カナダ)対1(フランス)であると申し立てたのに対し[49]、フランスは6.5対1である主張した[50]。この点に関し仲裁裁判所は、根拠を明示しないまま、15.3対1という数値を採用している。また、問題となる海域の広さの測定に関しても両当事国は異なる数値を主張していたのであるが、仲裁裁判所はどちらの主張も容れず、Newfoundlandの南側の沿岸から南に延びる排他的経済水域全体を包摂する海域を計算に含めている[51]。しかしこの方法は、フランスによって主張されている海域とは近接しない海域を過度に含むとして、Gotlieb仲裁裁判官によって批判されている[52]。要するに、比例性の計算方法の不明確性というこれまでの先例においても指摘されてきた問題点が、この仲裁判決においてはっきりと現われているように思われる[53]。

(4) グリーンランド／ヤン・マイエン境界画定事件(1993年)

グリーンランド／ヤン・マイエン境界画定事件において国際司法裁判所は、比例性概念を相対する海の境界画定に再び適用した。ノルウェー、デンマーク間で争われたこの事件は、当事国間に単一の境界画定(a single maritime boundary)を設定するという合意が存在していないため、大陸棚と排他的漁業水域の両者が一致する境界画定(a coincident maritime boundary)が求められたケースである[54]。従って本件では、大陸棚と排他的漁業水域にそれぞれ別の規則 ―大陸棚には大陸棚条約第6条、排他的漁業水域には慣習法― が適用されることになる[55]。

本件において国際司法裁判所は、当事国の海岸線の長さの相違は非常に顕

著であるため、この特徴は境界画定線を引く段階で既に考慮に入れられなければならないと判示した。かくして海岸線の長さの不釣り合いは、大陸棚の境界画定に関しては大陸棚条約第6条の「特別な事情」にあたり、排他的漁業水域の境界画定については、慣習法上の「関連する事情」にあたる[56]。こうして裁判所は、比例性の考慮に基づき北側の二つの区域(第二および第三区域)に引かれた中間線をヤン・マイエン島に近づける形で移動させたのである。しかしながら、比例性概念の適用に関し本判決は、二重の意味において過度の主観性を示す結果に終わっている。

第一に裁判所は、当事国の海岸線の長さの相違が非常に顕著であると述べるにとどまり、客観的に双方の海岸線の長さの比率を測定していない。つまり、問題となる海岸線の長さに不釣り合いが存在するか否かは、客観的な方法を用いることなく、裁判官達によって主観的に決定されているのである。

第二に、暫定的中間線の移動の程度も過度に主観的であって、海岸線の長さの相違と各当事国に属する海域の広さとの関係は不明確なままである。第一区域における排他的漁業水域の境界画定には、漁業資源への衡平なアクセスと比例性という二つの事情が関連するのに対し、同区域における大陸棚境界画定線に関連する事情は比例性のみである。裁判所は第一区域を二等分する線を大陸棚と排他的漁業水域双方の境界画定線としたのであるが、比例性と漁業資源への衡平なアクセスという二つの要素がどのような関係に立つのか明らかではない。この点を整合的に説明しようと試みるならば、漁業資源への衡平なアクセスの要求に基づく修正を、比例性の要求に基づく修正と合致するように中間線を移動させたとみる他はないであろう。第二、第三区域では、比例性のみが関連する事情であった。裁判所は、I―Kを結ぶ線分上にIとOとの距離がOとKとの距離の2倍となるようにOを定め、N―Oを結ぶ線によって第二区域を分割した。第三区域はO―Aを結ぶ直線によって分割される[57]。しかし以上の作業を通じて、これらの区域の境界画定線に海岸線の長さの比率がどのように反映されているのかを理解することは困難と言わざるを得ない。

(5) エリトリア／イエメン境界画定事件(1999年)

相対する国家間の海洋境界画定における比例性概念の適用は、エリトリア／イエメン境界画定事件においても見出すことが出来る。本件において両当

事国は、英仏大陸棚仲裁判決に従って、比例性の機能は境界画定線の衡平性を検証することであると主張し[58]、仲裁裁判所もこれを妥当としている[59]。しかし、比例性概念の具体的適用に関しては当事国間に争いがある。イエメンは、問題となる海域をほぼ等しく二分する境界画定線が両国の海岸線の長さの比率を反映していると主張した。他方エリトリアは、問題となる区域を3対2の割合でエリトリアに有利に分割する歴史的中間線(historic median line)が両国の海岸線の長さの比率を正確に反映する境界画定線であると主張した[60]。ここで特に問題となったのは、エリトリアの北部海岸線をどこまで計算に含めるかである。この点に関しエリトリアは、北緯16度までのびるエリトリア本土の海岸線を比例性の計算に含めるべきであると主張している。しかし仲裁裁判所はこれを認めず、考慮さるべきエリトリアの海岸線はエリトリアの海岸の一般的な方向がイエメンの北側国境の終点において、同国の沿岸の一般的な方向に対して引かれた垂線と交わる地点までであると判示した。南側の終点も同様にして決定される[61]。

　境界画定にあたって仲裁裁判所は、基本的に等距離方法を適用して境界画定線を引いた[62]。その上で仲裁裁判所は、境界画定線の衡平性を検証するためのテストとして比例性概念を適用した。ここで仲裁裁判所は、比例性に関する具体的な数値を明らかにしている。それによれば、両国の海岸線の長さはイエメン387,026メートルに対しエリトリア507,110メートル、その比率は、1対1.31である。両国に属する海域(領海を含む)は、イエメン25,535平方キロメートルに対しエリトリア27,944平方キロメートル、その比率は1対1.09である。結論として仲裁裁判所は、不釣り合いは生じていないと判示している[63]。

2　2000年以降の判決における比例性概念

(1)　カタール／バーレーン境界画定事件(2001年)

　比例性概念の適用をめぐる争いは、2000年以降の境界画定事件においても見出すことが出来る[64]。陸の領域紛争に加えて、領海、大陸棚、及び排他的経済水域に単一の境界画定が対象となったカタール／バーレーン事件において、カタールは、境界画定線の衡平性のテストとして比例性概念を適用するよう求めた[65]。カタールによれば、自らの本土の海岸線の長さとバーレー

ンの主要な島々の海岸線の長さの比率は1.59対1であり、この相違は暫定的に引かれた中間線の修正を必要とする[66]。カタールによって提示された境界画定線に比例性のテストを適用すると、各当事国に帰属することになる海域の面積は、カタール1.68に対しバーレーン1となる。従ってカタールは、自らの境界画定線が衡平の要請を満たしていると主張した[67]。これに対しバーレーンは、カタールの計算はHawar諸島がカタール領であることを前提にしているが、これらの島々がバーレーンに帰属する場合には、両国の海岸線の長さはほぼ等しくなるであろうと反論した[68]。国際司法裁判所は、Hawar諸島はバーレーンに帰属すると判示し、その結果裁判所は、「当事国間の沿岸のファサードの相違は、等距離線の修正を必要とするものとは考えられない」と結論した[69]。

　比例性に関する裁判所の議論は簡潔なものにとどまっており、比例性を考慮するために必要な関連する海岸線の範囲も海域の範囲も特定せず、これらの測定に関する具体的な数値も提示していない。北海大陸棚事件判決で示されたとおり、本来、比例性は当事国の海岸線の長さがほぼ同じであるにもかかわらず、海岸線の形状の故に帰属する海域の広さに不釣り合いが生じる場合、これを修正する要因として機能する概念であった。従って、当事国に属する海域の広がりに言及することなく、ただ当事国の海岸のファサードの長さがほぼ同じであると述べるだけでは、本件において比例性を関連する事情として考慮しない理由としては不十分であろう。

(2)　カメルーン／ナイジェリア境界画定事件（2002年）

　カタール／バーレーン境界画定事件と同じ問題点は、カメルーン／ナイジェリア境界画定事件においても見出される[70]。本件においてカメルーンは、両当事国の海岸線の長さの相違を境界画定線を北西へ移動させるための関連する事情として援用した。カメルーンは関連する区域を三つに区分して海岸線の比率を計算している[71]。カメルーンによれば、BonnyとCampoを結ぶ第一区域では、関連する海岸線の比率は、カメルーン2.3に対しナイジェリア1である。Bonny-Campo線とナイジェリア領Akassoと赤道ギニアに位置するCabo San Juanをつなぐ線によって囲まれる第二区域では、関連する海岸線の比率は1.25 対1でカメルーンの海岸線の方が長い。ナイジェリア領にあるAkassoとガボンに位置するCap Lopezとを結ぶ線で示される第三区域は、同

様にカメルーン1.25 に対しナイジェリア1である。これらの比率を反映させる形でカメルーンは自らの境界画定線を提示した[72]。これに対しナイジェリアは、関連する海岸線の長さの比率は1対1.3ないし1対1.2で自国の方が長いと主張した[73]。

　この点に関し国際司法裁判所は、当事国間の海岸線の長さの顕著な相違は暫定的に引かれた等距離線を修正する事情となりうると述べている。しかし本件では、ナイジェリアのどの海岸線が適当とされようとも、カメルーンの海岸線はナイジェリアのそれよりも長いとは言えないとし、裁判所は比例性を関連する事情として考慮に入れなかった[74]。ここで、カタール／バーレーン境界画定事件判決と同じ批判がなされうることは繰り返すまでもないであろう。

(3)　バルバドス／トリニダッド・トバゴ境界画定事件(2006年)
　バルバドス／トリニダッド・トバゴ境界画定事件において比例性概念の適用が問題となったのは、三つに分けられた区域の内、東区域においてである[75]。この区域における等距離線の修正を必要とする関連する事情として、トリニダッド・トバゴは関連する沿岸の投影(projection)を挙げる。これと関連づける形でトリニダッド・トバゴは東に面する海岸線のファサードを測定し、その長さはトリニダッド・トバゴ74.9海里、バルバドス9.2海里、その比率は8.2対1であるとした。他方バルバドスはこの測定に異議を唱え、トリニダッド・トバゴは群島基線を海岸のファサードの測定に用いるべきではないと反論している[76]。次に第二の関連する事情として、トリニダッド・トバゴは、比例性を挙げる[77]。トリニダッド・トバゴによれば、バルバドスによって主張されている境界画定線は、重複する排他的経済水域を58対42の比率で分割するのに対し、トリニダッド・トバゴの主張する境界画定線は、重複する海域を50対50の比率で分割することになる[78]。これに対しバルバドスは、比例性の概念は境界画定線を引くための方法ではなく、海洋空間に対する権利の淵源でもないと反論した。バルバドスによれば、トリニダッド・トバゴによって用いられた群島基線は海岸線の長さの不釣合いを測定するための関連する海岸線ではない。更にバルバドスは、トリニダッド・トバゴは比例性の正当なテストに用いられるべきバルバドスの海岸線の長さの半分を無視していると批判している[79]。

仲裁裁判所は、グリーンランド／ヤン・マイエン、メイン湾、及びリビア／マルタ境界画定事件判決に依拠しつつ、当事国間の海岸線ファサード及びその長さの相違は、境界画定を行うにあったって考慮さるべき関連する事情であると認めた[80]。しかし仲裁裁判所によれば、これは境界画定線が関連する海岸線の長さの正確な比率に従って数学的に決定されることを意味しない。更に仲裁裁判所は、比例性は境界画定線の衡平性を検証するために考慮されるべき関連する事情であると結論している[81]。具体的に仲裁裁判所は、トリニダッド・トバゴが主張した著しい海岸のファサードの存在を考慮し、等距離線を北緯11º 03. 70´、西経57º 58. 72´の地点で修正し、この地点から境界画定線は東に向かってトリニダッド・トバゴの200海里排他的経済水域の限界まで真直ぐに伸びる線であるとした[82]。その上で仲裁裁判所は、この境界画定線の衡平性を検証するための最終的テストとして比例性を適用し、当該境界画定線は境界画定の対象となる全ての区域に面する海岸線の合理的な影響を反映していると結論している[83]。しかし、このような仲裁裁判所の議論に関しては、少なくとも次の問題点を指摘しておかなくてはならない。

　第一に、海岸の投影、海岸線の長さの相違、比例性という三要素の混同が指摘される。本件において仲裁裁判所は、海岸線の長さの相違を海岸の投影と結び付けて議論しているように見受けられる。トリニダッド・トバゴの議論も同様である[84]。だが、海岸の投影と海岸線の長さは別個の要素である。また仲裁裁判所は、海岸線の長さの相違を比例性とは切り離した形で、それ自体を関連する事情としてみなしている。しかし、本来、海岸線の長さの相違ないし比率は比例性の一要素である。従って海岸線の長さの相違を考慮に入れるのであれば、それは比例性概念の適用の一環としてでなくてはならないであろう。

　第二に仲裁裁判所は、関連する海岸線の長さ及び両当事国に属することになる海域の広がりについて測定方法を明らかにしていないし、具体的な測定を行ってもいない。また、この点に関する当事国の主張の妥当性についても判断を控えている。ここで仲裁裁判所は、修正された等距離線が海岸線の長さの比率よりもむしろ当事国の沿岸のファサードの影響を合理的に反映しているか否かを衡平性の基準としているように観察される[85]。これは仲裁裁判所独自の基準であって、もはや本来の意味における比例性概念の適用とは言えないと思われる。

(4) ガイアナ／スリナム事件（2007年）

　主として隣接する領海、大陸棚、排他的経済水域に単一の境界画定を対象とする本件においてガイアナは、同国の海岸線はやや凹状であるのに対しスリナムのそれは凸状であるとした上で、問題となるガイアナの海岸線はスリナムの海岸線よりも長いと主張した。ガイアナによれば、関連する海岸線の長さは、ガイアナが215キロメートルであるのに対し、スリナムは153キロメートルであり、その比率は1.4 対1である[86]。更にガイアナは、スリナムによって示された海岸線およびその長さは、ガイアナの沿岸上にある更に西の基点を除いていること、スリナムの沿岸（Vissers Bank）にある新しい基点を含めていること、およびEssequibo 河以西の海岸線がベネズエラによって争われていると主張していることから不正確であるとする。同時にガイアナは、スリナムよりも広い海洋区域を持つべきだとしている[87]。他方スリナムによれば、当事国の海岸線の長さと方向は関連する事情を構成するが、ガイアナによって特定された関連する沿岸はその長さにおいて行き過ぎであるし、関連する海岸線はスリナムの方がガイアナよりも長いと主張した。更にスリナムは、各々に帰属することになる海域の広さに関してもガイアナの主張の妥当性を争っている[88]。

　仲裁裁判所は、関連するガイアナの沿岸には、著しい凹凸は存在しないと判示した。従って仲裁裁判所によれば、地理的形状は、暫定的に引かれた等距離中間線を修正する要因にはならない[89]。最終的に仲裁裁判所は、領海部分にあたる沿岸から3海里までは、N10º E線を境界画定線とした。そして、12海里以遠の大陸棚と排他的経済水域に関しては、両当事国の海岸からの等距離線をもって境界画定線とし3海里から12海里までの残りの領海の境界画定線は、この等距離線とN10º E線とを結ぶ線とした。その上で仲裁裁判所は、比例性を境界画定線の衡平性を検証するためのテストとして適用した。仲裁裁判所によると、沿岸のファサードの比率は54（ガイアナ）対46（スリナム）であるのに対し、各々に属する海洋区域の比率は51（ガイアナ）対49（スリナム）である。この数値に基づき仲裁裁判所は、沿岸の地理によって引き起こされる不釣り合いはないと結論した[90]。しかし、両国の海岸に著しい凹凸がないのであれば、等距離方法の適用によって歪みが生じることはないのだから、本来の意味における比例性が問題となる余地は無かったとも考えられる。

(5) ニカラグア／ホンデュラス境界画定事件(2007年)

本章で検討すべき最後の判例は、ニカラグア／ホンデュラス境界画定事件である。隣接する関係にある両国の海岸線はCoco河の河口において遭遇し、凸状の沿岸を構成しているが、この河口のデルタのみならず海岸線自体、常に変化している。国際司法裁判所は、問題となる海岸線の不安定さに鑑みて、暫定的な等距離線を引くための基点を設定することが出来ないとして等距離方法の適用自体を排除した。そして、両当事国の海岸線の一般的方向にそって引いた2本の直線から生じる角度を二等分する線を引くことによって沿岸に近接する区域の境界画定を設定したのである。この境界画定方法の妥当性に関しては議論の余地があるが、ここでは扱わない[91]。本件で留意しなければならないのは、ニカラグアが比例性の考慮を求めたにもかかわらず、本判決はこれに全く言及していないことである。問題となる海岸線が不安定であることは、比例性に言及しない理由とは必ずしもならないであろう。例えば海岸線の適当な地点を結ぶ直線を引くことによって、あるいは海岸の一般的方向を示す直線によって、沿岸のファサードの長さを測定することは、一応は可能であったと思われる。

IV 海洋境界画定の国際法における比例性概念の機能と問題点

1 判例における比例性概念の機能的拡大

以上の分析から、海洋境界画定に関する国際判例における比例性概念の展開を次のようにまとめてみることが出来るであろう。

まず、比例性概念が適用される地理的範囲の拡大を指摘することが出来る。もともと比例性は、北海大陸棚事件にみられるように、(i)海岸の隣接性、(ii)海岸における著しい凹凸の存在、(iii)ほぼ等しい長さを持つ海岸線という三要素が複合的に存在する特殊な地理的形状において、等距離方法を適用することから生じる不衡平に対処するために生まれた概念である。しかし後の判決では、この概念は、北海大陸棚事件とは全く異なる地理的状況にも適用されるようになっている。実際、国際司法裁判所は、海岸線が隣接してはいるが北海大陸棚事件とは著しく地理的形状が異なるチュニジア／リビア大陸棚事件判決において比例性概念を適用した。更にメイン湾境界画定事件におい

て国際司法裁判所裁判部は、相対する海岸の境界画定にこの概念を適用した。その後、相対する国家間の海洋境界画定における比例性概念の適用は、リビア／マルタ、グリーンランド／ヤン・マイエン、エリトリア／イエメン判決においても見出される。比例性概念は、海洋境界画定に関する判例上、あらゆる地理的状況に適用されるようになったとみなしてもさしつかえないであろう。

次に、比例性概念の機能の拡大を指摘することが出来る。北海大陸棚事件において比例性は、先に述べた特殊な地理的状況に等距離方法を適用することから生じうる不衡平を減少させるための一つの要素として位置付けられていた。しかし後の判例において比例性概念は、等距離方法が用いられるか否かに関わりなく、境界画定線の衡平性を検証するためのテストとしての機能を果たしている。そのような事例として、チュニジア／リビア、リビア／マルタ、ギニア／ギニアビサオ、サン・ピエール・ミクロン、エリトリア／イエメン、バルバドス／トリニダッド・トバゴ、ガイアナ／スリナム事件判決を挙げることが出来る。更に比例性は、境界画定線の位置を決定する段階で、暫定的に引かれた等距離線を修正するための基準としても用いられている。典型的な事例としてメイン湾、リビア／マルタ、グリーンランド／ヤン・マイエン事件判決を挙げることが出来るであろう。こうして比例性の概念は、境界画定線の衡平性の検証基準及び暫定的境界画定線の修正基準という二重の機能を果たすことになる。

2 比例性概念に関する判例と国家実行の乖離

以上のような比例性概念の展開に関し注目されるのは、この概念が国家実行とは切り離される形で、専ら判例によって形成されてきたという点である。国際判例が比例性概念を適用するにあたって国家実行に言及したことは管見の限り皆無であるし、また、そのような国家実行は数の上で非常に限定されているように思われる。

大陸棚境界画定条約において比例性概念が適用された事例としては、例えばBiscay湾大陸棚境界画定に関するフランスとスペイン間の条約（1974年）がある[92]。フランスとスペインは、Biscay湾の沿岸に近い区域に関しては等距離方法を適用して境界画定を行うことに合意したが、残りの区域については

そのような合意が得られなかった[93]。そこで両当事国は、比例性を考慮してこの区域の境界画定を行った。ここで関連するフランスの海岸線の長さは213マイルであるのに対し、スペインのそれは138マイルであり、その比率は1.54対1である。そこでフランスとスペインは、問題となる区域をフランスに約22,000平方マイル、スペインに13,500平方マイルの大陸棚が帰属するように境界画定を行った。その結果、大陸棚の広がりの比率は1.63対1となっている[94]。大陸棚の境界画定において比例性概念が適用された他の事例としては、1992年に締結された英国とアイルランド共和国間の大陸棚画定条約付属議定書が挙げられる。関連するアイルランドの海岸線の長さがおよそ30マイルであるのに対し、英国のそれは約17.5マイルである。その比率は1.71対1。境界画定の交渉過程においてこの長さの比率が考慮されたと指摘されているが詳細は明らかではない[95]。

　大陸棚と排他的経済水域に単一の境界画定において比例性概念が適用された事例としては、1978年に締結されたベネズエラ／オランダ(Antilles)間の境界画定条約を挙げることが出来る。問題となる海岸線の長さは、オランダ67.5マイルに対し、ベネズエラのそれは156マイルである。その比率は1対2.3。この比率を考慮し、両当事国は等距離方法を適用した場合にオランダ領Antilles諸島に帰属するはずの海洋空間の56パーセントを同諸島に付与することに合意した。同時に、オランダ領Antillesに関する社会的、政治的要素—人口、自治、独立への展望など—も比較的広い海洋空間を同諸島に付与することになった要因とされている[96]。1988年にデンマークと旧東ドイツの間で締結された境界画定条約では、Adler Grundにおいて等距離線を修正する要素として比例性が考慮されたとされている[97]。また、1986年にビルマとインドの間で締結された境界画定条約においても、ビルマに等距離方法の適用によって得られるよりも広い海洋空間を付与する要因の一つとして比例性が考慮されたとのではないかと推定されている[98]。同様に1997年にタイとベトナムの間で締結されたタイ湾の海洋境界画定条約においても比例性が考慮されたとされる[99]。

　以上のように、国家実行上、比例性概念が適用されたとされる幾つかの事例を指摘することはできるとしても、そのような事例は200以上締結されている海洋境界画定条約のごく一部にすぎない。また比例性概念が適用されたとされる事例においても、ふつう、交渉過程では比例性以外の様々な要因が

同時に考慮されるため、その具体的な適用の仕方を正確に判断することは困難である[100]。いずれにせよ、比例性概念が「広範かつ実際上統一された」国家実行と法的信念によって裏付けられているとは認め難いと思われる。ここにわれわれは、比例性概念に関する国際判例と国家実行との際立った乖離を認めることが出来る。

比例性概念に関する国家実行の乏しさに鑑みて、国際裁判所による広範な比例性概念の適用が国際慣習法に基づくものではないことは明らかだと思われる。そうであれば、比例性概念の形成とその機能の拡大は、裁判による法創造(judicial creativity)の結果と考えざるを得ないであろう[101]。海洋境界画定の国際法の形成において、国際判例が大きな役割を果たしていることは既に指摘されているとおりである[102]。その理由として、次の二点が考えられる[103]。まず衡平な結果を導くためには、様々な関連する事情を考慮することが求められる。しかし、このような事情の一つ一つについて具体的な国際法規則が存在しているとは考えられないため、国際裁判所は、衡平原則の枠内において関連する事情に付与されるべき法的効果に関する規則を自ら発展させる他はない。次に海洋境界画定条約の当事国が、交渉過程において、どのように関連する事情が考慮されたのかを説明することは稀であるから、この分野において法的信念の証拠を見出すのは困難である。従って関連する事情の法的効果に関する慣習法の認定は極めて難しいと言わざるを得ないだろう。以上のことから、国際裁判所がこの分野において発達してきた「判例法」に大きく依拠することになるのは、ある程度までは理解しうることである。しかしながら、こうして形成されてきた法概念の妥当性は別途、検討されなくてはならない。

3 判例における比例性概念の問題点

判例における比例性概念の展開が以上のようなものであるとすれば、その機能に関しては、次のような問題点を指摘しておかなくてはならないであろう。

まず、海岸線の長さ及び各当事国に属することになる海域の広がりを測定するための客観的な方法の欠如が指摘される。境界画定に関連する海岸線の長さを測定するためには、まず測定すべき海岸線の範囲を特定しなければな

らない。ところがメイン湾、サン・ピエール・ミクロン、エリトリア／イエメン、バルバドス／トリニダッド・トバゴ、ガイアナ／スリナム事件で見られたように、関連する海岸線の範囲の特定自体が争われる結果となっている。この点に関し国際裁判所は、関連する海岸線の長さを測定する客観的方法を提示していない。問題となる海域に島が散在している場合、関連する海岸線の長さの測定は更に困難になると思われる。また、境界画定の対象となる海域に第三国の権原が関わってくる場合、当事国に属することになる海域の広がりを正確に測定することは難しい。

次に、関連する海岸線の長さと海域の広がりとの間に、どの程度の釣合がとれていなくてはならないかを判定する客観的基準の欠如を指摘しなければならない。例えばチュニジア／リビア大陸棚事件において、海岸線の長さの比率と低潮線から測った大陸棚の面積の比率とが、本当に釣合がとれているといえるかどうか疑問の余地がある[104]。グリーンランド／ヤン・マイエン境界画定事件判決にいたっては、海岸線の長さの比率が約9（グリーンランド）対1（ヤン・マイエン）であるのに対し、海域の広がりの比率は3（グリーンランド）対1（ヤン・マイエン）である[105]。

第三に、境界画定線の衡平性を検証するためのテストとしての比例性と暫定的境界画定線の修正基準としての比例性という区分は、実際には不明確であるといわなくてはならない。比例性を事後のテストとして適用した結果、国際裁判所によって引かれた境界画定線が不衡平であると判断された事例は存在しない。これは、実は境界画定線の位置を決定する段階で既に比例性を考慮に入れて境界画定線を引いているからではないか。もしそうならば、境界画定線の衡平性を検証するためのテストとしての比例性は形式的なものにすぎず、比例性概念は、暫定的境界画定線の修正基準として機能していることになるであろう。

第四に、相対する国家間の海洋境界画定における比例性概念の適用の妥当性は再考の余地があるように思われる。先に指摘したとおり、相対する国家間の境界画定にあたって等距離方法を適用した場合、海岸線の長さの相違は、各々に属する海域の広がりに既に反映されているのである。また、この分野の判決において繰り返し確認されているとおり、比例性概念の機能は海岸線の長さに比例して海洋空間を配分することではない。それではなぜ海岸線のより長い沿岸国に、更に海洋空間を付与しなければならないのか、いずれの

判決も確たる理由を明らかにしていない。

　第五に、比例性概念を暫定的境界画定線の修正基準として用いるとしても、ある特定の比率で空間を区分する線は無限に存在するため、比例性の考慮だけでは、海洋境界画定線の位置を特定することはできないという点にも留意しておく必要がある[106]。

　以上のように海洋境界画定の国際法における比例性概念は、その本来の機能を大きく踏み超えて適用されてきた結果、幾つもの問題を提起している。海洋境界画定における比例性概念を正しく適用するためには、この概念が発生したときの問題状況とそうした状況に対処するために付与された本来の機能を再確認する必要があると思われる。

【注】
1　海洋境界画定における比例性概念を直接取り扱った論考として次を参照。位田隆一「最近の海の境界画定紛争における比例性概念――国際法上の比例性原則の研究」(『法学論叢』第124巻5・6号、1989年、81-110頁)。R Ida, 'The Role of Proportionality in Maritime Delimitation Revisited: The Origin and Meaning of the Principle from the Early Decisions of the Court,' in N Ando et al (eds.), *Liber Amicorum Judge Shigeru Oda* (The Hague, Kluwer, 2002), pp.1037-1053; G Jaenicke, 'The Role of Proportionality in the Delimitaion of Maritime Zones' in A Bos and H Siblesz (eds.), *Realism in Law-Making, Essays on International Law in Honour of Willem Riphagen* (Dordrecht, Nijhoff, 1986), pp.51-69. 拙稿 'Reflections on the Concept of Proportionality in the Law of Maritime Delimitation,' (2001) 16 *International Journal of Marine and Coastal Law*, pp.433-463. 本章は、拙稿を基にその後の展開をふまえて新たに書き下ろしたものである。

2　本章では各事件の詳細を述べることは出来ないし、またその必要もないであろう。この分野における判例の発展に関しては、本書第1章参照。欧文の文献としては次を参照。L Lucchini 'La délimitation des frontières maritimes dans la jurisprudence internationale: vue d'ensemble,' in R Lagoni and D Vignes (eds.), *Maritime Delimitation* (Leiden and Boston, Brill, 2006), pp.1-18. 拙著、*Predictability and Flexibility in the Law of Maritime Delimitation* (Oxford, Hart Publishing, 2006), pp.51-126. 拙稿、"Quelques observations sur deux approches jurisprudentielles en droit de la délimitation maritime: l'affrontement entre prévisibilité et flexibilité", (2004) *Revue Belge de Droit International*, pp.419-455. See also R Kolb, *Case Law on Equitable Maritime Delimitation: Digest and Commentaries* (The Hague et al, Nijhoff, 2003). なお、紙幅の都合上、判決に関連する地図を本章で逐一再録することは差し控えた。読者のご海容を乞いたい。地図については本書の巻末に掲げられているものの他、各ICJ Reports、各仲裁判決を参照されたい。

3　但し、1946年の論文においてVallatは既に比例性概念を打ち出していた。Vallatは次のように述べている。「ある湾が複数の国家によって囲まれている場合、最も衡平な解決は、領海の外側の海底区域を各々の海岸線の長さに比例して湾に面している国家間で分割することであろう。」Sir Francis Vallat, 'The Continental Shelf,' (1946) 23 *BYIL*, p.336.

4　*ICJ Reports 1969*, p.20, para.15.

5   Reply of the Federal Republic of Germany, Pleadings vol. 1, 1968, p.433; Pleadings, Vol.II, pp.62-63; see also Reply of Professor Oda, *Ibid.*, pp.195-196.
6   *ICJ Reports 1969*, p.52, para.98.
7   *Ibid.*, p.50, para.91.
8   R Higgins, *Problems and Process: International Law and How We Use It* (Oxford, Clarendon Press, 1994), p.229. Kolb, *supra* note 2, p.258.
9   The *Anglo-French Continental Shelf* Case, United Nations, 18 *Reports of International Arbitral Awards*, p.57, para.99. 日本語による本件の詳細な紹介として、三好正弘「英仏海峡大陸棚境界画定仲裁裁判について」(『法経論集法律編』第87号、1978年、125-146頁)。芹田健太郎「英仏大陸棚事件仲裁判決(抄)」(『国際法外交雑誌』第77巻2号、1979年、209-243頁)。同『島の領有と経済水域の境界画定』(有信堂高文社、1999年、75-120頁)。
10 The *Anglo-French Continental Shelf* Case, *supra* note 9, p.57, para.99.
11 *Ibid.*, p.58, para.101.
12 *Ibid.*
13 HWA Thirlway, 'The Law and Procedure of the International Court of Justice: Part Six,' (1995) 65 *BYIL*, p.56. 三好正弘「海洋の境界画定」(国際法学会編、『日本と国際法の100年第3巻海』、三省堂、2001年所収、178-179頁)。
14 本件に関する日本語の論考として特に、芹田健太郎「チュニジア・リビア大陸棚事件判決(1)-(3完)」(『季刊海洋時報』、27、28、29号)参照。この論文は註9『島の領有と経済水域の境界画定』、121-158頁に収録されている。なお本件には次の邦訳がある。皆川洸、「大陸棚に関する事件(チュニジア／リビア)」(『国際法外交雑誌』第82巻6号、1984年、719-778頁)。
15 Thirlway, *supra* note 13, p.57.
16 北海大陸棚事件と異なり、チュニジア及びリビアの海岸線は凹型でもなければ、その長さが等しいわけでもない。
17 Dissenting Opinion of Judge Gros, *ICJ Reports 1982*, p.152, para.17. See also Disssenting Opinion of Judge Evensen, *Ibid.*, p.314, para.23.
18 *ICJ Reports 1982*, p.91, para.131.
19 国連海洋法条約第76条1項。
20 Dissenting Opinion of Judge Evensen, *ICJ Reports 1982*, p.313, para.23.
21 *ICJ Reports 1982*, p.76, para.104.
22 *Ibid.*, p.61, para.75.
23 Dissenting Opinion of Judge Evensen, *Ibid.*, p.313, para.23.
24 大陸棚の広がりを測定するため、裁判所はRas Kaboudiaを通る緯線とRas Tajouraを通る経線からなる仮設上の閉鎖線を引いた。しかし、これはあくまで地図上の便宜に過ぎない。この点に関する批判としてDissenting Opinion of Judge Oda, *Ibid.*, p.260, para.164.
25 *ICJ Reports 1985*, p.50, para.68.
26 *Ibid.*, pp.52-52, para.73.
27 *Ibid.*, p.55, para.75.
28 Disseting Opinion of Judge Schwebel, *Ibid.*, p.183.
29 Dissenting Opinion of Judge Oda, *Ibid.*, p.137, para.23.
30 E Decaux, 'L' arrêt de la Cour international de Justice dans l' affaire du plateau continental (Libye/Malte), Arrêt du 3 juin 1985,' (1985) 31 *AFDI*, p.320.
31 P Weil, *Perspective du droit de la délimitation maritime* (Paris, Pedone, 1988), p.258.
32 Dissenting Opinion of Judge Mosler, *ICJ Reports 1985*, p.121.
33 Mosler裁判官は本件の地理的形状をマルタを頂点とする三角形とみなしているが、議

論の主旨は同じである。*Ibid.* See also Argument by Professor Brownlie, Pleadings, Vol.III, pp.475-476.
34　Dissenting Opinion of Judge Schwebel, *ICJ Reports 1985*, pp.182-183.
35　Judgment, *Ibid.*, pp.44-45, para.57. ここで裁判所は、英仏海峡大陸棚仲裁判決101段落を引用している。
36　Dissenting Opinion of Judge Schwebel, *Ibid.*, p.186.
37　Reply of Professor Brownlie, Pleadings, vol. IV, p.288; p.300.
38　Separate Opinion of Judge Valticos, *ICJ Reports 1985*, p.110, para.19. See also Dissenting Opinion of Judge Oda, *Ibid.*, p.134, para.18; Dissenting Opinion of Judge Schwebel, *Ibid.*, p.184.
39　日本語による本件の詳しい紹介として、杉原高嶺「メイン湾境界画定事件」(『国際法外交雑誌』第87巻4号、1989年、37-67頁)。波多野里望、尾崎重義編『国際司法裁判所判決と意見第2巻(1964-93年)』(評者・東寿太郎、国際書院、1996年、221-235頁)。三好正弘「メイン湾境界画定の意義」(『海洋法と海洋政策』、第8号、外務省、1985年、21-42頁)。佐藤好明「メーン湾地域における海洋境界画定事件(1)-(6)」(『季刊海洋時報』、第52-57号)がある。
40　カナダおよびアメリカ合衆国の海岸線の長さの測定方法に関しては、判決に添付された技術報告を参照。Technical Report, *ICJ Reports 1984*, p.348, para.6.
41　*Ibid.*, pp.335-336, para.221.
42　*Ibid.*, pp.336-337, para.222.本件における境界画定方法を理解するためには、次の論文が図表を用いて説明しており有益である。J Cooper, 'Delimitation of the Maritime Boundary in the Gulf of Maine Area,' (1986) 16 *Ocean Development and International Law*, pp.59-90.
43　Separate Opinion of Judge Schwebel, *ICJ Reports 1984*, p.356. 位田、前掲論文、註1(『法学論叢』)、99頁。
44　(1986) 25 *ILM*, p.301, para.120.日本語による本件の紹介として次を参照。三好正弘「領海・排他的経済水域・大陸棚の単一の境界画定」(『海洋法・海事法判例研究』、第2号、1991年、日本海洋協会、107-125頁)。
45　位田、前掲論文、註1『法学論叢』、94頁。
46　*Ibid.*
47　The *St. Pierre and Miquelon* Arbitration, (1992) 31 *ILM*, p.1162, para.33.本件には次の邦訳がある。青木隆「カナダ・フランス海域画定仲裁判所―海域画定(サン・ピエール・ミクロン事件判決)」(『清和法学研究』、第1巻1号、1994年、291-320頁)。同じ論者による判例評釈として、「サン・ピエール・ミクロン海域画定に関する仲裁判決について」(『法学研究』、第67巻2号、1994年、34-71頁)。
48　The *St. Pierre and Miquelon* arbitration, *supra* note 47, p.1176, para.93.
49　*Ibid.*, p.1164, para.33.
50　Dissenting Opinion of Judge Weil, *Ibid.*, p.1207, para.24, note 19.
51　Award, *Ibid.*, p.1176, para.93.
52　Dissenting Opinion of Judge Gotlieb, *Ibid.*, p.1188, paras.35-37.
53　Dissenting Opinion of Judge Weil, *Ibid.*, p.1206, para.24; H Ruiy-Fabri, 'Sur la délimitation des espaces maritimes entre le Canada et la France, sentence arbitrale du 10 juin 1992,' (1993) 97 *RGDIP*, p.95.
54　地図を含め本件についてより詳しくは次を参照。国際司法裁判所判例研究会「グリーンランドとヤン・マイエン間の海域の境界画定事件」(評者・酒井啓亘、『国際法外交雑誌』第95巻5号、1997年、42-69頁)。波多野里望、尾崎重義編、註39(評者・松田幹夫、440-450頁)。邦訳として、青木隆「グリーンランドとヤンマイエンとの間の区域における海洋境界画定に関する事件(デンマーク対ノルウェー)判決」(『法学研究』第67巻8号、

1994年、99-133頁)。
55 この点に関しては、拙著、註2、95-98頁参照。
56 *ICJ Reports 1993*, pp.68-69, para.68.
57 *Ibid.*, pp.79-81, paras.92-93.
58 The *Eritrea/Yemen* Arbitration (The Second Phase), (2001) 40 *ILM*, p.989, para.39.
59 *Ibid.*, p.1010, para.165.
60 *Ibid.*, pp.989-990, paras.39-43.
61 *Ibid.*, p.1011, para.167.
62 本件の境界画定プロセスについては、拙稿、'Reflections on the *Eritrea/Yemen* Arbitration of 17 December 1999 (Second Phase: Maritime Delimitation),' (2001) 48 *NILR*, pp.197-225.
63 The *Eritrea/Yemen* Arbitration *supra* note 58,p.1011, para.168.
64 日本語による本件の詳しい紹介として次を参照。国際司法裁判所判例研究会「カタールとバーレーン間の海洋境界画定および領土問題事件(本案判決)(2001年3月16日)」(評者・坂元茂樹、『国際法外交雑誌』第105巻第4号、2007年、122-149頁)。海洋境界画定に焦点をあてた分析として、拙稿、'Reflections on Maritime Delimitation in the *Qatar/Bahrain* Case,' (2003) 52 *ICLQ*, pp.53-80.
65 Memorial submitted by Qatar, p.301. Argument by Quéneudec, Counsel of Qatar, CR 2000/10, para.17 and oaras. 38-39.
66 The *Qatar/Bahrain* Case, *ICJ Reports 2001*, p.114, para.241.
67 Memorial submitted by Qatar, pp.304-305.
68 Judgment, *ICJ Reports 2001*, p.114, para.242; Counter-Memorial submitted by Bahrain, paras.647-649. See also Argument by Reisman, Counsel of Bahrain, CR 2000/16, para.17.
69 Judgment, *ICJ Reports 2001*, p 114, para.243.
70 本件における海洋境界画定については、拙稿、'Reflections on Maritime Delimitation in the *Cameroon/Nigeria* Case,' (2004) 53 *ICLQ*, pp.369-406.
71 The *Cameroon/Nigeria* Case, *ICJ Reports 2002*, p.446, para.300.
72 地図を含め、カメルーンによる比例性の測定方法については次を参照。Memorial of Cameroon, pp.553-555, paras.5.119-5.128; Reply of Cameroon, pp.421-426, paras.9.81-9.95; Argument by Mendelson, Counsel of Cameroon, CR 2002/6, pp.51-55, paras.16-28; Argument by Kamto, Counsel of Cameroon, CR 2002/7, pp.28-31, paras.31-42.
73 Rejoinder of Nigeria, Part IV, Ch 13, para.13.13; para.13.41; *ICJ Reports 2002*, p.435, para.278.
74 *Ibid.*, pp.446-447, para.301.
75 The *Barbados/Trinidad and Tobago* Arbitration, p.92, paras.297-298. 仲裁判決のテキストは、常設仲裁裁判所のホームページで入手できる。<http://www.pca-cpa.org>
76 *Ibid.*, p.99, para.326.
77 *Ibid.*, p.102, para.335.
78 *Ibid.*, pp.48-49, paras.158-159. 仲裁判決の他の箇所でトリニダッド・トバゴは、自国によって修正された等距離線は重複する排他的経済水域をバルバドス49％、51％の比率で分割すると述べている。*Ibid.*, p.102, para.335.
79 *Ibid.*, p.49, paras.160-161; p.102, para.336.
80 *Ibid.*, p.102, para.334; p.106, para.350.
81 *Ibid.*, p.102, para.337.
82 *Ibid.*, pp.110-111, paras.373-374.
83 *Ibid.*, p.112, para.379.
84 *Ibid.*, p.99, para.326.
85 *Ibid.*, p.112, para.379.

86　The *Guyana/Suriname* Arbitration, p.111, para.346. 仲裁判決のテキストは、常設仲裁裁判所のホームページで入手できる。<http://www.pca -cpa.org>
87　*Ibid.*, pp.60-61, paras.224-225.
88　*Ibid.*, pp.65, para.228.
89　*Ibid.*, pp.121-122, para.377. 境界画定線の終点(ポイント11)は、北緯10º 58. 59' 西経57º 07. 05' である。
90　*Ibid.*, p.127, para.392.
91　この点に関してはさしあたり拙稿、'Case Concerning the Territorial and Maritime Dispute Between Nicaragua and Honduras in the Caribbean Sea (8 October 2007),' (2008) 23 *International Journal of Marine and Coastal Law*, pp.327-346.
92　この条約の分析として次を参照。Annexes to the Counter-Memorial of the United States in the *Gulf of Main* case, Annex 10, Pleadings, Vol.IV, pp.455-457; L Legault and B Hankey, 'Method, Oppositeness and Adjacency, and Proportionality in Maritime Delimitation,' in JI Charney and LM Alexander (eds.), *International Maritime Boundaries* Vol.I (The Hague, Nijhoff, 1993), pp.219-220; Report by Anderson in *Ibid.*, Vol.II, p.1723; RD Hodgson, 'The Delimitation of Maritime Boundaries Between Opposite and Adjacent States Through the Economic Zone and the Continental Shelf: Selected State Practice,' in TA Clingan, Jr, *Law of the Sea: State Practice in Zones of Special Jurisdiction, Proceedings of the Law of the Sea Institute Thirteenth Annual Conference in 1979* (Honolulu, Law of the Sea Institute, 1982), pp.297-298; United States Department of State, Office of the Geographer, *Limits in the Seas*, No.83 (1979), pp.10-15.
93　境界画定線として等距離線が引かれたのはPoint QからPoint Rまでである。地図を含めこの条約における比例性の測定方法につき詳しくは、拙稿、註1、453-455頁。
94　Report by Anderson, *supra* note 92, p.1723.
95　Report by Anderson in Charney and Alexander, *supra* note 92, Vol.III, p.2490.
96　Hodgson, *supra* note 92, pp.298-299; Legault and Hankey, *supra* note 92, p.220; Report by Nweihed in Charney and Alexander, *supra* note 92, pp.621-622.
97　Legault and Hankey, *supra* note 92, pp.220-221. See also Report by Franckx in Charney and Aleander, *supra* note 92, Vol.II, pp.2090-2091.
98　Report by Cooper in *ibid.*, Vol.II, p.1334; Legault and Hankey, *supra* note 92, p.220.
99　Nguyen Quy Binhヴェトナム大使への筆者のインタビューによる(2001年3月2日)。
100　*Cf.* Legault and Hankey, *supra* note 92, p.219.
101　裁判による法創造を扱った論考として、特に次を参照。松井芳郎「現代世界における紛争処理のダイナミックス」(『世界法年報』第25号、2006年、3-42頁)。小川芳彦「国際司法裁判所と法の創造」(『法と政治』第15巻4号、16巻3号、1964-65年、1-30、39-83頁)。
102　Weil, *supra* note 31, p.13. See also P Cahier, 'Les sources du droit relatif à la délimitation du plateau continental,' in *Le droit international au service de la paix, de la justice et du développment, Mélanges Michel Virally* (Paris, Pedone, 1991), pp.175-182; RY Jennings, 'What Is International Law and How Do We Tell It When We See It,' (1981) 37 *ASDI*, p.68; L Lucchini et M Voelkel, *Droit de la mer, Tome 2, Délimitation, Navigation et Pêche*, Vol.I, *Délimitation* (Paris Pedone, 1996), p.200; RR Churchill and AV Lowe, *The Law of the Sea*, 3rd edn (Manchester, MUP, 1999), p.185.
103　拙著、註2、326頁。
104　位田、前掲論文、註1(『法学論叢』)、102頁。
105　この計算は、Fischer 裁判官によるものである。Dissenting Opinion of Judge ad hoc Fisher, *ICJ Reports 1993*, p.309, para.14.
106　Dissenting Opinion of Judge Oda, *ICJ Reports 1982*, p.258, para.162; HWA Thirlway, 'The

Law and Procedure of the International Court of Justice Part Five,' (1994) 64 *BYIL*, p.42.

第3章　海洋境界画定と領土紛争

坂元　茂樹

Ⅰ　はじめに
Ⅱ　海洋境界画定と国連海洋法条約
Ⅲ　日韓の海洋境界画定と竹島の影
　1　竹島をめぐる領土紛争
　2　海洋境界画定をめぐる日韓の対立
Ⅳ　日中の海洋境界画定と尖閣諸島の影
　1　尖閣諸島をめぐる領土紛争
　2　海洋境界画定をめぐる日中の対立
　3　共同開発をめぐる法的諸問題
Ⅴ　おわりに

Ⅰ　はじめに

　日本は三つの領土紛争を抱えている。ロシアとの間の北方領土(歯舞諸島、色丹島、択捉島、国後島の四島)、中国との間の尖閣諸島(中国名：釣魚諸島)及び韓国との間の竹島(韓国名：独島)の領有権をめぐる争いである。しかし、日ロ間では、島の領有権そのものが争われ、海洋の境界画定の問題は今のところ議論の対象にはなっていない[1]。そこで、本章の分析対象からは除外し、もっぱら尖閣諸島と竹島の問題を取り上げたい。

　本章で取り上げる日中と日韓の海洋境界画定をめぐる問題には、共通点と相違点が存在する。共通点とは、日中、日韓いずれにも漁業協定が締結されていることである。中国との間には、1997年に日中漁業協定が締結された。

同協定は、東シナ海に北緯30度40分と北緯27度の緯線、東西を両国から距岸約52海里の線で囲まれた、両国が漁獲を行う自国民と漁船に対する取締り等を行う暫定措置水域を設置すると同時に、12条で「この協定のいかなる規定も、海洋法に関する諸問題についての両締約国のそれぞれの立場を害するものとみなしてはならない」とのディスクレイマー条項を置いた。

韓国との間には、1998年に日韓漁業協定が締結された。同協定は、竹島の領有権問題を切り離して協議するとの1996年の橋本龍太郎総理と金泳三大統領(いずれも当時)による日韓首脳会談の合意により初めて可能となったものである。本協定は、竹島問題を棚上げにして、境界画定が困難な竹島周辺海域には日韓両国の漁民が操業できる北部暫定水域を設けて、暫定的に漁業秩序を維持する方策がとられた(9条、附属書Ⅰ)[2]。もっとも、北部暫定水域ではそれぞれの漁民はそれぞれの国の法令によって取り締まることが合意されたため、予期せぬ結果が生じている。韓国では底刺し網漁業やかご漁業の漁法は禁止されておらず、その結果、これらの漁法によって仕掛けられた網などによって、日本漁民が実質的に北部暫定水域から排除され操業できない事態が生じたのである。その結果、ベニズワイガニ漁を例にとれば、島根県の漁船の水揚げ量は条約締結前の四分の一(約1,000トン)に減少してしまった[3]。こうした事態を受け、日本海の沿岸漁民は、韓国との間に排他的経済水域(以下、EEZ)につき早期の境界画定を望むようになっている。なお、同協定では、日本海については、1974年に締結された日韓大陸棚北部協定の境界画定線を漁業暫定線として用いている(第7条)。かかる合意が可能になったのは、同協定では、領有権が争われている竹島が基点として採用されていないからである[4]。

相違点は、前述のように韓国との間には大陸棚の境界画定条約が存在し、残されているのはEEZのみであるという状況なのに対して、中国との間には大陸棚もEEZの境界画定も行われていないことである。韓国との間にEEZの境界画定問題が残ったのは、日韓大陸棚協定の締結当時、EEZの概念は法的主張としてはあったものの、慣習法の地位を有していなかったからである[5]。なお、日韓の間では前述の北部協定のほかに日韓大陸棚南部協定が締結され、東シナ海では境界画定を50年間棚上げして、両国の大陸棚の主張が重複する海域を共同開発によって解決することに合意した[6]。もっとも中国は、日韓間のこの合意は中国を拘束するものではなく、日韓間の共同開発区域も中

国の大陸棚であるとの主張を行っている。このように大陸棚の境界画定では、隣接する又は向かい合う利害関係国が存在する場合が多く、こうした状況は、問題の解決にあたって二国間アプローチのみではなく地域的アプローチの必要性を示唆している。その後、「大陸棚制度を更新し、排他的経済水域を制度化した」[7]国連海洋法条約(以下、海洋法条約)が1982年に締結され、事態をいっそう複雑にしている。

個別の検討に入る前に、海洋境界画定をめぐる海洋法条約の規定を整理しておこう。

II 海洋境界画定と国連海洋法条約

海洋境界画定に適用される法は、日本、韓国及び中国がともに当事国である海洋法条約である。

同条約は、EEZ及び大陸棚の境界画定について次のような同一の条文を置いている。その背景には、大陸棚についても、200海里の距離まで延びていない場合、「沿岸国の大陸棚とは、…200海里の距離までのものをいう」(第76条1項)というEEZ(第57条)と同様の距離基準が導入されているからである。

> 「向かい合っているか又は隣接している海岸を有する国の間における排他的経済水域〔大陸棚〕の境界画定は、衡平な解決を達成するために、国際司法裁判所規程第38条に規定する国際法に基づいて合意により行う」(第74条1項・第83条1項)[8]。

もっとも、本条は、「せいぜい境界画定が、(1)衡平な結果を確保するために[その意味では結果志向的である]、(2)国際司法裁判所(以下、ICJ)規程第38条に規定する国際法に基づいて、(3)合意によって行われることを定めるのみ」[9]である。本条でいう「衡平な解決」が具体的に何を意味しているのかは、必ずしも明確ではない。小田滋前ICJ裁判官は、大陸棚境界を考える場合の『衡平』と排他的経済水域の境界の『衡平』は必ずしも同一でないと考えられるとした上で、たとえば排他的経済水域の場合、「魚種の賦存状況、過去の漁業実績、それぞれの沿岸の地理的、経済的、社会的状況も排他的経済水域の境界の場合にはそれなりの独自の要素として当事国にとっては主張されるであろ

う。それらについて一般的な形で画一的な評価を与えることは出来ない」[10]と述べておられる。また、中村洸教授の指摘にあるように、「国際司法裁判所規程第38条に規定する国際法」という表現は、「単に海域画定に固有な、等距離中間線、特別事情、衡平といった原則と規則のほかに、『後法は前法を改廃する』とか『既得権は尊重されるべきである』とかいった、より一般的な国際法の原則の適用を排除」[11]していないということになろう。しかし、それにとどまらずもっとも重要なことは、ICJ規程第38条1項(d)にある「法則決定の補助手段としての裁判上の判決」として海洋境界画定に関するICJや国際仲裁裁判の過去の判例が使用できることである。いずれにしても、同一の内容を有するこれらの条文は、境界画定の合意に達するために関係国が誠実に行動する一般的な義務を確認しているといえよう[12]。

周知のように、従来から、大陸棚又はEEZの境界画定の基準については、「等距離中間線＋特別事情」原則と「衡平原則＋関連事情」原則という二つの考え方の対立がある[13]。ちなみに、日本は、第3次国連海洋法会議で、「等距離原則を考慮して、合意によって境界を画定するとともに、合意に至らない場合にはいかなる国も中間線を超えて大陸棚に対する主権的権利を行使できない」（A/CONF.62/C.2/L.31/Rev.1(1974)）との趣旨の等距離中間線原則を支持する提案の共同提案国となっていた[14]。しかし、先の両条文は、この等距離中間線原則にも、また衡平原則にも何ら言及していない。チャーチル（R.R. Churchill）やロウ（A.V. Lowe）の表現を借りれば、本条文は単に合意による境界画定を言っているにすぎないということになる[15]。そこには、境界画定の問題は事例ごとに事情が異なっており、普遍的な基準を定めるのは困難という認識があるものと思われる。換言すれば、現状では、EEZや大陸棚の海洋境界画定の問題につき一般法としての国際法は存在せず、その結果、関係当事国がみずからの法的主張に即した海洋境界画定に関する判例を見出し、みずからの法的主張の存立基盤が国際法的に支持されていることを明らかにした上で、相手当事国との協議の中で妥協をはかりながら合意の形成に向かわざるを得ないということになる。

前述したように、海洋法条約は、等距離中間線原則、あるいは衡平原則という特定の基準を採用しておらず、これら特定の基準に基づく国家の一方的措置の対抗力にはおのずと限界があるといえよう。ところで、等距離中間線原則はその内容において明確であるが、衡平原則の内容は必ずしも明確では

ない。ICJは、チュニジア・リビア大陸棚事件判決(1982年)において、「衡平原則の適用の結果は衡平でなければならない」と述べ、そして何が衡平原則であるかという問題については、「ある原則の衡平さは、それが衡平な結果を導きだすために帯びている有用性によって評価されなければならない。すべての原則がそれ自体で衡平なわけではない。この〔衡平という〕性質を当該原則に与えうるのは、解決の衡平さなのである」[16]と判示した[17]。要するに、衡平原則とは、各々の場合において衡平な結果を与えうるような原則を意味するわけで、兼原敦子教授の表現を借りれば、その「内容の不定形性」こそが、境界画定における当事者の合意の意義を尊重し、それを規律する一般原則として機能することを可能としたのであった[18]。

ところで、海洋法条約第74条3項・第83条3項は、「関係国は、1の合意に達するまでの間、理解及び協力の精神により、実際的な性質を有する暫定的な取極を締結するため及びそのような過渡的期間において最終的な合意への到達を危うくし又は妨げないためにあらゆる努力を払う。暫定的な取極は、最終的な境界画定に影響を及ぼすものではない」と規定している。

本条によって、当事国に課せられているのは二つの義務であるとされる。すなわち、第一に暫定的な取極を締結する努力義務と、第二に最終合意を阻害する行為の禁止義務である。問題は、合意を阻害する行為を慎む義務がいつから生じるかである。この点については、いくつかの解釈の余地がありうる。すなわち、同一海域について主張がオーバーラップした時点、暫定取極の交渉開始時点、暫定取極の締結時点、最終画定交渉開始時点などである[19]。しかしながら、交渉開始後とする解釈をとれば、交渉開始前に一方的に資源開発等がなされてしまう恐れがあり、本条の趣旨を満たさないであろう。そこで、最も合理的な解釈は、関係沿岸国の主張のオーバーラップが生じた段階で義務が生じるというものであろう。西村弓教授の表現を借りれば、義務の時間的射程に対する回答は、関係沿岸国の主張がオーバーラップした時点ということになる[20]。

なお、最近の国家実行は、過渡的期間において暫定措置として中間線を設定する傾向にあり、EEZや大陸棚について国内立法を行った国の三分の一以上が、過渡的期間における暫定措置として中間線に言及しているとされる(たとえば、バルバドス、フィジー、アイスランド、インドなど)[21]。これらの立法に対して、他の国から条約上違法であるとの指摘がなされていないことからも、

日本を含む各国の中間線設定が阻害行為に該当するという解釈はとり得ないように思われる。むしろ、これらの国家実行から、中間線が境界画定の出発点として機能し得ると結論することができよう[22]。

それでは、EEZや大陸棚の主張が重なり合う海域において、実際に鉱物資源の探査活動を実施することは、海洋法条約が禁止する阻害活動に当たらないのであろうか。西村教授によれば、この点については、一方的な権利行使は他方当事国の権利を害するため回避しなければならないとする説と、相手国の立場に相当の配慮をする限りにおいて探査活動は可能であるとする説が対立している。前者の立場は、(1)境界画定は合意に拠るというルールから信義誠実に交渉を行うべきことが導かれる、(2)結果的に違法行為となる活動を行うリスクは回避せねばならない、(3)紛争悪化は回避しなければならない、といった一般原則に照らし、一方的権利行使はこれらの原則に反するゆえに禁じられると主張する[23]。

他方、一方的行動も禁止されないとする説は、その根拠を海洋法条約の起草過程に求めている。第一に、探査活動を完全否定し、経済活動のモラトリアムを提案したパプアニューギニア案が採用されなかったという起草上の経緯がある。第二に、境界画定問題についての検討を任されたNegotiating Group 7が、過渡的期間においては暫定取極の締結に向け努力する義務があり、「したがって、当該過渡的期間において関係国は、事態を悪化し最終的合意への到達を阻害するような行動や措置をとることを控えねばならない」との条文案を提出したが、紛争海域における経済活動にモラトリアムを導入する趣旨のように理解されかねないという懸念から各国代表から批判されたという事実がある[24]。

そこで、この問題を考えるにあたって、エーゲ海大陸棚事件に注目してみよう。同事件において、ギリシャは、紛争海域におけるトルコによる探査許可(コンセッション付与)、トルコ付与ライセンスのもとでの音響調査が、大陸棚に対するギリシャの主権的権利を害すると主張した。これに対してICJは、その仮保全措置指示命令(1976年)において、一方的に付与されたコンセッションや一方的探査活動そのものが行為国の大陸棚に関する権利を生じせしめるものではないことは明白であると断ったうえで、次のように判示した。

「29. 係争区域に関して関係国のいずれかが一方的に与えたコンセッ

ションも、またそのいずれかが一方的に着手した探査活動も、新たな権利を創設しうるものではなく、また法律上享有しうるいかなる権利をも他方の国から奪うことができないことは明らかである。
　実際、トルコ政府は、1976年8月26日付けの裁判所への見解の中で、『ギリシャが苦情を述べているようなトルコによる探査は、エーゲ海大陸棚区域に対するギリシャのいかなる権利の存在にもなんら害を及ぼすものとはみなされえない。存在すべき大陸棚に対する主権的権利(探査の排他的権利を含む。)は、探査によって奪われ、減じられることはない』と述べている。」

「30.トルコによる継続的な音響(地震)探査活動は、すべて一時的な(transitory)性質のものであり、大陸棚上またはその上部水域に構築物(installations)を設置するものではなく、実際に資源を獲得したり使用したりするものではないことに鑑みて…仮保全命令は不要であると判断した。」[25]

　このリーズニングは最終解決まで権利保全を図るという仮保全措置指示命令の要件の認定に関するものではあるが、第74条3項が規定する回避義務とその趣旨を共有する。このICJの判例に従えば、一時的性質をもたない海洋構築物を使用した資源開発が行われる場合には、実際に資源獲得をめざすものとして、海洋法条約に違反するおそれがある。つまり、境界未画定区域(すなわち権原競合区域)において一方的に資源開発活動を実施することは、同項が命ずる合意を阻害する行為を回避する義務に違反するといえよう。本来、境界画定の合意に至る努力義務を負っている国が一方的な開発活動を行い、あるいは主権的権利や排他的管轄権を根拠に第三国の活動を許可することは、もっぱら境界画定合意の内容を自国に有利に進めることを意図した行為とみなされ、合意阻害的な行為となるというべきである[26]。
　それでは、以上のような海洋法条約の規定内容を踏まえた上で、日韓と日中の海洋境界画定をめぐる問題の検討に入ろう。日韓及び日中では、領土紛争の性格も、外交交渉のあり方も異なるので、以下、個別に検討を加えてゆくこととする。

III 日韓の海洋境界画定と竹島の影

1 竹島をめぐる領土紛争

　竹島(韓国名:独島)は隠岐諸島と鬱陵島の間にある、男島と女島の二島と数十個の岩礁からなる島である。1952年韓国の李承晩大統領が海洋主権宣言を行い、竹島を含んだ漁業管轄水域(いわゆる李承晩ライン)を設けたことで紛争が表面化した。日韓両国の主張は、次の三点で対立している。第一に歴史的根拠、第二に1905年の日本による領土編入措置の効力、そして第三にカイロ宣言から1951年の対日平和条約に及ぶ一連の措置の解釈問題である[27]。

　日本側の主張によれば、1616年、江戸幕府の許可により、漁場開拓で80年間鬱陵島を経営し、その中継基地として竹島(当時の日本名は松島)を利用していた実績がある。江戸幕府は、1696年に鬱陵島の放棄を決定し、同島への渡航を禁止したが、竹島への渡航は禁止しておらず引き続き日本領としてとどまったというのである。他方、韓国は、『李朝官撰地理誌』に竹島を意味する于山島、三峯島への言及がある点や、松島の水域を日本漁民から守ったとする漁民安龍福の供述に関する『粛宗実録』の記述を、その証拠とする。いずれにしろ、これら両国の実行は、近代国際法が要求する意味での実効的支配を竹島に行っていたとは言いがたいように思われる。その意味では、両国とも国際法が要求する先占の要件(領有の意思をもって、無主地を実効的に占有すること)を満たす必要があった。

　こうした状況下で、日本は、1905年1月28日の閣議で竹島を日本領とすることを決定し、これを告示するよう島根県知事に訓令した。そこで、島根県知事は、同年2月22日、県告示をもって竹島を島根県に編入する措置をとった。韓国は、この日本の措置は先占にあたるが、そもそも竹島は無主地ではなく韓国領であること、日本による領有意思の表明が島根県告示でなされており、韓国に通告がなかったことを理由として、その無効を主張している。これに対し、日本は、韓国が竹島を実効的に占有していた事実を立証する必要があること、1898年の南鳥島の編入も東京府告示でなされているが外国から争われていないこと、国際法上の義務として他国への通告義務はないとして、これに反論している。

　その後、1943年のカイロ宣言で、日本は、「暴力及び強欲により日本国が略

取した他のすべての地域から駆逐される」ことになった。これを受けた1951年の対日平和条約は、「日本国は、朝鮮の独立を承認して、済州島、巨文島及び鬱陵島を含む朝鮮に対するすべての権利、権原及び請求権を放棄する」(2条(a))と規定した。問題は、この中に竹島が含まれるかどうかである。韓国は、この中に竹島が含まれるとし、日本が略取した独島は、日本から分離されることになったと主張する。また、占領下の1946年1月、連合国軍司令部覚書(SCAPIN)第677号が、日本から政治上、行政上分離する地域として、済州島や鬱陵島とともに竹島を含めたこと、また、同年6月に設定されたマッカーサー・ラインが、竹島を日本漁船の操業区域外に置いたことをその証拠とする。これに対し、日本は、韓国併合の以前から日本領であった竹島はカイロ宣言にいう略取した地域ではないし、対日平和条約でもSCAPIN第677号にあった竹島の名は明示に排除されていること、また、SCAPIN第677号自体、この指令中の条項はいずれも日本国の領土帰属の最終的決定に関する連合国の政策を示すものと解してはならないと断っている、と反論している[28]。ところが、前述したように、1952年1月に韓国政府は竹島を李承晩ラインの内側に含めたのみならず、さらにその後竹島の領有権を主張し、実力でこれを占拠したのである。これに対し、日本は同月28日付け口上書により厳重に抗議し、韓国の領有権を否定した[29]。

　日韓国交正常化交渉でも、竹島問題は争点となった。1965年6月22日の日韓基本関係条約締結とともに、両国の間に、「紛争解決に関する交換公文」が交わされ、外交交渉によって解決できない紛争は、調停により解決することが合意された。日本は、この紛争の中に竹島問題が含まれると解している。しかし、韓国は、独島は韓国固有の領土であり、この問題は日韓間の「紛争」たりえないと主張し、「交換公文に基づいて［竹島問題］を国際的に解決しようとしても、われわれが同意しない限り、両国政府が合意するなんらの手続もありえない」(韓国国会日韓特別委員会における外務部長官の1965年8月14日の発言)と反発した。調停による解決の際に必要とされる手続、たとえば調停委員の選定等が行われないというのである[30]。しかし、国際法上、一国の主張によって紛争の存否が決定されるわけではない。現在のICJの前身である常設国際司法裁判所は、1924年のマブロマチス・パレスタイン事件において、「紛争とは、二つの主体間の法律又は事実の論点に関する不一致、法律的見解又は利益の衝突である」[31]と定義している。また、1950年、ICJは、平和諸条約の解

釈に関する勧告的意見の中で、「国際紛争が存在するか否かは客観的に決定されるべきものであって、単に紛争が存在しないとの主張がその不存在を証明することにはならない」[32]と述べている。これらの判例の論理に従えば、日韓両国の間には、竹島の領有権をめぐる「紛争」がたしかに存在する。なぜならば、両国はともに、この島の領有権を主張しており、ここに領有をめぐる両国の法律的見解の対立があるからである。日本は、1954年9月25日の口上書でこの問題をICJに提訴することを韓国に提案したが、拒否されている。交換公文に基づく調停も、ICJによる解決も韓国の同意を必要としており、解決の糸口が容易に見出せない状況になっている。韓国は、日本によるICJ提訴の提案を拒否する1954年10月28日の口上書において、「独島は日本の侵略の犠牲となった最初の韓国領土であった」（大韓民国外務部『獨島問題概論』1955年）とし、日本による韓国併合の第一歩と位置づけている。さらに、日本が竹島を編入した前年の1904年に締結された第一次日韓協約で外交権が制約されており、日本の措置に対して抗議を唱えられない状況にあったとも主張する。盧武鉉大統領が2006年4月に出した特別談話の表現を借りれば、「独島は歴史的意味をもった我々の土地だ」との認識があり、竹島問題は領有権をめぐる単なる法律的紛争にとどまらず歴史認識の問題でもあると韓国では認識されており、このことが解決をいっそう困難にしているといえよう[33]。しかし、竹島が韓国領であったことを立証しないままに、日本の侵略を云々しても何ら問題の解決にならないことは言うまでもない。

2 海洋境界画定をめぐる日韓の対立

ところで、EEZの境界画定紛争を抱えているといっても、その基準をめぐって日韓の間に意見の対立があるわけではない。なぜなら、両国とも、中間線を主張しており、その意味では等距離中間線原則の適用に同意しているからである。日本は竹島を基点とした「竹島・鬱陵島中間線」を、韓国はこれまで「鬱陵島・隠岐中間線」を主張していた。ところが、2006年4月以来くすぶっていた竹島周辺海域における海洋調査をめぐる緊張が思わぬ波紋を呼んだ。2006年7月5日、日本の再三にわたる中止ないし延期要請にもかかわらず、韓国は竹島周辺海域で海流調査を実施した。その際、日本の主張する中間線の日本側海域に調査船が入ったとされる[34]。他方、日本は竹島周辺海域で放射能汚

染調査を実施することを通告した。韓国は当初、日本公船の拿捕も辞さないという強行策を表明していたが、結局、同年10月7日に両国で共同調査(相手方調査船への調査員の乗込、データ交換等)を行うことで妥協が成立した。紛争の背景には、両国がともに竹島の領有権の主張を根拠に、海洋調査には沿岸国の事前許可が必要だとの態度をとったことにある。そこで日本は、尖閣諸島周辺海域の場合と同様に、相互事前通報制度の枠組み作りを提案したが、韓国は未だこれに応じていない。しかし、仮に韓国が、日本の反対にもかかわらず、今後海洋調査を強行する事態が生じたとしても、海洋法条約第241条が規定するように、「海洋の科学的調査の活動は、海洋環境又はその資源のいずれの部分に対するいかなる権利の主張の法的根拠も構成するものではない」ので、領有権の帰趨に影響を与えるものではない。

　こうした緊張関係のあおりを受けて、韓国は、突如、これまでの姿勢を転換し、中間線の基点となる島を鬱陵島から竹島に変更した。この通告は、2000年6月以来、6年振りに再開された2006年6月の第5回目の日韓両国のEEZ境界画定交渉で行われた[35]。こうして、島の領有をめぐる紛争が境界画定交渉に大きな影を投げかけることとなった。すなわち、EEZの基点を鬱陵島としていた韓国(竹島はEEZを有しない岩礁であるとの理解と推察される)は、竹島を基点とした「竹島・隠岐中間線」の立場を採用したのである[36]。これに対して、日本は従来から竹島を基点とした「竹島・鬱陵島中間線」を主張しており、このため境界画定の交渉は暗礁に乗り上げている。このように両国は、日韓大陸棚北部協定とは異なり、竹島を基点として採用している。その結果、竹島の領土紛争の解決なしに、EEZの境界画定は困難な事態となった。

　ただ、見方を変えれば、韓国の方針転換は、両国が、竹島についてEEZを有する島であることに合意したことを意味する。海洋法条約第121条は島の定義を行い、「島とは、自然に形成された陸地であって、水に囲まれ、高潮時においても水面上にあるものをいう」(1項)と規定する一方、「人間の居住又は独自の経済的生活を維持することのできない岩は、排他的経済水域又は大陸棚を有しない」(3項)と規定する[37]。日比谷公園ほどの広さの岩礁である竹島は、EEZを有しない島であるとの主張を韓国は放棄したように見える。高潮時にわずかに北小島及び東小島の二つの岩礁が約50cm海上にでるにすぎない沖ノ鳥島の周囲にEEZを設定している日本にとっては、この韓国の方針転換は歓迎すべき点もあるといえよう[38]。

ところで、仮にこの膠着状態を打破するために、日本が、「竹島は領有権を争っている島なのでお互いにEEZの基点として用いることをやめよう」と提案しても、韓国がこれを受け入れることはないであろう。なぜなら、韓国は竹島紛争そのものが存在しないという立場をとっており、この日本提案は到底受け入れられるものではないからである[39]。その意味で、両国の交渉は、しばらく膠着状態が続くと思われる。実際、2007年3月に開催された第7回の交渉では、両国は、境界画定は「国際法に基づいて合意により行う」という海洋法条約の条文を確認したにとどまった。

万一、外交交渉で島の領有権の帰属が決定したとしても、海洋境界画定にあたって、竹島にどのような効果を与えるのかという問題が次に生じる。基点として完全な効果を認めるのか、又は竹島の存在を無視して境界画定を行うのか(無効果)[40]、あるいは1977年の英仏大陸棚境界画定事件判決がシリー諸島に対して認めたような半分効果(最初に、島を基点として用いることなく二つの沿岸の間に等距離線を引く。次に、島を基点として用いて等距離線を引く。そして、島に半分効果を与える線は、これらの二つの等距離線の中間に引かれた線ということになる)[41]を与えるのかという問題が残る。

韓国との間で日本が抱えている紛争と同様に、島の領有権の帰属と海洋境界画定が請求主題となったのが、ICJのカタールとバーレーンの海洋境界画定及び領土問題事件判決(2001年)である[42]。本事件は、その事件名からも明らかなように、カタール半島の一部といくつかの島や礁の帰属の決定と、両国間の海洋境界画定問題がその紛争主題であった。さらに本事件では、かつて被保護国(カタールとバーレーンはともに1971年まで英国の被保護国)であった国の島の領有権が争われたという意味でも類似性を見出すことができる。裁判所は、最初の段階で領土問題を、次の段階で海洋の境界画定の問題を扱うという二段階アプローチを採用した。その意味では、エリトリア・イエメン仲裁裁判に類似している[43]。裁判所は、領有権の帰属の決定にあたって、宗主国の英国がどのような態度をとっていたかを重視した[44]。裁判所は、争点となっている島などの権原(title)に関する複雑な問題を考察する代わりに、島などの帰属の裁定を行った1939年の英国の決定に焦点を当て、その性質や法的効果にもっぱら依拠したのである[45]。すなわち、両国が保護国から独立する以前の宗主国である英国による1939年決定は、国際法上、「国家間の紛議を、当該国家自らの選択により、かつ法の尊重に基づいて裁判官が解決する

ことである」仲裁とは異なるとしながらも、そのことは当該決定に法的効果がないということを意味しないとして、その決定は両国を拘束すると判示したのである[46]。こうした手法が竹島問題に適用されるならば、日本に有利な判決を期待できるかもしれない。

IV 日中の海洋境界画定と尖閣諸島の影

1 尖閣諸島をめぐる領土紛争

尖閣諸島(中国名：釣魚諸島)は沖縄県八重山諸島の北方にあり、魚釣島、北小島、南小島、久場島(黄尾嶼)、大正島(赤尾嶼)の五つの小島と三つの岩礁からなる島嶼群である。尖閣諸島の場合は、日韓両国が歴史的根拠を主張した竹島と異なり、歴史的根拠を主張するのは中国のみである。日本は、無主地に対する先占をその領有権の根拠としている。すなわち、1895年の閣議決定により、これらの諸島を無主地として沖縄県に編入し(ただし、大正島の編入についてはやや遅れ1921年)、平穏かつ継続的に国家機能を行使してきたと主張する。また、竹島が戦後すぐ紛争化したのとは異なり、紛争が顕在化するのは沖縄返還協定が締結された1971年である。同年、台湾が、次いで中国が自国領と表明し、同諸島が日本に返還されることに反対してからである。その契機となったのは、1968年の国連アジア極東経済委員会(ECAFE)による、尖閣諸島周辺海域には石油天然ガスが多量に存在する可能性があるとの発表であった。したがって、この領土紛争は、当初から海底資源をめぐる紛争の性格を色濃くもっていたといえる。

中国は、尖閣諸島が明・清時代の『冊封使録』その他の文献に釣魚嶼、黄尾嶼、赤尾嶼として言及されており、台湾の付属島嶼であったと主張する。尖閣諸島は日清戦争で日本が「盗取」した地域であり、「暴力及び強欲により日本国が略取した地域からの駆逐」を定めた1943年のカイロ宣言により返還されなければならないと主張する。これに対し日本は、冊封使の航路目標としてこれらの島が知られていたとしても、積極的に中国領とする文献は存在しないと反論する。また、尖閣諸島は日本が平和裏に自国に編入した領土であり、対日平和条約は「日本国は、台湾及び澎湖諸島に対するすべての権利、権原及び請求権を放棄する」(2条(b))と規定するが、同諸島は台湾の付属島嶼で

はなく、日本が放棄した台湾には含まれないとする。また、台湾との間に締結された日華平和条約でも、尖閣諸島の返還については明記されていないことを指摘する。つまり、仮に中国が歴史的根拠をもっていたとしても、中国も台湾も、尖閣諸島の日本編入後75年間、何らの異議も唱えず日本による領有を黙認してきており、日本の領土であることは明確だというのである[47]。

2 海洋境界画定をめぐる日中の対立

　前述したように、日中間には大陸棚もEEZの境界画定も行われていない。領有権をめぐって争っている尖閣諸島の周辺海域をどちらの海域とするかで境界画定の線は大いに異なりうる[48]。日本は尖閣諸島と中国大陸との中間線を主張している。これは、尖閣諸島は海洋法条約第121条2項の「3に定める場合を除くほか、島の領海、接続水域、排他的経済水域及び大陸棚は、他の領土に適用されるこの条約の規定に従って決定される」に従い、EEZも大陸棚も有する島であるとの認識を前提にしている。他方、中国は、1992年2月に台湾及び尖閣諸島を含む各島を中国領土とする旨を規定した「領海及び接続水域に関する法律」を制定している（日本は抗議）。ただし、今のところ、中国は大陸棚に関する自然延長論の立場をとっており、尖閣諸島の法的地位（島か岩か）について公式な態度は表明していない。時折、中国の研究者の議論として、尖閣諸島は大陸棚やEEZを有しない岩であるとの議論（日本が基点として用いることを封殺する議論）が聞こえてくる程度である。いずれにしろ、EEZの境界画定問題を公式には提示していない。その結果、対立は、境界画定の対象認識の相違及び境界画定の基準をめぐって生じている。

　2003年8月、中国が白樺（中国名：春暁）油ガス田の開発に着手したことによって、日中間で、この資源開発をめぐって激しい対立が生じている。これに対し、日本は、2004年7月より、経済産業省によるノルウェーからチャーターした三次元探査船を使った探査結果により、中国が開発している一部の油ガス田については、その構造が中間線以東（日本側）まで連続していることが明らか又はその可能性を否定できないとして、日本の資源が吸い取られるおそれがあるとして、これらの油ガス田の情報提供及び開発中止を要求している[49]。しかし、中国はこれに応じていない。これまで民間会社の鉱業権の出願につきその処分を留保してきた日本も[50]、これに対抗して、2005年7月、日本の

民間会社である帝国石油会社から出されていた試掘権設定申請に対し許可を与えた[51]。他方、中国は2005年9月には樫（中国名：天外天）での生産を開始し、白樺（中国名：春暁）についても、海底パイプラインでつながった折江省寧波市の天然ガス処理施設が試運転を始めた。

(1) 境界画定の対象―大陸棚のみかEEZをも含むのか

中国は東シナ海の境界画定をめぐる紛争を大陸棚の境界画定と捉えている[52]。これに対し、日本はEEZの境界画定をも視野に入れている。

中国は、自然延長論を採用し、自らの主権的権利は沖縄トラフ（船状海盆）まで及ぶと主張する。こうした主張を基礎に、係争海域は中間線と沖縄トラフの間であるとする認識の下、中間線以西（中国側）で海底資源の探査・開発を進めている。とりわけ、中間線の中国側4.5キロメートルの地点で海上プラットフォームを稼働させ油ガス田の開発を本格化させている（いわゆる春暁ガス田問題）。他方、日本は、沖縄トラフは窪みにすぎず大陸棚の物理的限界を示すものではないと主張する。また、400海里未満の東シナ海の海域において境界を画定するに当たっては、両国間の中間線を基本とすべきであると主張している。つまり、日本は、係争海域は東シナ海全体におけるお互いの200海里主張の重複する海域であると主張し、中間線の設定はあくまで暫定的なものに過ぎず、境界が合意によって設定されるまでは、国際法上の権原として日本のEEZもしくは大陸棚が、日本の基線から200海里まで及んでいることは不変であるとの立場を採用している[53]。そうすると、「排他的経済水域及び大陸棚法」という国内法で定めた中間線の意義が問題になるが、この点については、日本の法令執行上の限界を一方的に設定したものであり、対外的に日本の主張を制約するものではないという立場をとっている。

ところで、最近の海洋境界画定においては、EEZ及び大陸棚の境界画定につき同一の境界線を引く傾向がある。海洋法条約は、必ずしも、EEZと大陸棚について単一の境界線を義務づけているわけではない。なぜなら、EEZの権原（legal title）の根拠は200海里の距離基準であるのに対し、大陸棚のそれは沿岸陸地と海底地質構造との連続性という自然延長だからである（第57条、第76条）。実際、「大陸棚が『事実上当然にかつ原初的に』（*ipso facto* and *ab initio*）沿岸国に帰属し、実効的な若しくは名目上の先占あるいは明示的な宣言に依存しないものであるのに対し、排他的経済水域は沿岸国がこれを設定する明

示的な行為が必要で」[54]あるという性質の違いもある。しかし、EEZが設定されている水域では、大陸棚は距岸200海里まではEEZに包摂されるのであり、自然延長は200海里を超える部分にのみ関係する。こうしたこともあってか、境界画定にあたって単一の境界線を引く国家実行が見られる。カタールとバーレーンの海洋境界画定及び領土問題事件の判決で、ICJは、次のように判示した。

「単一境界線の概念は……自らが海洋管轄権をもつ様々な水域を画定する1本の連続した境界線を確立したいという国々の願望にその説明を見出すことができる」[55]

少なくとも、自然延長論にこだわる中国は大陸棚の境界画定のみを希望しており、EEZとの単一の境界線が可能となるかどうか予断を許さない状況である。しかし、200海里制度が確立された今日、EEZを棚上げにして、大陸棚のみの境界画定を行うことがどれほど現実的であるか疑問なしとしない。なお、EEZに関する海洋法条約第56条3項の「この条に定める海底及びその下についての権利は、第六部〔大陸棚に関する部〕の規定により行使する」との規定を捉えて、海底及びその下については、大陸棚制度が優越し、境界画定についても自然延長論が優越するとの議論を行う中国の論者がいる。しかし、同項が想定しているのは、たとえば、第76条8項が、「沿岸国は、領海の幅を測定するための基線から200海里を超える大陸棚の限界に関する情報を、衡平な地理的代表の原則に基づき附属書Ⅱに定めるところにより設置される大陸棚の限界に関する委員会に提出する。この委員会は、当該大陸棚の外側の限界の設定に関する事項について当該沿岸国に対し勧告を行う。沿岸国がその勧告に基づいて設定した大陸棚の限界は、最終的なものとし、かつ、拘束力を有する」と規定するように、大陸棚の限界延長のような大陸棚制度固有の問題については、第6部が優越することを指しているのであり、境界画定方法それ自体ではない。そう理解しなければ、境界画定方法につき、海洋法条約が、前述したように、EEZと大陸棚について同一の条文(第74条・第83条)を置いた意味がでてこない。また、実際に、第76条10項は、「この条の規定は、向かい合っているか又は隣接している海岸を有する国の間における大陸棚の境界画定の問題に影響を及ぼすものではない」と断っている。

もっとも、同一内容の条文を置いていることを、どう評価するかという点では、論者によって意見の対立が生じている。前述の中村教授は、「新海洋法条約は、EEZと大陸棚の二つの制度の境界画定規則の同文化によって、おそらくEEZ内大陸棚をEEZの画定に一元化することを意図し、原則として大陸棚のための画定の線とEEZの画定のための線とを一線化することを予定していると考えられる。EEZと大陸棚に共通な一本の線は、一般的には等距離中間線を基準とし、必要に応じて衡平を以て矯正した線ということであろう」[56]と主張する。これに対し、条文内容が同一であっても、EEZと大陸棚の「衡平」の内容は異なりうるので、EEZと大陸棚の境界画定の相互関係についてはより慎重な検討を有するとの立場もある[57]。

　日本がEEZの境界画定問題を視野に入れているのに対して、中国が大陸棚の境界画定のみにこだわるとき、海洋法条約がEEZと大陸棚の二つの制度を並行して採用していることの意味を、どのように理解するかが重要な論点となる[58]。

　この問題は、比較的初期の頃から意識されていた。小田滋前裁判官は、「問題は、海岸から200海里までの海底は、排他的経済水域の制度のうちに包括されるべきか、あるいは、その海底は、大陸棚の別個の制度のもとにおかれるべきか、である。……同じ沖合の区域について、上部水域のための排他的経済水域と海底のための大陸棚とが、別個の境界を画定して、一国の大陸棚上の上部水域は、他国の排他的経済水域の管轄権のもとにあることが許されるのであろうか。……更に、海底における大陸棚の境界と上部水域における排他的経済水域の境界とが並行して存在しうるとすれば、次の問題が生ずる。第一に、大陸棚の境界は、大陸棚制度が先に存在したという根拠に基づいて、排他的経済水域の境界よりも優先権をもつことになるのか」[59]という問いを発するのである。この問いの回答が、「EEZ内の大陸棚は、EEZに一元化して解釈されるべきである」というものであることは、チュニジア・リビア大陸棚事件判決（1982年）のその反対意見にはっきりと見て取れる。小田前裁判官は、「たとえ、沿岸国の管轄権が、資源――一方において大陸棚上又はその下の鉱物資源、そして他方においてEEZ内の生物資源――の開発のために別個に行使されるとしても、このような管轄権は、その行使される区域が開発されるべき資源が何であるかに依存して異なることができ又は異なるべきであると信じられるであろうか」[60]「結果として生じているあいまいさにかかわらず

……確かな結論がある。それは、今や第74条と第83条とが同一であることによって完全に確かめられた。……この結論は、大陸棚の画定に適用されうる国際法の原則と規則が、EEZの画定に適用されるものと異ならないということである」[61]と指摘する[62]。小田前裁判官の指摘にあるように、大陸棚の自然延長の概念は、200海里の距離基準の導入によって、その重要性を失ったのであり、このことは国際判例でも次第に顕著になってきた。次に、この点を検討してみよう。

(2) 境界画定の基準―国際判例の動向

日本は、1996年に「排他的経済水域及び大陸棚に関する法律」を制定し、EEZ及び大陸棚のいずれについても暫定的に中間線を引いている(第1条2項、第2条)。他方、中国は、1998年に「排他的経済水域及び大陸棚法」を制定し、「海岸が隣接し又は向かい合っている国家と排他的経済水域及び大陸棚に関する主張が重なり合う場合、国際法を基本として衡平原則に基づき協議により境界画定を行う」(第2条)と規定している[63]。つまり、日本は、境界画定に関する最近の国際判例にかんがみ、EEZ及び大陸棚ともに中間線に基づき境界を画定すべきだと主張するのに対し、中国は、境界画定の際に中間線を用いることは適当ではないと主張する。特に、大陸棚については大陸棚の自然延長として沖縄トラフまでの主権的権利を主張する。EEZについては、その立場を明らかにしていないが、衡平原則に依拠しているように思われる。このように、両国の東シナ海における境界画定に関する基本的争点は、画定基準を定める法原則について、「等距離基準・特別事情」と「衡平原則・関連事情」のいずれを一般規則として認めるかという点にある。日中両国はこの問題で交渉を重ねているが、双方の主張は未だ対立している。

ところで、ICJには、これまで13件に及ぶ大陸棚の境界画定紛争が付託されている[64]。ICJは、1969年の北海大陸棚事件判決において、大陸棚条約第6条2項の等距離原則を排除し、境界画定は衡平の原則に従い、自然の延長を構成する大陸棚の部分をその国に帰属させるように考慮して、関係国間の合意に基づいて行わなければならないと判示した[65]。しかし、海洋法条約で200海里EEZの制度が採用されて以後、ICJの判例には大きな変化がみられる。

ICJは、1982年のチュニジア・リビア大陸棚事件判決において、「領土の自然な延長という観念は、……それ自体、近隣国の権利に対する関係で一国の

権利の及ぶ正確な範囲を決定するのに必ずしも十分ではなく、また適当でさえないであろう」とし、「沿岸国の自然な延長が大陸棚に対するその法的権原の基礎であるという原則は、本件において、隣接する国に属する区域の境界画定に適用される基準を必ずしも提供するものではない」と判示した[66]。自然延長の基準によって大陸棚の範囲を定めることはできても、境界画定の基準としてはそのまま用いることはできないというのである[67]。

また、同裁判所は、1985年のリビア・マルタ大陸棚事件判決において、EEZと大陸棚との関係について、「EEZと同様に、大陸棚にはいまや距離基準が適用されなければならない」とし、「とりわけ、権原の証明のときはそうであって、200海里以内では沿岸からの距離に依存し、地質学的特性はまったく無関係である」とした上で、「裁判所としては、国家実行は等距離方法又は他のいかなるものも義務的にしていないと考える。ただ『印象的な証拠』として、等距離方法はさまざまな場合に衡平な結果を生み出すことが考えられる」と判示した[68]。本事件では、両国間の中間線を基礎に、無人の島の存在や海岸線の長さなど衡平の考慮により、その線を修正して境界線を決定した。

1993年のグリーンランドとヤン・マイエン間の海域の海洋境界画定事件判決は、大陸棚条約第6条にいう「等距離＝特別事情規則」が衡平原則に基づく一般規則を表すものであれば、これと慣習国際法上の「衡平＝関連事情規則」との間に実質的な差異はないとし、大陸棚の境界画定においては、大陸棚条約第6条ではなく慣習法を適用するとしても、暫定的に中間線を引いて、それを関連事情により調整するのは先例と一致しているとした。実際、等距離中間線を暫定線とした上で、衡平な解決を達成するために、海岸線の長さや漁業資源の分布状況などの関連事情を考慮に入れて、中間線を修正し、大陸棚とEEZに共通する境界線を示したのである[69]。

ICJは、2001年のカタールとバーレーン間の海洋境界画定及び領土問題事件判決でも、等距離中間線を暫定的に引いた上で、考慮すべき特別の事情の存在を検討しつつ、その線を若干修正する判断を示している[70]。たしかに、最近のカリブ海における海洋画定事件(ニカラグア対ホンジュラス)判決(2007年)において、ICJは、「等距離方法は、他の海洋境界画定の方法に自動的に優越するわけではない」と述べているが、それは、「等距離方法の適用を不適当とする要素が存在する」[71]特別な事情が存する場合であることを断っている。本事件の場合は、グラシャス・ア・ディオス岬の沿岸線の地理的形状やココ

河の河口の三角州の著しい不安定性などがその事情として挙げられている。

こうした国際判例の動向をみれば、たしかに大陸棚の境界画定の基準はあらかじめ特定されているわけではないが、向かい合っている国同士の間では、中間線が一つの基準とされているといえよう。換言すれば、大陸棚の境界画定基準としての自然延長論は決定的なものではなく国際判例の中では次第にその比重を低下しつつあるといえる。また、EEZの概念が定着するにつれ、200海里の距離基準に包摂される大陸棚の概念がEEZの制度の中に吸収されて[72]、向かい合う国の間における400海里未満の海域の境界画定にあたっては、衡平な解決を図るために、自然延長論が認められる余地はなく、中間線を暫定的に引いた上で個々の関連事情を具体的に考慮してその暫定線を修正するという方式が採用される傾向にあることを指摘できる[73]。しかし、中国は依然として大陸棚の境界画定の基準として自然延長論を主張しており、EEZとの単一の境界線を引くことを希望しているかどうかはともかく、大陸棚の境界画定について日本との間に合意は存在しない。

前述したように、尖閣諸島の領有権をめぐって両国の主張は対立しており、この問題の解決なしに境界画定の合意は容易ではないと推察される。逆に、境界画定交渉の長期化が確実であるために、両国は暫定措置として係争海域における「共同開発(joint development)」の協議を優先させているともいえる。しかし、日中は共同開発の対象となる海域をめぐっても対立している。日本は、係争海域は東シナ海全体におけるお互いの200海里の重複する海域であると考え、共同開発はこの海域、日中中間線をはさんで行われるべきだと主張する。前述したように、仮に大陸棚の境界画定のみが問題になるとしても、200海里の距離基準が採用されている以上は、EEZのそれと異ならない。他方、中国は、係争海域は中間線と沖縄トラフの間にあり、共同開発は日中中間線の東側海域で行われるべきだと主張する。中間線の西側は中国が単独で開発できる海域であり、共同開発の対象とはならないというのである。しかし、ICJが、グリーンランドとヤン・マイエン間の海域の海洋境界画定事件判決で、「……海洋境界画定請求は、権原が重複している区域、すなわち、それぞれの国が他国の存在がなければ請求しえたであろう区域が重複しているという意味において権原の重複があるという点で、特別の側面を有する」[74]と判示するように、境界画定の問題が生ずるのは、EEZでも大陸棚であっても、沿岸国の権原の重複が生じている場合であることを考えれば、本件の場

合、より広い権原の重複が生じている、EEZの権原の重複を前提とする日本の係争海域の主張が妥当であるように思われる。

　日本は、2007年7月に施行された「海洋構築物等に係る安全水域の設定等に関する法律」により、日中中間線の東側での第三国による日本の試掘船に対する妨害活動に対処できる法律を制定した。しかし、中国が沖縄トラフまでの大陸棚に対する主権的権利を主張する以上、日本が実際に探査活動に入った場合、日中はさらに対立を深めることになる。それを避けるためにも、日中両国は、共同開発の合意に向けて真剣に取り組む必要がある。なお、共同開発について、国際法上、明確な定義があるわけではない。本章では、特定の海域における非生物資源(石油・天然ガス等)の国家間による共同の探査・開発方式を指すものとして用いることとする。

3　共同開発をめぐる法的諸問題

(1)　同一鉱床をめぐる問題

　周知のように、1969年の北海大陸棚事件において、同一の鉱床が大陸棚の境界線の双方にまたがって存在している場合について、ICJは、「しばしば同一の鉱床が二国間の大陸棚を分ける線の両方にまたがっていることがある。そして、どちらの側からもその資源を開発することが可能であるから、関係国のいずれか一方による……開発の危険のために、すぐにも問題が生じることになる」[75]と判示して、国家実行が、二国間の協定を通じて解決をはかってきたことを指摘する[76]。このとき判決は、大陸棚の境界にまたがって延びている単一の鉱床がある場合、効率的な開発と得られる収益の配分について合意された条約として、1965年のイギリス・ノルウェー間の大陸棚境界画定条約や同年のオランダ・イギリス間の大陸棚境界画定条約を挙げた。

　ここで共同開発の議論の対象となっているのは、石油なり天然ガスなりの流体物である。このように共通資源が流体物の場合、一方の側からの一方的採取は他方の側の権利を侵す結果になりかねず、鉱床を一体なものとして扱う(unitizationという)必要があり(1965年のイギリス・ノルウェー大陸棚境界画定条約第4条が最初に採用)、その意味でも双方の協力は不可欠といえよう[77]。もっとも、英米法上の"rule of capture"(自由採取の原則)では、「ある土地の所有者がその地下にある油田から石油・天然ガスの採取を行う場合、隣接地の地下

空間にあったものが流れてくることによってそれらを採取する結果になっても、原則として法的責任を負わないとするルール」[78]がある。中国の狙いは案外こうしたところにあるかもしれないが、こうした英米法の原則がそのまま国際関係に適用されるわけではない。

実際、最近の条約、たとえば、1999年のデンマーク・英国のフェロー諸島及び英国間の海洋境界画定条約第2条1項では、一方の当事国の大陸棚における石油その他の鉱物資源が他方の当事国の大陸棚に延びていることが発見された場合には、当該当事国に他方の当事国に対する情報提供義務を課している[79]。同様の情報提供義務は、1997年のタイ・ベトナム間のタイ湾の海域境界画定条約第4条や同年のデンマーク・アイスランドのグリーンランドとアイスランド間の大陸棚及び漁業水域境界画定条約第2条にも規定されている[80]。かつてオノラト(William T. Onorato)は、国家間で共通の石油鉱床の境界画定ができない場合は、その鉱床を一体なものとして扱うべきであると提言した。そして、かかる鉱床の割り当てに適用されるべき法は、公正で、衡平で、実施可能なものでなければならず、共通の石油資源に利害関係を有する国の協力、調整及び合意に基づく法のみがこの要件を満たすと主張した[81]。共同開発にあたっては、このように利害関係国の協力、調整が不可欠である。

(2) 共同開発の類型と方式

なお共同開発には、大きく分けて、海洋境界が画定した海域で行われる共同開発と海洋境界が画定しない海域での共同開発がある[82]。前者の例としては、1974年のフランス・スペイン間のビスケー湾大陸棚境界画定条約[83]、同年のサウジアラビア・スーダン間の紅海共同区域・天然資源共同開発協定[84]、1981年のアイスランド・ノルウェーのアイスランドとヤンマイエン間の大陸棚協定がある。後者の例としては1979年のタイ・マレーシアのタイ湾南部の共同開発区域設定の了解覚書や、1989年のオーストラリアとインドネシア間の「インドネシアの東チモール州と北部オーストラリア間の区域における協力区域に関する条約」(いわゆる、チモール・ギャップ協定)がある[85]。これらの条約では、大陸棚の境界画定を棚上げにして、共同開発区域を条約で定めている。もっとも、タイ・マレーシアの覚書では50年間の共同開発に合意しながらも、なお引き続き境界画定交渉を行うとされている[86]。

日中の東シナ海における共同開発は後者の類型、すなわち境界画定を棚上

げにして共同開発を行うという類型になるであろう。日本はすでにこの種の共同開発の実績を持っている。日本が韓国との間に締結した、1974年の「日本国と大韓民国との間の両国に隣接する大陸棚の南部の共同開発に関する協定」(南部協定)である。本協定は、境界画定を50年間棚上げにして、両国の大陸棚の主張が重複する海域を共同開発によって解決しようというものである。ここでは、両国がそれぞれ開発権者を決め、共同開発区域に適用すべき法を定める方式を採用した[87]。なお、日中が共同開発に合意しながらも、タイ・マレーシア覚書のように引き続き境界画定交渉を行うかどうかは、尖閣諸島の領有権の問題を睨みながらの政治的判断になろうが、前述した協定及び覚書が係争海域における暫定措置として共同開発を位置づけていることはたしかであろう。

なお、これまで海底の石油資源等の共同開発の実例は少なからず存在し、国際社会には24の共同開発の合意があるといわれている[88]。ひとくちに共同開発といっても、その方式はさまざまであり、大きく分けて、次の三つのカテゴリーがあるとされる。①石油開発が両国の別々のライセンスによって許可されることを規定する協定、②石油開発が両国の共同のライセンスによって許可されることを規定する協定、③石油開発が当事国の一方のライセンスのみによって許可され、収入または生産物を他方の当事国と分配することを規定する協定、である[89]。前述した日韓大陸棚協定は、①の方式に該当する。

たしかに、共同開発は万能薬ではないが、境界画定の困難な海域で成功を収めた例もあり、十分検討に値する[90]。もちろん、共同開発区域設定のための交渉は容易ではないが、日中両国が日中友好という大きな枠組みの中でこれに取り組むことは大きな意義があると思われる。1989年のチモール・ギャップ協定は、対象海域をめぐる自然延長論の立場(豪州)と中間線の立場(インドネシア)の膠着状態を棚上げにすることによって、実際的な経済的利益を確保する途を両国が選んだ政治的成果である。もちろん、同協定の例をみてもわかるように、本文で共同開発区域について合意したとしても、そこでの共同開発を具体的に実施するための附属文書(他の共同開発協定と比較してやや詳細に過ぎる感もある)をまとめる必要がある。例えば、同協定の附属文書には、A.協定ゾーンを構成する区域の地図及び座標、B.協力ゾーンのうちのA区域に関する石油採掘コード、C.共同機関と契約者との間の生産分与に関するモデル契約書、D.協力ゾーンのA区域に関連する活動について二重課税を防止

するための租税コードなどがあり、詳細なモデル規則として機能するよう意図され締結されている。また、管理機構として、総括的責任を負う両国の特任閣僚から成る閣僚理事会の設置や法人として両国の法の下でその権限行使及び任務遂行に必要な法律行為能力を有し、契約、動産及び不動産の取得及び処分、訴訟当事者の能力をもつ共同機関の設置なども行われている[91]。ひとくちに共同開発というが、具体的実施のためには詰めるべき課題も多い。

V おわりに

　EEZ及び大陸棚の境界画定に関する海洋法条約第74条2項及び第83条2項では、「関係国は、合理的な期間内に合意に達することができない場合には、第15部に定める手続〔紛争解決手続〕に付する」と規定している。しかし、中国は東シナ海の樫（中国名：天外天）や白樺（中国名：春暁）で一方的開発に踏み切る直前の2006年8月25日に、国連事務総長に対して、第298条1項(a)、(b)及び(c)に定める紛争につき、第15部第2節（拘束力を有する決定を伴う義務的手続）から除外する旨の宣言を寄託した[92]。ということは、(a)号(i)にあるように、「海洋の境界画定に関する第15条、第74条及び第83条の規定の解釈若しくは適用に関する紛争」について、附属書Ⅶに定める仲裁裁判所において紛争を解決する途は閉ざされていることになる。もっとも、同号(i)には、続けて、「ただし、宣言を行った国は、このような紛争がこの条約の効力発生の後に生じ、かつ、紛争当事者間の交渉によって合理的な期間内に合意が得られない場合には、いずれかの紛争当事者の要請により、この問題を附属書Ⅴ第2節に定める調停に付することを受け入れる」と規定する。海洋法条約は、本件が附属書Ⅴ第2節に定める強制調停に付されることを必ずしも排除していない。しかし、この強制調停の対象は、海洋法条約の効力発生（1994年11月16日）後に生じた紛争に限定されるので、日中の境界画定をめぐる紛争が1994年以降に発生したといえなければ、強制調停の対象から外れることになる[93]。また、両国には尖閣諸島の帰属に関する領有権の争いがあり、同号(i)の末文の「島の領土に対する主権その他の権利に関する未解決の紛争についての検討が必要となる紛争については、当該調停に付さない」と規定されているので、本件は強制調停にも付されないことになる[94]。強制調停とは別の任意の調停による解決が第284条に規定されているが、手続の開始には相手国の同意が必要とさ

れ(2項・3項)、またその効果も勧告にとどまるので(附属書Ⅴ第7条)、あまり効果は期待はできない。いずれにしても、中国には、東シナ海の境界画定問題を海洋法条約が定める紛争解決手続で解決しようとする姿勢はみられない。

　それでは、ICJを利用して紛争を解決する可能性はどうだろうか。残念ながら、これも否定的に解するほかない。周知のように、ICJには強制管轄権がなく、紛争当事国の一方が紛争を相手国の同意なしに付託することはできないからである。ICJの管轄権を認める選択条項について、日本は選択条項の受諾宣言を行っているが、中国はこれを行っておらず、ICJにこの問題を付託するには特別合意以外に方法はない[95]。日本はともかく、海洋法条約上の義務的紛争解決手続を回避しようとする中国が特別合意の締結に同意するとは考えにくい。このように、現在の状況では、こうした第三者の司法機関による紛争解決のめどがない以上、この問題は両国の外交交渉による解決に委ねるほかはない。その外交交渉で、前述したように、境界画定を棚上げにした共同開発の議論がでている。

　もちろん、両国の活動の法的基盤を安定化するためには境界画定の合意が最善ではあるが[96]、暫定措置として共同開発に関する協議が優先されているといえる。実際、温家宝国務院総理の2007年4月の訪日の際、日中両国首脳は、東シナ海の問題につき、「互恵の原則に基づき共同開発を行うこと」とし、共同開発については「双方が受入れ可能な比較的広い海域で共同開発を行う」ことに合意した[97]。このように日中両国は、少なくとも東シナ海問題の解決方式として、すでに共同開発方式を選択しており、この問題についてお互いに検討を重ねている。日中両国は、尖閣諸島の領有権問題という双方の主権にかかわる問題を抱えており、この問題の解決なしに境界画定が困難であることを考えれば、なおさら共同開発は現実的な選択肢といえよう。もちろん、共同開発の対象海域の選定(日中中間線を大きくまたがる海域が含まれるのか、あるいは、もっとも資源量が豊富とされる尖閣諸島周辺を選定するのか)の問題に加えて、白樺など中国が既に一方的開発を行っている区域を共同開発区域に含むのか、含まないとしたら共同開発区域外の海域の法的地位をどのようなものと考えるのか、詰めるべき課題は多い。両国首脳の「政治決断」に期待するむきも多いが、ひとくちに「政治決断」といってもなかなか困難な問題であることはいうまでもない。しかし、日中平和友好条約締結30周年にあたる今年(2008年)こそ、両国の交渉にはずみをつけ、日中両国は、解決に向けての協

議を加速させる必要がある。

　韓国もまた、2006年4月18日に、国連事務総長に対して、第298条1項(a)、(b)及び(c)に定めるすべてのカテゴリーの紛争につき、第15部第2節(拘束力を有する決定を伴う義務的手続)に規定するいかなる手続も受け入れない旨の宣言を寄託した。そして、同宣言は直ちに効力を有すると付け加えた[98]。前述した中国と同様、竹島問題並びに境界画定問題を海洋法条約が定める紛争解決手続で解決する途は閉ざされているといえよう。ICJについても同様である。前述したように、日本は、1954年に竹島問題をICJに提訴することを提案したが、韓国により拒否されており、竹島紛争は存在しないという立場の韓国が紛争を付託するための特別合意を締結する可能性はほとんどないといわざるをえない。中国との比較でいえば、韓国との場合には、今のところ解決の糸口すらみえない状況である。

　いずれにしても、国際法上の問題が中核にある外交問題が、司法的解決の可能性がないのであれば、外交当局に国際法上の議論に対応できる布陣をしいて、中国や韓国との外交交渉の場において、国際法上は日本の主張に利があることを粘り強く説得するしかない。それは、2007年7月に施行された海洋基本法採択の際の、「海洋の新たな秩序を構築することが海洋国家としての我が国の国益に沿うことにかんがみ外交的施策を始めとする各般の施策をより一層強力に推進する」という国会の附帯決議に沿う取り組みと言えよう。

【注】
1　なお、日ロの漁船がそれぞれ相手国の200海里内で漁獲を行う手続や条件を定めた日ロ地先沖協定第7条は、「協定のいかなる規定も、海洋法の諸問題についても、相互の関係における諸問題についても、いずれの締約国政府の立場又は見解を害するものとみなしてはならない」と規定する。北方四島周辺海域で日本が有償入漁の見返り金をロシアに支払っているが、これはいわゆる「入漁料」ではなく、日本漁船が入域する水域でのロシアの資源管理措置に対する必要費用の分担との位置づけがなされている(「北方四島周辺海域における韓国サンマ漁船問題(水産庁見解)」2001年6月22日)。その意味では、EEZに絡む問題は存在するが、境界画定問題は前面には出ていない。
2　もっとも、協定第15条は、「この協定のいかなる規定も、漁業に関する事項以外の国際法上の問題に関する各締約国の立場を害するものとみなしてはならない」とのディスクレイマー条項を置いている。
3　芹田健太郎「竹島を『消す』ことが唯一の解決法だ」(『中央公論』2006年11月号270頁)。
4　小田滋『海洋法研究』(有斐閣、1975年、167頁)。芹田教授は、紛争中の島は境界画定の基点として考慮されないと主張するが、EEZの境界画定では日韓とも竹島を基点として主張しており、事例や状況ごとに異なるように思われる。芹田健太郎『島の領有と経

済水域の境界画定』(有信堂高文社、1999年、注(2)、52-55頁)参照。
5 日本が「漁業水域に関する暫定措置法」により200海里漁業水域を設定したのが1977年、海洋法条約がEEZを制度化したのが1982年、ICJがリビア・マルタ大陸棚事件でEEZの国際慣習法性を承認したのが1985年である。ICJ Reports 1985, p.33, para.34.
6 なお、本協定は、その第28条で、「この協定のいかなる規定も、共同開発区域の全部若しくは一部に対する主権的権利の問題を決定し又は大陸棚の境界画定に関する各締約国の立場を害するものとみなしてはならない」というディスクレイマー条項を設けている。
7 奥脇直也・小寺彰「日本と『国際法問題』」(『ジュリスト』No.1321、2006年、8頁)。
8 ICJ規程第38条への言及は、具体的な問題の解決方法につき明確な指針を与えるものではない。この点については、Cf. Tullio Scovazzi, "The Evolution of International Law of the Sea : New Issues, New Challenges", *Recueil des Cours*, Vol.286, 2000, p.195.
9 奥脇直也「排他的経済水域の境界画定」(『海洋法条約体制の進展と国内措置第1号』日本海洋協会、1997年、60頁)。
10 小田滋『注解国連海洋法条約上巻』(有斐閣、1985年、243頁)。なお、本書(235-242頁)には、本条の詳しい起草過程が付記されている。
11 中村洸「排他的経済水域と大陸棚の関係」(山本草二・杉原高嶺編『海洋法の歴史と展望』有斐閣、1986年、66頁)。
12 Scovazzi, *supra* note 8, p.196.
13 栗林忠男「排他的経済水域・大陸棚の境界画定に関する国際法理―東シナ海における日中間の対立をめぐって―」(『東洋英和女学院大学大学院紀要』第2号、2006年、3頁)。
14 Satya N. Nandan and Shabtai Rosenne, *United Nations Convention on the Law of the Sea 1982 A Commentary*, Martinus Nijhoff, 1993, pp.956-957.
15 R.R. Churchill and A.V. Lowe, *The Law of the Sea*, 3rd ed., Manchester University Press, 1999, p.191.
16 ICJ Reports 1982, p.59, para.70.
17 このアプローチは、メイン湾海洋境界画定事件判決(1984年)で、ICJ小法廷に引き継がれた。Cf. ICJ Reports 1984, para.158.本事件では、大陸棚と排他的漁業水域に単一の境界線を引くことが当事者により求められたわけであるが、メイン湾事件判決とともに、単一の境界線が問題となった、仲裁裁判所によるギニア/ギニアビサオ境界画定事件判決(1985年)、サン=ピエール・ミクロン境界画定事件判決(1992年)の判決の論理を批判するものとして、田中嘉文「大陸棚と排他的経済水域の両者に単一の境界画定について―判例の批判的検討―」(『一橋論叢』第121巻1号、1999年、105-121頁)がある。
18 兼原敦子「大陸棚の境界画定における衡平の原則(三・完)」(『国家学会雑誌』第101巻11・12号、1988年、75-77頁)。
19 R. Lagoni, "Interim Measures Pending Maritime Delimitation Agreements," *American Journal of International Law*, Vol.78(1984),p.364.
20 西村弓「鉱物資源探査開発に関する沿岸国の権利」(日本国際問題研究所『EEZ内における沿岸国管轄権をめぐる国際法及び国内法上の諸問題』2000年6月、46頁)。
21 Churchill and Lowe, *supra* note 15, p.198.
22 *Ibid.*.
23 西村「前掲論文」(注20)47頁。一方的権利行使は避けるべきという議論については、Cf. R. Churchill and G. Ulfstein, *Marine Management in Disputed Areas: the Case of the Barents Sea*, Routledge, 1992, pp.85-87.
24 Nandan and Rosenne, *supra* note 14, p.972.「同上」47-48頁。
25 ICJ Reports 1977, paras.29-30.
26 奥脇直也「境界未確定海域における資源の探査・開発」(外務省経済局海洋室、66頁)。

27 太寿堂鼎『領土帰属の国際法』(東信堂、1998年、139頁)。
28 『同上』148-150頁。
29 谷田正躬・辰巳信夫・武智敏夫編『日韓条約と国内法の解説』(『時の法令別冊』1966年、98頁)。
30 『同上』103頁。
31 *PCIJ, Series A*, No.2(1924), p.11.
32 *ICJ Reports 1950*, p.74.
33 最近では、現状を打破するために、「日本が竹島を韓国に譲渡または放棄し、韓国の竹島に対する主権を認める」べきであるとの提案も出されている。しかし、「この提案には韓国、日本双方から反発がくるであろう」と、提案者の芹田教授自身が自覚されているように、「譲渡または放棄」という発言それ自体が、日本の領有権を前提としているとして韓国側から強い反発を受けるのは必至である。芹田「前掲論文」(注3)278頁。
34 兼原敦子「日韓海洋科学調査問題への国際法に基づく日本の対応」(『ジュリスト』No.1321、2006年、59頁)参照。
35 第1回は1996年8月に、第2回は1997年5月に、第3回は同年11月に、第4回は2000年6月に、第5回は2006年6月に、第6回は同年9月に、東京とソウルで順番に開催されている。
36 『読売新聞』(2006年6月14日、朝刊)。
37 カタールとバーレーン間の海洋境界画定及び領土問題事件では、バーレーンが海洋法条約の当事国であるのに対し、カタールは非当事国であった。そこで、ICJは慣習法を適用せざるを得なかったが、島の帰属の決定に際し、第121条2項を慣習法の法典化と捉え、同規則により、島はその規模にかかわらず、どれも同じ地位を共有し、したがって、他の領土の場合と同じく、海洋の権利を発生させると判示したのに対し、ジャリム礁という岩礁を考察する際に、同条3項を用いなかったという事実は、ICJが当該条文についての慣習法性を認めなかったことを示唆しているとの評価をなす論者がいる。Cf. Malcolm D. Evans, "Case Concerning Maritime Delimitation and Territorial Questions between Qatar and Bahrain(Qatar v. Bahrain)", *International and Comparative Law Quarterly*, Vol.51(2002), p.717. n.54.
38 日本は、1977年に沖ノ鳥島の周囲に200海里の漁業水域を、1996年に200海里の排他的経済水域を設定したが、いずれの国からも抗議を受けたことはない。2004年4月22日、同島周辺で海洋の科学的調査を進める中国が、中国海洋調査船問題に関する日中協議の場で、「沖の鳥島は海洋法条約第121条3項にいう岩であり、その周辺に200海里の排他的経済水域を設定することができない」と初めて主張した。
39 芹田『前掲書』(注(4))241頁。
40 日韓北部大陸棚協定における竹島がそうだが、このほか、三つの島の領有権の帰属と大陸棚の境界画定を解決した1969年のアブダビ・カタール協定でも、いずれの島も基点としては無視された。芹田『同上』52-53頁。
41 芹田『同上』116頁。
42 本判決の詳しい内容については、国際司法裁判所研究会「カタールとバーレーン間の海洋境界画定および領土問題事件(本案判決)(2001年3月16日)」(坂元茂樹担当『国際法外交雑誌』第105巻4号、2007年、122-149頁参照)。
43 最初の裁定は1998年10月9日に、二番目の裁定は1999年12月17日に下された。本裁定については、Cf. *International Legal Materials*, Vol.40(2001), pp.900ff and 983ff.本件の評価については、Cf. Barbara Kwiatkowska, "The Eritrea/Yemen Arbitration: Landmark Progress in the Acquisition of Territorial Sovereignty and Equitable Maritime Boundary Delimitation", *Ocean Development and International Law*, Vol.32(2001), pp.1-25.
44 Glen Plant, "Maritime Delimitation and Territorial Questions between Qatar and Bahrain

(Qatar v. Bahrain). Judgement" *American Journal of International Law* ,Vol.96, No.1(2002), pp.205-206.
45 Separate Opinion of Judge Kooijmans, *ICJ Reports 2001*, p.225, para.1.
46 *ICJ Reports 2001*, p.77, para.114 and p.83, para.139.
47 太寿堂『前掲書』(注(27))200-203頁、芹田健太郎『日本の領土』(中公叢書、2002年、106-145頁)参照。
48 Ji Guoxing, "Maritime Jurisdiction in the Three China Seas", IGCC Policy Papers(University of California, Multi-Campus Research Unit), 1995, Paper PP19, http://repositories.cdlib.org/igcc/PP/PP19, p.10. 中国の海洋開発の現状については、金永明「中国における海洋政策と法的制度について」(『広島法学』第30巻4号、2007年、117-128頁)参照。
49 2005年4月、経産省は白樺ガス田と楠(中国名：断橋)ガス田が中間線の日本側までつながっていることを確認したと発表した。経済産業省『エネルギー白書2005年版』(ぎょうせい、2005年、8頁)。
50 衆議院経済産業委員会平成16年10月27日小平政府参考人答弁。
51 帝国石油、石油資源開発、芙蓉石油開発、うるま資源開発の四社が鉱区申請を出したが、対中関係の悪化を恐れた政府がこれまで許可を与えなかった。その結果、日本は探鉱データも持たないという事態に陥っている。十市勉『「問題先送り」は許されない東シナ海の大陸棚開発」(IEEJ、2004年9月、2頁)。
52 東シナ海は、北緯33度17分の緯度線から始まり、琉球列島南端と台湾の北端までを指し、その海底地形は平均水深50メートル前後で、沖縄トラフの直前まで大体100メートル未満の大陸棚が中国から日本に向かって延びているといわれる。河錬洙「東シナ海における天然資源の開発をめぐる諸問題―国際協力の観点から日本の政策について―」(『龍大法学』第38巻4号、2006年、3頁)。
53 実際、日本は中間線から離れた中国側海域に所在する「八角亭」と呼ばれる中国側の新たなガス田施設に対して抗議しており、200海里までを係争海域として主張する対外的意思の表れと見ることができる。西村弓「日中大陸棚の境界画定問題とその処理方策」(『ジュリスト』No.1321、2006年、54頁)。
54 奥脇「前掲論文」(注9)61頁。
55 *ICJ Reports 2001*, p.93, para.173.結果的に単一の境界線となったものの、グリーンランドとヤン・マイエン間の海域の海洋境界画定事件判決(1993年)において、ICJは、当事国間に単一の海洋境界について合意がないとして、大陸棚の境界画定に適用される大陸棚条約第6条の効果と、漁業水域を規律する慣習国際法の効果を別個に検討した。Cf. *ICJ Reports 1993*, para.41.こうしたICJの態度につき、当事国の要請がなくても、大陸棚とEEZ(漁業水域)の同化に向けたプロセスを進める機会を逸したものとして批判する評釈として、Cf. M.D. Evans, "Case Concerning Maritime Delimitation in the Area between Greenland and Jan Mayen(Denmark v. Norway)," *International and Comparative Law Quaterly*, Vol.43 (1994), p.702.
56 中村「前掲論文」(注11)66-67頁。
57 水田周平「国連海洋法条約における排他的経済水域と大陸棚の境界画定の相互関係に関する研究―オーストラリア・インドネシア間の境界画定条約を素材に―」(『上智法学論集』第44巻1号、2000年、101-102頁)参照。
58 この問題については、井口武夫「最近の海洋区域をめぐる国家間の境界画定に関する国際法の動向―「衡平(Equity)原則導入の意義―」(『東海法学』第13号、1994年、43-49頁)参照。
59 Shigeru Oda, *The International Law of the Resources of the Sea*, Sijthoff, 1979, pp.106-108.なお、翻訳は中村洸教授の翻訳に依った。中村「前掲論文」(注11)37頁。

60 *ICJ Reports 1982*, Dissenting Opinion of Judge Oda, para.126. なお、翻訳にあたっては、中村訳に依った。中村「前掲論文」(注11) 48頁参照。

61 *Ibid.*, para.145.「同上」50頁参照。なお、エベンセン裁判官も、その反対意見の中で、「本件においてEEZのためと大陸棚のためとの異なった画定の線を引くことはできないと考えられる」と述べている。Cf. *ICJ Reports 1982*, Dissenting Opinion of Judge Evensen, para.10.

62 もっとも、小田裁判官は、グリーンランドとヤン・マイエン間の海域の海洋境界画定事件判決(1993年)の反対意見では、一体説ではなく、EEZと大陸棚の並存説に立ち、EEZと大陸棚の別個の境界線が引きうるとの立場を取っているようにも思われる。Cf. *ICJ Reports 1993*, Dissenting Opinion of Judge Oda, paras.72-74.

63 排他的経済水域の境界画定の問題が意識されるようになった海底平和利用委員会1973年夏会期で、「中国・国家海域提案」(第2項(8))は、「経済水域(および大陸棚)について、平等の立場にたつ協議によって定められるべしとし、なお、それらの地域に接するところの開発については合理的な解決を得られるよう必要な協議を行わなければならない」としていたとのことであり、協議による解決という基本的考えは今も貫かれているといえる。小田『前掲書』(注10) 235頁。

64 北海大陸棚事件(西ドイツ／デンマーク、西ドイツ／オランダ)、エーゲ海大陸棚事件(ギリシア対トルコ)、チュニジア・リビア大陸棚事件(チュニジア／リビア)、メイン湾海洋境界画定事件(カナダ／米国)、リビア・マルタ大陸棚事件(リビア／マルタ)、陸・島及び海洋境界紛争事件(エルサルバドル／ホンジュラス)、ヤン・マイエン海洋境界画定事件(デンマーク対ノルウェー)、カタール・バーレーン海洋境界画定及び領土問題事件(カタール対バーレーン)、カメルーン・ナイジェリア領土及び海洋境界事件(カメルーン対ナイジェリア)、カリブ海における海洋画定事件(ニカラグア対ホンジュラス)、領域及び海洋紛争事件(ニカラグア対コロンビア)、黒海における海洋境界画定事件(ルーマニア対ウクライナ)である。なお、1991年に提訴されたギニアビサオとセネガルの海洋境界画定事件は、1989年の仲裁裁判決事件判決(1991年)後に、両国が1993年に協定を締結し、国際開発機構を設立し共同開発を行うことで合意し、訴訟が取り下げられた。

65 三好教授によれば、北海大陸棚事件判決では自然の延長論が境界画定に直結するかのごとき論調が展開されたが、早くも1977年の英仏大陸棚事件判決でこれが微妙に修正され、自然延長が境界画定に絶対的な基準とならないことが示されたとされる (18 *RIAA* 91, para.191.) 三好正弘「海洋の境界画定」(国際法学会編『日本と国際法の100年第3巻海』三省堂、2001年、167頁)。

66 *ICJ Reports 1982*, pp.46-49, paras.43-48.

67 同裁判所は、衡平原則を「衡平な結果を達成するために適切な原則」とし、衡平及び善と区別されなければならないとした。

68 *ICJ Reports 1985*, pp.33-38, paras.34-44.

69 本事件の詳しい内容については、国際司法裁判所研究会「グリーンランドとヤン・マイエン間の海域の境界画定事件」(酒井啓亘担当『国際法外交雑誌』第95巻5号、1996年、41-69頁)、富岡仁「グリーンランドとヤン・マイエン間の海洋境界画定に関する事件」(『名経法学』第7号、1999年、291-300頁)参照。こうした判決の結論に対して、酒井教授は、「しかし両者の境界画定線が一致することは、それぞれの境界画定の要素を考慮するときわめて考えにくい。…裁判所は二つの区域の境界画定を別個に分析したが、その理由づけの不十分さにより、当初から単一の境界画定線をもたらすような先入観を持って画定作業を行ったとみなされる余地を残している」として、これを鋭く批判する。酒井「同上」59-60頁。これに対し、向かい合っている海岸については、事実上すべての海域を単一の境界線で画定することを確立した判決として、肯定的に評価する論文として、Cf.J.I. Charney, "Progress in International Maritime Boundary Delimitation Law," *American Journal of*

International Law, Vol.88(1994), pp.246-247.
70 田中則夫「国際法からみた春暁ガス田開発問題」(『世界』岩波書店、2005年8月号、23-24頁)。英仏大陸棚事件判決が、大陸棚条約にいう「等距離基準」と「特別事情」は、別個の法規ではなく、また前者に有利な推定を与えたものでもなく、両者が結合して単一の法規を構成しており、特別事情は、等距離基準の適用を制限し衡平な境界画定を確保するための要件であり、これらの両基準が結合すれば、実際には、国際慣習法上の衡平原則により境界画定を行うのと同一の結果になると判示していたことを想起すれば、ICJが基本的にこの仲裁判決の考え方に近づいていることがわかる。英仏大陸棚事件判決の評価については、山本草二『海洋法』(三省堂、1992年、206頁)参照。
71 *ICJ Reports 2007*, para.272.
72 もっとも、ICJは、「大陸棚の概念がEEZに吸収されたというのではなく、沿岸からの距離というような、二つの概念に共通する要素に、より大きな重要性が付与されなければならないということである」と判示している。*ICJ Reports 1985*, p.33, para.33.
73 栗林「前掲論文」注(12)11頁。また、チャーニー(J.I. Charney)は、136の二国間海洋境界画定協定を分析し、これらの協定においては等距離原則が主要な役割を果たしていると結論する。J. I. Charney and L.M. Alexander(eds), *International Maritime Boundaries*, Vol.I (1993), Nijhoff, p.xlii.
74 *ICJ Reports* 1993, para.59.なお、判決の翻訳にあたっては、村瀬教授の訳に依った。村瀬信也「日中大陸棚境界画定問題」(『国際問題』No.565、2007年、2頁)参照。
75 *ICJ Reports 1969*, pp.52-53, para.97.
76 最初の例といわれるのは、1960年のオランダとドイツ連邦共和国間のエムス河口協力条約(エムス・ドラルト条約)及び1962年のその補足協定である。これらの条約は、条約適用区域の境界線を棚上げにして、「固体、液体、気体」の地下資源の共同開発制度を発足させた。*ICJ Reports 1969*, pp.51-52, para.92.
77 三好正弘「日中間の排他的経済水域と大陸棚の問題」(栗林忠男・秋山昌廣編『海の国際秩序と海洋政策』東信堂、2006年、271-271頁)。
78 田中英夫編集代表『英米法辞典』(東京大学出版会、1991年、743頁)。この"rule of capture"の妥当性については、山本草二「境界未画定海域における法執行措置の背景と限界」(海上保安協会『海洋法の執行と適用をめぐる国際紛争事例研究』、2008年、112頁)参照。
79 原文は次の通りである。"If an accumulation of petroleum or any other mineral deposit is found in or on the continental shelf of one of the Parties and the other Party is of the opinion that the accumulation or deposit extends onto its continental shelf, the latter Party may, by presenting the evidence upon which the opinion is based, submit this to the first mentioned Party."(Art.2.1) Cf. Jonathan I. Charney and Robert W. Smith(eds.), *International Maritime Boundaries*, Vol.IV, Martinus Nijhoff, 2002, p.2971.
80 *Ibid.*, pp.2694 and 2952.
81 William T. Onorato, "Apportionment of an International Common Petroleum Deposit", *International and Comparative Law Quarterly*, Vol.26(1977), pp.336-337.
82 三好正弘「大陸棚の炭化水素資源の共同開発―東西センターの研究集会の論議を中心として―」(山本草二・杉原高嶺編『海洋法の歴史と展望』有斐閣、1986年、184頁)。
83 大陸棚境界画定を行うとともに、一部に境界線をまたぐ長方形の共同開発区域を設けた。三好「同上」183頁。
84 一定の等深線によって境界線を設けるとともに、それよりも深い部分を共同区域(Common Zone)とした。三好「同上」183頁。
85 なお、タイとマレーシアは後に、「1990年マレーシア・タイ合同機関の構成及び設立に関するマレーシア政府とタイ王国政府の間の協定」を締結した。水上千之『日本と海洋法』

(有信堂、1995年、138頁)参照。また、チモール・ギャップ協定は、2001年にUNTAET (国連東チモール暫定行政機構)がオーストラリアとの間に了解覚書を締結し、2000年の交換公文(インドネシアが行使していた権利義務をUNTAETが引き継ぐという内容)に代わり、共同石油開発区域(Joint Petroleum Development Area)においては、従来の50:50の取り分に代わり、90%が東チモールに、10%がオーストラリアに配分される合意(第4条)が締結された。Yoshifumi Tanaka, *Predictability and Flexibility in the Law of Maritime Delimitation*, Hart Publishing, 2006, p.285.

86 Choon-Ho Park, "Joint Development of Mineral Resources in Disputed Waters: The Case of Japan and South Korea in the East China Sea", in Mark J. Valencia (ed.), *The South China Sea: Hydrocarbon Potential and Possibilities of Joint Development*, Pergamon Press, 1981, pp.1335-1341.

87 有望な鉱区もなく実際に機能することはなかったが、機能したとしても、日韓大陸棚協定はあまりにも複雑な方式であったように思われる。同協定では、共同開発区域を九つの小区域に分け、各小区域について日韓両国がそれぞれ一開発権者を指定し、一小区域につき二開発権者が指定される体制をとっている(後に六小区域に改定)。その二開発権者のうちいずれかが操業権者となり、その操業権者を開発権者として許可した国の法を当該小区域に適用する方式がとられた。しかも、活動が探査段階と開発段階で二開発権者が交代する制度になっている。探査段階では、ある小区域の操業権者が日本の許可した会社の場合は日本法が適用されるが、開発段階では韓国が許可した会社に交代し、韓国法が適用されることになる。三好正弘「オーストラリア・インドネシア海底共同開発協定について」(李國卿『アジア・太平洋地域の国際関係―政治・経済・文化の研究―』文眞堂、1993年、204頁、注(28))参照。

88 田中氏の研究によれば、本文で触れた共同開発の例のほかに、1982年のカンボジア・ベトナム間の協定(Joint Development Historical Water Zoneと呼称された)、1988年の南北イエメン間の協定(Joint Development Areaと呼称)、1992年のマレーシア・ベトナム間の協定(Joint Exploration and Exploitation of Petroleumと呼称)、1993年のギニアビサオとセネガル間の協定(Joint Development Zoneと呼称)及びナイジェリアとサントメ・プリンシペ間の協定(Joint Development of Petroleum and other Resourcesと呼称)などがある。Cf. Tanaka, *supra note* 85, p.379.

89 中谷和弘「国際法における『境界』の位相」(塩川伸明・中谷和弘編『法の再構築〔Ⅱ〕国際化と法』東京大学出版会、2007年、69頁)。

90 三好「前掲論文」(注(65))187頁。

91 三好「前掲論文」(注(82))187-192頁参照。

92 http://www.un.org/Depts/los/convention_agreements/convention_declarations.htm, p.19.

93 西村「前掲論文」(注(53))52-53頁。

94 濱川今日子「東シナ海における日中境界画定問題―国際法から見たガス田開発問題」(『調査と情報』第547号、2006年、10頁)。

95 なお、日本は、2007年7月9日、国連事務総長に書簡を送り、1958年9月15日に行った選択条項受諾宣言に、「この宣言は、紛争の他のいずれかの当事国が当該紛争との関係においてのみ若しくは当該紛争を目的としてのみ国際司法裁判所の義務的管轄を受諾した紛争、又は紛争の他のいずれかの当事国による国際司法裁判所の義務的管轄の受諾についての寄託若しくは批准が当該紛争を国際司法裁判所に付託する請求の提出に先立つ十二箇月未満の期間内に行われる場合の紛争には、適用がないものとします」の一文を加えた。『官報』(平成19年7月9日)外務省告示第394号。

96 西村「前掲論文」(注(53))58頁。

97 日本外務省ホームページ「日中共同プレス発表」http://www.mofa.go.jp/mofaj/area/china/

visit/0704_kh.html.
98 http://www.un.org/Depts/los/convention_agreements/convention_declarations.htm, pp.60-61.

（注）本章脱稿後の2008年6月18日、東シナ海の共同開発に関する合意が、日中の共同プレス発表として明らかにされた。この合意の評価については、別稿に譲りたい。

第4章　大陸棚の共同開発

濱本　幸也

Ⅰ　序　論
Ⅱ　東シナ海の特徴
Ⅲ　日韓間の協定
　1　南部協定締結の経緯と背景
　2　南部協定の概要
Ⅳ　共同開発の意義
　1　共同開発のメリット
　2　共同開発の留意点
Ⅴ　結　語

Ⅰ　序　論

　大陸棚の境界画定は、衡平な解決を達成するために国際法に基づき合意により行うとされている。これまでに合意により画定された境界は多々ある。他方で、大陸棚の境界が交渉により画定できない場合に、境界画定そのものは棚上げして共同開発[1]を行う場合もある。その一つの例が、1978年に発効した「日本国と大韓民国との間の両国に隣接する大陸棚の南部の共同開発に関する協定」(以下、南部協定という)である。その後、作成された国連海洋法条約(UNCLOS)第83条3においても、境界画定の合意に達するまでの間、実際的な性質を有する暫定的な取極を締結するためにあらゆる努力を払うと規定されている。

　以下では、まず我が国にとって大陸棚の共同開発の初めての試みである南

部協定の概要について記述する。そして他の共同開発協定と比べて、南部協定がどのような特徴を持つのか検討することを通じて、共同開発がどのような意義を持つのか考えてみたい。なお、我が国と隣国との間には境界が画定していない大陸棚もあるが、本章は、これらの大陸棚の境界が画定できない場合に、特定の共同開発の方法を採用すべきであると主張するものではない。単に、南部協定が一つの先例としてどのように参考となり得るか、検討するに過ぎない。

　本章は大陸棚の共同開発に関するものであり、排他的経済水域(EEZ)に関する記述は基本的に捨象する。また、諸外国の例では、既に画定された境界を油ガス田が跨っている時に共同開発を行う場合(いわゆる一体化の場合)があるが、本章の検討は基本的に境界未画定の大陸棚における共同開発を念頭に置き、その他の共同開発は必要に応じて参照するに止める。

　筆者は日本国政府の公務員であるが、本章に記された見解はすべて筆者個人のものであり、政府の見解ではないことを予め付言しておく。

II　東シナ海の特徴

　東シナ海は、我が国、中国、韓国等に囲まれた海域である。相対する海岸線の距離は400海里に満たず、大陸棚の境界画定が必要である。また、琉球列島の西側に沖縄トラフと呼ばれる海底の窪みが存在している。

　日韓間では、下記に見るとおり、1978年に発効した協定により、大陸棚の境界の一部が画定され、また一部に共同開発の枠組みが作られた。そのほか、漁業については、1999年に発効した漁業協定が境界を画定することなく暫定的な枠組みを構築している[2]。

　日中間では、大陸棚について規定する協定はない。なお、漁業については境界を画定することなく暫定措置水域を設ける漁業協定が締結されており[3]、また海洋の科学的調査についてはいわゆる相互事前通報の枠組みが構築されている。

　なお、韓国は2006年4月18日に、中国は同年8月25日にそれぞれUNCLOS第298条に基づく選択的除外宣言を行った[4]。その結果、同条が規定する事項に関する限り、UNCLOS第15部第2節に定める強制力のある紛争解決手続は適用されないこととなった。

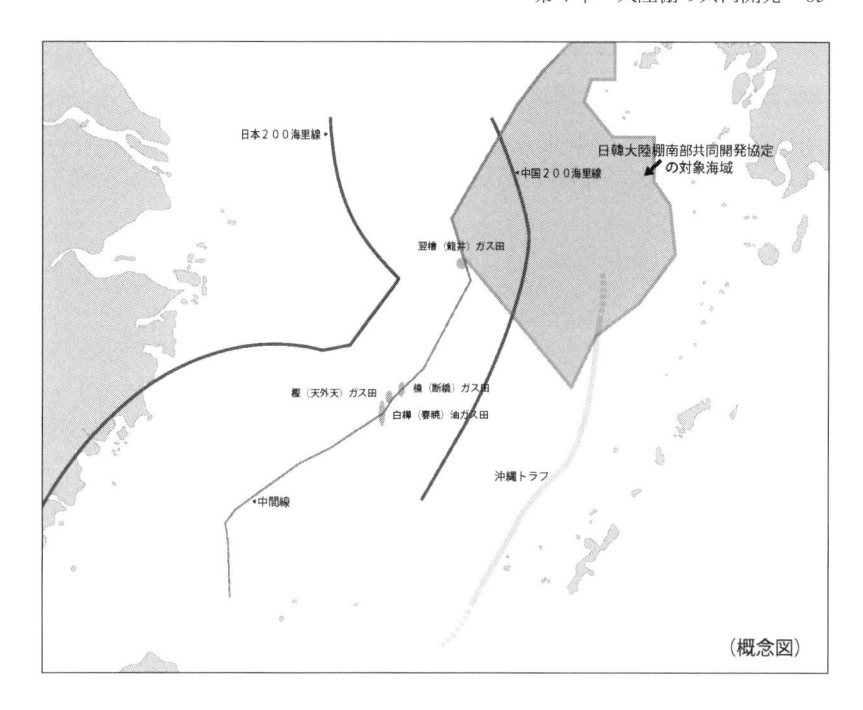

（概念図）

III 日韓間の協定

1 南部協定締結の経緯と背景

　南部協定[5]の交渉は1970年代に行われ[6]、1974年1月30日に署名され、1978年6月22日に発効している[7]。南部協定より北側では、「日本国と大韓民国との間の両国に隣接する大陸棚の北部の境界画定に関する協定」が締結され、境界を基本的に中間線として画定している。

　南部を共同開発としたのは境界画定の方法に関する見解の相違があったためである。日本側は南部についても中間線により境界を画定すべきと主張したが、韓国側は自らの大陸棚が九州南西のトラフまで自然延長していると主張した。日本側は国際司法裁判所に付託することも提案したが、結局、共同開発を行うことで合意を見た[8]。なお、これまでのところ、南部協定の対象区域では商業的な生産は行われていない。

　南部協定では、北端から反時計回りに、①日韓中間線、②日中中間線、③（日

本を無視した場合に引かれる)韓中中間線、④韓国が自然延長の結果として自らの大陸棚として主張した限界に囲まれる大陸棚を共同開発の対象とした[9]。

このように日韓中間線の日本側のみを共同開発の対象とした背景には、1969年の国際司法裁判所の北海大陸棚事件判決の影響がある。当時、韓国は、「…国際司法裁判所の判決だとかいろいろの材料を…整備いたしまして、自然延長論が正しいんだということで反論」[10]し、日本側は中間線を主張しつつも、「韓国が自然延長の外縁までと言って海溝の手前までを主張しておりますその主張を完全に論破するということは、これは国際司法裁判所の判決に照らしましても…可能なことではない、非常に難しい問題である」[11]という認識があった。客観的にも、当時の国際法の下では、北海大陸棚事件判決は韓国側の立場を強めたといえよう[12]。

なお、自然延長論に基づく類似の主張は、日韓間の交渉から30年を経た後、中国からも提起された。日中間では、2003年8月に中国の石油開発企業二社がロイヤルダッチシェル社及びユノカル社と日中中間線付近の白樺(中国名:春暁)油ガス田の開発契約を締結し[13]問題が大きくなった。その際の日本側の主張は、境界画定は中間線を基に行うことが衡平な解決になるというものであるのに対し、中国側は、中国の大陸棚は沖縄トラフまで延長していると主張した[14]。

詳述は避けるが、日韓間で南部協定が交渉されていた当時と比べ、国際法は発展している。相対する海岸線を有する国の間の大陸棚の境界を画定する最近の判例は、いずれも中間線をスタートラインとして採用するという手法をとっている。このような動きを受け、日本の中国に対する主張は、相対する海岸基線の距離が400海里に満たない場合には、自然延長論が認められる余地はなく、中間線を基に境界を画定すべしとするものである。

2 南部協定の概要

(1) 共同開発の方式

南部協定は、共同開発区域を九つの小区域に分けている(但し後に六つの小区域に再編された)。その上で、日韓両国はそれぞれ各小区域について開発権者を認可する(協定第4条)。両国の開発権者は事業契約を締結し、合意により操業管理者を指定し、操業はこの操業管理者のみにより行われる(同第5条及

び6条)。両国の開発権者は採取される天然資源につき等分の分配を受ける権利を有し、費用を等しい割合で分担する(同第9条)。この費用には、協定の効力発生前に共同開発区域における調査のために要した費用が含まれる(合意議事録7)。日韓両国は、国内法の適用上、自国の開発権者が権利を有する部分については、自国が主権的権利を有する大陸棚において採取された天然資源とみなし(協定第16条)、自国の開発権者に対してのみ課税等を行う(同第17条)。日韓両国は、自国が認可した開発権者が操業管理者として指定され、行動する小区域においては、天然資源の探査・採掘に関連する自国の法令を適用する(同第19条)。

　このような枠組みを構築した上で、紛争解決手続きとして仲裁委員会の規定が設けられ(同第26条)、また、協定のいかなる規定も共同開発区域に対する主権的権利の問題を決定し又は大陸棚の境界画定に関する立場を害するものとみなしてはならないとのディスクレーマー条項がある(同第28条)。協定は基本的に50年間効力を有する(同第31条)。

(2)　他国の例と比較した若干の留意点

　以上のように、南部協定は境界を画定せずに共同開発を行うために、やや複雑な制度を構築している。その制度についての留意点を、他国の共同開発の例[15]も参照しつつ挙げておきたい。

　第一に、南部協定は日韓中間線の日本側のみにおける共同開発協定であり、また両国の開発権者は採取される天然資源と費用を等分に分配する。他国の共同開発協定でも、例えば1982年に発効したタイとマレーシアの覚書[16]や、1992年のマレーシアとベトナムの覚書[17]は、利益等を等分に分配する[18]。

　その一方で、費用と利益を等分に分配しない例もある。2003年に発効したナイジェリアとサントメ・プリンシペの協定[19]は、両国の中間線と、サントメ・プリンシペの島に三分の一しか効果を与えなかった場合に引かれる線との間を共同開発の対象とし[20]、開発活動から生じるすべての利益と義務をナイジェリアが60％、サントメ・プリンシペが40％で分配する。なお、境界画定交渉時のナイジェリア側の主張は、両国の海岸線の長さの相違等の関連事情を考慮して中間線を修正すべしというものであり[21]、自然延長論ではないとされている。

　オーストラリアと東ティモール(当初はインドネシア)との間の共同開発は、

対象海域が中間線よりも東ティモール側に大きく、他方で双方の権利は一応、対等なものであったが、その後、対象海域を中間線よりも東ティモール側に限った上で、東ティモールに有利な内容に変わった例である。

すなわち、オーストラリアとインドネシアとの間では、1991年のいわゆるティモール・ギャップ協定[22]があり、三つの海域に分けて共同開発の枠組みを構築していた。三つの海域とは、北から①東ティモールの近くにあるティモール・トラフとそれより南の1500メートル等深線の間(Cゾーン)、②1500メートル等深線と中間線の間(Aゾーン)、③中間線と東ティモールからの200海里線の間(Bゾーン)である[23]。Cゾーンではインドネシアが開発企業に課税し、そのうち10％をオーストラリアに対して支払い、Bゾーンではその逆とした。その上で、Aゾーンでは、双方が対等に代表されるJoint Authorityの下で開発が行われるとしていた。

その後、2001年のオーストラリアと国連東ティモール暫定行政機構との間の覚書[24]を受けて、2003年に発効したオーストラリアと東ティモールの協定[25](以下、ティモール海協定という)はAゾーンのみを共同開発の対象海域とし、生産される石油の90％は東ティモールに、10％はオーストラリアに帰属するとした。

その他、大陸棚の境界は一応画定されている中で、境界の両側の漁業資源と大陸棚の資源を共同開発とする例であるが、1995年に発効したギニア・ビサウとセネガルの協定[26]は、Roxo岬から269度と220度の間を共同開発の対象とし、漁業資源を50％ずつ分け、大陸棚の資源はセネガルが85％でギニア・ビサウが15％とする。

なお、資源開発には多額の費用を要する。上記の例は基本的に費用負担の割合と利益分配の割合とを一致させているが、稀な例として一方の当事国のみが費用を負担するものもある。やや古い例であるが、1974年に発効したスーダンとサウジ・アラビアの協定[27]は、共同区域の資源は両国で共有されるとし、共同委員会を設置するが、共同委員会の運営費用はサウジ・アラビアのみが負担し、その上で、サウジ・アラビアは共同区域での生産利益から費用を回収するとする。また、1982年のヤン・マイエン島付近のアイスランドとノルウェーとの間の協定[28]は、調停委員会の報告[29]を受けて結ばれたものであるが、境界を画定しつつもそれを跨ぐ形で共同区域を設け、当初の地質調査はノルウェー側が行うとする。但し、これらは例外的なものであり、費用

負担の割合と利益分配の割合は一致している場合の方が多いと思われる。

　これらの諸外国の例から、共同開発の対象海域と、資源・費用の分配方法についての原則を見出すことは困難であり、それぞれが置かれた個別の事情を反映している。個別の事情の考慮に当たっては、権原の有無と境界画定の手法とが同じ問題ではないように、権原の有無と共同開発の資源・費用の分配とが単純な形で結びつくということもないであろう。但し、特定の海域にどれくらい強い権原を有しているか、そしてどの海域を対象として共同開発を行うかということは、共同開発の方法にも一定の影響を与えると思われる。その観点からは、南部協定が中間線の日本側のみを対象とし、資源と費用を等分に分配している背景には、上述のとおり1969年の北海大陸棚事件判決があり、40年近くを経て国際法は発展していることに留意する必要がある。

　第二に、南部協定は実際に操業を行う者を一つに限定し、それにより共同開発区域内の管轄権の配分の問題も解決している。すなわち、自国が認可した開発権者が操業管理者である小区域においては、天然資源の探査又は採掘に関連する事項について、自国の国内法が適用される。漁業であれば、特定の区域の中における操業に関して、双方が旗国主義に基づき自国籍の船舶に対してのみ管轄権を行使するという解決策がある。他方、大陸棚の開発には試掘から商業的生産に至るまでに様々な設備を設置する必要があり、そのような状況に対応するためには、特定の区域において一方の国の管轄権が行使されるとする方式には一定の利点があるものと思われる。
　但し、諸外国の例では、管轄権を「属人的」に配分するものもある。ナイジェリアとサントメ・プリンシペの協定と、ティモール海協定は、原則として自国民及び自国に居住している者を自らの刑事管轄権の対象とし、第三国の者は双方の刑事管轄権の対象となる。
　これに対し、タイとマレーシアの間の協定は、共同開発区域をほぼ二分する線を引き、刑事管轄権を「属地的」に分割する[30]。これは、南部協定とは異なり、協定上、予め管轄権を分割する線を決めておくという意味で海域に着目して管轄権の配分の問題を解決している。但し、境界を画定できないのであれば、刑事管轄権を分割する線についても合意することは困難である場合も多いと思われる。

なお、特異な例として、ギニア・ビサウとセネガルの協定の議定書[31]は「事項別」に管轄権を分けており、鉱物や石油資源に関してはセネガル法が適用され、漁業資源に関してはギニア・ビサウ法が適用される。但し、両国間では一応、大陸棚の境界は画定されていることに注意すべきである。

第三に、南部協定は、操業管理者の決定は両国の開発権者の合意によることとされ、合意が得られない場合には、最終的にはくじ引きにより決定されることとなっている。同時に、共同委員会が設置されるが、これは協定の運用等に関する事項について協議する機関とされており、委員会自身が事業契約等の当事者となるわけではない。また、両国は、委員会の勧告をできる限り尊重するとのみ規定されている。

諸外国の例では、1995年の英国とアルゼンチンとの間の南西太平洋における共同開発に関する共同声明[32]は、Joint Commissionを設置しつつも、これには基本的に勧告的及び調整的な権能しか持たせず、自らが事業を行わないという点で南部協定の共同委員会に類似する[33]。また、1994年に発効したコロンビアとジャマイカの間の共同開発協定[34]は、当事国が資源の探査及び開発を共同で行うとし、協定により設置されるJoint Commissionは原則として当事国に対する勧告的な機能しか有しない。

他方で、共同委員会のような機関がより大きな権限を持つ場合もある。ナイジェリアとサントメ・プリンシペの協定では、Joint Authorityが開発企業の探査・開発を許可したり、油田のリースを行う[35]。ギニア・ビサウとセネガルの協定では、International Agencyが両当事国の資源開発に関する権利と義務を承継するとされ、開発の実施体が設立されている。タイとマレーシアの間の覚書も、非生物資源の探査及び開発についての当事国の権利と責任をJoint Authorityが承継するとする。これらと比較すれば、南部協定では、共同委員会の権限は小さく、開発権者間の意思決定を尊重する枠組みとなっているといえよう。

第四に、日韓の南部協定では、分担すべき費用の中には協定の発効前に行われた調査費用が含まれる。この関連では、境界未画定の海域における行為が既得権として認知されることには様々な見方があり得る。境界画定の文脈では、既に与えられた石油利権は、紛争当事国の明示又は黙示の同意を構成

しているような場合を除き、暫定的な中間線をシフトさせる関連事情にはならないとされている[36]。共同開発の文脈でも、既得権を論拠とした議論が意味を持つかどうかは意見の分かれる問題であろう。

　同時に探査を含めた油ガス田開発には多額の初期投資を要する。現実的な解決策を模索する際に合意のパッケージの一部として既開発の油ガス田の扱いを柔軟に考えることはあり得るであろう。例えばマレーシアとベトナムの覚書は、両国が、既に対象海域で相当の支出が行われていることを考慮して早期の開発のために努力することを定めている。タイとマレーシアの覚書では、Joint Authorityに探査及び開発の権利と責任が与えられるが、そのことは既に与えられたコンセッションや許可の効力に影響を与えるものではないとされている。また、セネガルとギニア・ビサウの協定では、それまでに当事国の国庫から支出された石油探査のための費用は払い戻されるとされている[37]。さらに、ナイジェリアとサントメ・プリンシペの協定では、既にナイジェリアが許可を与えたAkpo油田[38]に隣接している部分をSpecial Regime Areaとし、ナイジェリアが排他的な権利を有するとされている（但し、両国は同Areaを一旦共同開発区域の中に入れて、その上でナイジェリアが権利を有することとしており、既開発の油田に隣接する部分を初めから共同開発区域の対象から除いているということではない）。

　境界を画定する協定でも、既に開発が行われている油田の扱いに配慮するものがある。スーダンとサウジ・アラビアの共同開発協定は、署名の前年にスーダンが西ドイツ企業等に開発許可を与えていることに触れた上で、スーダンの権利を保全する方法で共同委員会が決定を行うとの規定を置いている。1969年のカタールとアラブ首長国連邦の間の協定[39]は、境界付近のHagl Elbundug油田に対して双方は対等の権利を有すると規定するが、これは協定の締結に先立って同油田の掘削が行われていたためとされている[40]。1958年のバハレーンとサウジ・アラビアの間の協定[41]も境界画定に際してFasht Abu-Sa'fah油田について同様の配慮をしている[42]。

　第五に、南部協定は基本的に50年間有効であり、その上で探査権は8年、採掘権は30年存続するとされている。油ガス田開発のように多額の固定費用を要し、その回収に時間がかかる事業を対象とする以上、当然のことながら協定の有効期間は長いものとならざるを得ない。諸外国の例でも、協定の有

効期間は長い。タイとマレーシアの覚書は原則として50年間有効である。ティモール海協定は有効期限を基本的に30年としていたが、その後、2007年に発効したオーストラリアと東ティモールの間のティモール海における特定の海洋措置に関する協定(以下、CMATS協定という)[43]はこれを50年に変え、その上で、協定の下で行われた石油活動は協定の失効後も同様の条件で行われるとしている。ナイジェリアとサントメ・プリンシペの協定も、協定の下で行われた活動の協定失効後の扱いについて同種の配慮をしている。

　最後に、南部協定は、紛争解決手続きとして、まず外交上の経路を通じた解決を規定し、それによっても解決できなかった紛争は、三名の仲裁委員会に付託されるとする。そしてそのための手続き的な規定を設けるとともに、日韓両国は、仲裁委員会の裁定に服するものとされている。
　これに対し、第三者機関による紛争解決手続きに否定的な協定もある。当初、オーストラリアと東ティモールの間のティモール海協定は、租税以外の事項については、最終的には仲裁裁判に付託されるとし、そのための詳細な手続を附属書で定めていた。他方、その後のCMATS協定では、CMATS協定の解釈又は適用に関する紛争は交渉により解決されるとし、さらに両国は、境界画定の問題を裁判所や他の紛争解決手続きに付託しないこととされ、またいかなる国際機関にも境界画定の問題を提起しないこととされている。このような変化は、例えば2002年に改められたオーストラリアの国際司法裁判所の強制管轄受諾宣言で海洋境界や境界未画定の海域での開発に起因する紛争をその対象から除外していること[44]や、同時に行われた同国のUNCLOS第298条に基づく選択的除外宣言で境界画定を同条約第15部第2節の適用から排除していること[45]と軌を一にしている。
　このような例と比較すれば、南部協定は、第三者機関による紛争解決に信をおいているといえよう。

　以上、日韓間の南部協定の特徴を列記した。他の例では、2001年に発効したクウェートとサウジ・アラビアの間の協定[46]のように、一定の区域を設けたうえで、単に両国は天然資源を共有すると規定する簡潔なものもある。また、2001年のタイとカンボジアの間の覚書のように、共同開発の対象のみをまず合意し、具体的な詳細については続く合意に委ねるものもある[47]。しか

し、共同開発協定が、単に合意がない限り管轄権の行使を控えることを趣旨とするのではなく[48]、実際の開発を目的とするならば、利益と費用の分配方法や管轄権の配分等、共同開発の方法についての詳細が決定される必要があろう。そしてそのような詳細についての調整が困難な要素を含んでいる可能性もある。例えば、タイとマレーシアの間の覚書は1979年に署名され、1982年に発効したが、共同開発の具体的な詳細が合意されたのは1990年になってからである。これらに対し、南部協定は、一つの協定の中で共同開発の対象海域から開発の方法の細部までを定めている。

IV 共同開発の意義

　我が国は韓国との間で30年前に大陸棚の共同開発に関する協定を締結した。法的な問題として、境界が未画定の海域における開発は関係国の共同開発によることが要求される[49]のか、あるいは単に関係国は暫定的な取極を締結するために誠実な交渉を行うことが求められているに過ぎない[50]のかという問題についてはすでに種々の見解が出されており、ここでは仔細に検討しない。同時に、このような純粋に法的な議論とは別に、関係国が共同開発に関する協定を締結するのは相応のメリットがあるということも念頭におく必要がある。

　その一方、共同開発は境界画定紛争を解決する万能薬ではない。論者によっては、異なる政治・経済体制や経済発展のレベルは共同開発を困難にするとし[51]、そのような例として東アジアを挙げる[52]。以下、南部協定を参考に、共同開発が持つメリットとその留意点を挙げてみたい。

1 共同開発のメリット

　第一に、共同開発は大陸棚の資源開発をめぐる紛争を一定の範囲内で解決し安定的な状況を創出する。境界未画定の大陸棚では、相手国の一方的な開発等に対してたびたび抗議が行われる。このような抗議は、政治的に妥当と判断される場合が多いのみならず、相手国の行為を黙認していないということを明らかにする。境界画定に関する両国の法的立場を害するものではないとの明確な前提の下で共同開発協定が締結されるのであれば、その限りにお

いてかかる非難合戦は回避されるであろう。

　第二に、境界未画定の大陸棚で開発に参画したいと考える民間企業から見ても、安定的な枠組みが構築されていることが望ましい。市場原理に基づき行動する民間企業であれば、明日、どちらの国の大陸棚になるかわからない箇所での投資は高いリスクを伴う。例えば、日中間では、当初、白樺油ガス田の開発に参画した欧米の企業は計画から撤退している。共同開発協定ができれば予測可能な状況下で投資を行うことができる。

　第三に、一つの鉱床をいかに経済的に効率よく採掘するかという観点から見ても、共同開発は有意義である。国家間の問題ではなくても、二者が自らが権利を有すると信じる箇所からそれぞれ採掘を行い、どちらが先に鉱床の油ガスを採掘し尽くすかという競争を行うことは、一つの選択肢である。しかし、鉱床には採掘のしやすい箇所としにくい箇所があり、最も効率的に採掘できる箇所に共同で杭を打ち込んで生産物を分配する方が全体の費用を抑えられるであろう。

2　共同開発の留意点

　他方で、共同開発についての合意は容易に得られるとは限らず、また境界画定にはない「副作用」もあり得る。

　第一に、共同開発の対象海域とそれに関連する問題が挙げられる。上述のとおり、日韓間の南部協定は自然延長論が有効な時代に交渉・締結されたものであり、現在の国際法の下では中間線の日本側のみを共同開発の対象とする根拠は弱くなっている。共同開発は、交渉が行われている時の国際法や政治的環境を踏まえて模索されなければならない。同時に、国際法は発展するものであり、政治的環境は変化するものである。共同開発協定が長期間にわたって存続する間に、これらが交渉当時とは異なるものとなっていく可能性も念頭におく必要がある。

　第二に、共同開発の対象海域がどこかという問題は、対象海域の外側がどのように扱われるかということと関連する。南部協定はいわゆるディスク

レーマー条項を設け、境界画定等の問題についての双方の立場を害さないとする。このことは、論理的には共同開発区域の外で相手国に近い側を相手国の大陸棚として扱う必要はないということも意味する。しかし、よほど一方的な内容で共同開発区域を設定しない限り、現実にはお互いが共同開発区域の外側の自国側を自国の大陸棚として扱い、それに対して相手国は異議を唱えないであろう。

そしてそれが顕著な例は、共同開発区域の内外に鉱床が一体化している場合であるように思われる。例えば、グレーター・サンライズ油田はオーストラリアと東ティモールの共同開発区域の内外に鉱床が一体化している。同油田の開発協定[53]は、資源の20.1％は共同開発区域に、79.9％はオーストラリアに帰属するとする。したがって、共同開発区域からはみ出す箇所は現実にはオーストラリアの大陸棚として扱われるであろう。

論者によっては、共同開発協定にディスクレーマー条項があったとしても、後に境界画定が裁判に付託される場合には、境界を画定すべき海域は共同開発協定の対象海域に限られると判断される可能性が高く、現実には協定の当事国は対象海域外の相手国側の大陸棚における権利を失うと指摘するものもある[54]。共同開発協定は係争海域の範囲を特定する性質を持つのか、また特定してしまうのであればディスクレーマー条項の意義は何かという法的な疑問もあり得るが、現実の問題としては、共同開発協定を締結する際にその対象海域外の相手国側の大陸棚における権利を強く主張しなかったと見られる危険性はあろう。

換言すれば、実体的に共同開発区域の自国側を自らの大陸棚として扱えるようになるのであれば安定的な秩序がもたらされる。それは共同開発協定が予定していることではなく、むしろ表向きは否定していることであろう。しかし、そのことによる付随的な効果が将来の境界画定に当たって出てき得ることも念頭に置く必要がある。

第三に、共同開発区域内で適用される国内法は単純に境界を画定する場合と比して、はるかに複雑なものとなり得る。例えば、南部協定第10条1項は、協定に基づく開発権者の権利を探査権及び採掘権とする。その一方で我が国の国内法である鉱業法第11条は、鉱業権を試掘権及び採掘権としており、協定と国内法とでは、例えば物理探査のような試掘前の段階も対象とする探

査権と、試掘権との差異が生じ得る[55]。そこで南部協定を実施する特別措置法[56]は、共同開発区域での天然資源の探査及び採掘については鉱業法の規定を適用除外とし、その上で探査権及び採掘権からなる特定鉱業権を設けている。すなわち、我が国の国内法上、南部協定の対象海域以外の大陸棚では試掘権と採掘権が規制対象となっているが、ひとたび南部協定の対象海域の中に入ると探査権と採掘権が規制の対象となっている。

また、南部協定第19条は、相手国が認可した開発権者が操業管理者である小鉱区では相手国の法令が適用されるとする。しかし、相手国が管轄権を行使すべきところを現実に行使しない場合や、自国の法令では刑事罰が課される事態にそもそも相手国の国内法令が対応していない場合で、特に自国民が被害者となるようなときには難しい問題に直面するであろう。この問題は、管轄権の配分を属地的なものから属人的なものに変えても本質的には変わらない。例えば、オーストラリアと東ティモールのティモール海協定は、第三国国民に対する刑事管轄権の行使については、基本的に両国間で協議するということを規定するに止まる。

これらの問題は、大陸棚の共同開発という事項に限った上で、協定が当事国の国内法とは異なる制度を設けたり、異なる国内法を有する国の管轄権の競合を認める以上、必然的に生じるものであろう[57]。境界が画定できればこのような問題は生じない。他方、現実には境界が画定できないから共同開発を行うのであり、その意味では本章が扱う共同開発に内在する困難な問題であろう。

第四に、南部協定は基本的に50年間の大陸棚開発の枠組みを構築した。同時に、50年間は南部協定の対象海域では大陸棚の境界は画定されず、長期間にわたって同一の共同開発の枠組みが存続する可能性があろう。

確かに、例えばタイとマレーシアの間の覚書のように、共同開発の枠組みを作りつつも、大陸棚の境界画定の問題解決(の努力)を継続する旨を規定する例もある。また、共同開発を続けつつも、その後、対象海域や内容を変えた例もある。1991年のオーストラリアとインドネシアの間のティモール・ギャップ協定で設けられた共同開発区域は、その後、オーストラリアと東ティモールの間のティモール海協定により北部(Cゾーン)と南部(Bゾーン)が共同開発区域ではなくなり、中央部(Aゾーン)では資源が帰属する割合を変えた。

但し、一方の統治主体が変わるなどの大きな変化がない限り、共同開発の対象海域や内容が根本的に変わるようなことは稀であろう。

さらに、その後のオーストラリアと東ティモールの間のCMATS協定では、同協定の有効期間中、恒久的な境界画定について交渉する義務が否定されている[58]。すなわち、ティモール海協定が2003年に発効した後、オーストラリアと東ティモールとの間の恒久的な海洋境界画定交渉は2004年4月に開始された[59]が、結局、境界は画定されないまま2007年にCMATSが締結された。ティモール海協定第22条では、協定の有効期間を「恒久的な海底境界まで又は30年まで」とされていたが、CMATS協定第3条はこれを境界画定に言及することなくCMATSの有効期間である原則50年に変更している。その上で、CMATS協定第4条7項は、同協定の有効期間中、恒久的な海洋境界画定について交渉する義務を否定している。したがって、オーストラリアと東ティモールの間では、50年間は海洋境界が画定されない可能性が高いであろう。

境界を画定することだけがゴールではないが、未来永劫、共同開発を行うということでなければ、問題の根本的な解決は境界の画定によりもたらされる。共同開発には境界画定に向けたモメンタムを遠ざける作用があるように思われる。

V　結　語

以上のように、現実に機能する共同開発協定を作成しようとすると極めて細部にわたる事項について合意しなければならず、共同開発は決して安易な解決策ではない。但し、境界画定に当たって原理原則論の対立が存在し、そのために開発ができないという事態は双方の当事国と国民にとって利益とはならない。数十年間、境界画定の問題を凍結する覚悟があるのであれば、共同開発は有効な解決策の一つであると思われる。そしてその過程で様々な知恵が出てくるであろうし、その結果として二国間の紛争を協力案件に転化する余地もあるかも知れない。

【注】
1　共同開発の定義には様々なものがあり得るが、本章では便宜的に、関係国が大陸棚の非生物資源の探査・開発のために協力することとして論を進める。共同開発の概念につ

いては、次を参照。三好正弘「大陸棚の炭化水素資源の共同開発―東西センターの研究集会の議論を中心として―」(山本草二・杉原高嶺編『海洋法の歴史と展望』、有斐閣、1986年、194頁); David M. Ong, "Joint Development of Common Offshore Oil and Gas Deposits: 'Mere' State Practice or Customary International Law?", *American Journal of International Law*, Vol.93 No.4 (October 1999), p.772, note 8.
2 詳細については次を参照。杉山晋輔「新日韓漁業協定締結の意義」(『ジュリスト』第1151号、1999年3月1日、98-105頁)。
3 詳細については次を参照。Nobukatsu Kanehara and Yutaka Arima, "New Fishing Order", *The Japanese Annual of International Law*, No.42 (1999), pp.1-31.
4 http://www.un.org/Depts/los/convention_agreements/convention_declarations.htm#China%20after%20ratification(以下、インターネットのアドレスと内容は、特記のない限り2008年2月24日に訪れたもの。)
5 概要については次を参照。小田滋「日韓大陸棚協定の締結」(『ジュリスト』第559号、1974年5月1日、98-103頁)、水上千之『日本と海洋法』(有信堂、1995年、119-142頁); Jonathan I. Charney and Lewis M. Alexander (eds.), *International Maritime Boundaries*, Vol.I, Martinus Nijhoff Publishers (1996), pp.1057-1089; Masahiro Miyoshi, "The Japan/South Korea Joint Development Agreement of 1974", in Hazel Fox (ed.), *Joint Development of Offshore Oil and Gas*, Vol.II (1990), The British Institute of International and Comparative Law, pp.89-101.
6 韓国政府は、1970年に海底鉱物資源開発法を公布し、我が国の近海を含む区域に鉱区を設定した。1972年には日韓間で大陸棚の南部を共同開発にするとの原則的合意が得られ、協定交渉の結果、1974年に協定への署名が行われた。なお、これに先立ち、1969年5月、国連アジア極東経済委員会(エカフェ)のアジア海域沿岸海底鉱物資源共同調査委員会は、東シナ海の地質調査についての報告書を発表し、その中で将来世界で最も豊富な油田の一つとなる可能性が大きいと指摘した。
7 中国政府は、日韓両国政府による協定署名の後である1974年2月4日、南部協定は「中国の主権を侵犯する行為である」と批判した。
8 昭和52年6月2日参議院外務委員会(議事録10頁〜11頁)の中江要介アジア局長の答弁。
9 昭和51年10月22日衆議院外務委員会(議事録9頁)の村田良平条約局参事官の答弁。
10 昭和52年4月22日衆議院外務委員会(議事録7頁)の中江要介アジア局長の答弁。
11 昭和52年6月2日の参議院外務委員会(議事録17頁)の中江要介アジア局長の答弁。
12 Choon-ho Park, "The Sino-Japanese-Korean Sea Resources Controversy and the Hypothesis of a 200-Mile Economic Zone", *Harvard International Law Journal*, Vol.16 (1975), p.41-42; Sang-Myon Rhee and James MacAulay, "Ocean Boundary Issues in East Asia: The Need for Practical Solutions", in Douglas M. Johnston and Phillip M. Saunders (eds.), *Ocean Boundary Making: Regional Issues and Developments*, Croom Helm (1988), p.97.
13 当初、ロイヤルダッチシェル社及びユノカル社は各々20%を出資していたが、2004年9月に「商業的な理由」により計画から撤退した。http://www.shell.com/home/content/china-en/news_and_library/press_releases/2004/ecs_e_2909.html
14 日本側は、日中双方は領海基線から200海里までのEEZ及び大陸棚の権原を有しており、双方の200海里線が重なり合う部分については合意により境界を画定する必要があると主張している。最近の国際裁判の判例に基づけば、向かい合う国同士の領海基線の距離が400海里に満たない水域においては、いわゆる自然延長論が認められる余地はなく、また沖縄トラフのような海底の窪みを含む海底地形に法的な意味はないとされている。これに基づけば、いわゆる係争海域は日中双方の200海里線が重なり合う部分であり、境界画定は中間線を基に行うことが衡平な解決になる。
これに対し、中国側は、東シナ海においては、大陸棚の自然延長や、大陸と島の対比等

の特性を踏まえて境界画定がなされるべきであり、中間線による境界画定は認められないとする。その上で、具体的な境界線を示すことはないものの、中国の大陸棚は沖縄トラフまで延長していると主張している。
　http://www.mofa.go.jp/mofaj/area/china/higashi_shina/tachiba.html
　なお、2008年6月18日、日中双方は、東シナ海における日中間の協力についての共同プレス発表を行い、境界画定が実現するまでの過渡的期間において双方の法的立場を損なうことなく協力することについて一致したことを明らかにした。詳細はさらに国際約束として確定される必要があるが、東シナ海の北部の約2700平方キロメートルの区域について、共同探査を経て、双方が一致して同意する地点を選択し、共同開発を行うこととされている。また、白樺油ガス田については、日本法人が中国の海洋石油資源の対外協力開発に関する法律に従って開発に参加することとなった。これらは、東シナ海における協力の第一歩とされ、今後も引き続き協議を継続していくこととなっている。
　http://www.mofa.go.jp/mofaj/area/china/higashi_shina/press.html (2008年7月12日に訪れたもの)

15 共同開発の例の概観は次を参照。Masahiro Miyoshi, "The Joint Development of Offshore Oil and Gas in Relation to Maritime Boundary Delimitation", in *Maritime Briefing*, Vol.2 No.5 (1999), International Boundaries Research Unit (Durham University); Hazel Fox et.al., *Joint Development of Offshore Oil and Gas*, British Institute of International and Comparative Law (1989), pp.53-66.

16 Memorandum of Understanding between the Kingdom of Thailand and Malaysia on the Establishment of a Joint Authority for the Exploitation of the Resources of the Sea-Bed in a Defined Area of the Continental Shelf of the Two Countries in the Gulf of Thailand. なお、実際に共同開発を行うJoint Authorityについての合意が得られたのは1990年になってからである。Jonathan I. Charney and Lewis M. Alexander (eds.), *supra* note 5, pp.1107-1110; Kriangsak Kittichaisaree, *The Law of the Sea and Maritime Boundary Delimitation in South-East Asia*, Oxford University Press (1987), pp.189-192. 共同開発の詳細の決定を受けた両国の国内法は次を参照。http://www.dmf.go.th/law/jda_eng.html; http://www.parlimen.gov.my/Undang/1990/Bill-DR-34.pdf#search='THAILANDMALAYSIA JOINT AUTHORITY'

17 Memorandum of Understanding between Malaysia and the Socialist Republic of Vietnam for the Exploration and Exploitation of Petroleum in a Defined Area of the Continental Shelf Involving the Two Countries, in Jonathan I. Charney and Lewis M. Alexander (eds.), *International Maritime Boundaries*, Vol.III, Martinus Nijhoff Publishers (1998), pp.2335-2344.

18 タイとマレーシアの覚書と、マレーシアとベトナムの覚書は、境界を中間線とすることには問題がなかったが、特定の地形にどのような効果を与えるかをめぐり境界を画定できず、その結果として共同開発を行うこととなった例である。

19 Treaty between the Federal Republic of Nigeria and the Democratic Republic of Sao Tome and Principe on the Joint Development of Petroleum and other Resources, in Respect of Areas of the Exclusive Economic Zone of the Two States. 以下、特段の断りがない限り、諸外国の協定は次のサイトから入手した。http://www.un.org/Depts/los/LEGISLATIONANDTREATIES/index.htm

20 David A. Colson and Robert W. Smith (eds.), *International Maritime Boundaries*, Vol.V, Martinus Nijhoff Publishers (2005), p.3641.

21 *Ibid.*, p.3640.

22 Treaty between Australia and the Republic of Indonesia on the Zone of Cooperation in an Area between the Indonesian Province of East Timor and Northern Australia, in Jonathan I. Charney and Lewis M. Alexander (eds.), *International Maritime Boundaries*, Vol.II, Martinus Nijhoff Publishers (1996), pp.1256-1328.

23 *Ibid.*, pp.1251-1252.
24 Timor Sea Arrangement, Attachment A, Memorandum of Understanding, July 2001, in Jonathan I. Charney and Robert W. Smith (eds.), *International Maritime Boundaries*, Vol.IV, Martinus Nijhoff Publishers (2002), pp.2769-2795.
25 Timor Sea Treaty.
26 Management and Cooperation Agreement between the Government of the Republic of Senegal and the Government of the Republic of Guinea-Bissau. なお、ギニア・ビサウが1989年の仲裁判決の効力を争っていた中で、共同開発協定の署名時に両国間の大陸棚の境界が画定していたか否かは議論の余地があり得よう。但し、現時点で共同開発協定の運用を考えるに当たっては、もはや仲裁判決の効力は争われておらず、客観的には1960年の合意の有効性は否定されていないと思われる。
27 Agreement between Sudan and Saudi Arabia Relating to the Joint Exploitation of the Natural Resources of the Sea-bed and Sub-soil of the Red Sea in the Common Zone, in Robin Churchill, Myron Nordquist and S. Houston Lay (eds.), *New Directions in the Law of the Sea*, Documents - Vol.V, Oceanic Publications, Inc. (1977), pp.393-397.
28 Agreement on the Continental Shelf Between Iceland and Jan Mayen.
29 Report and Recommendations to the Governments of Iceland and Norway of the Conciliation Commission on the Continental Shelf Area between Iceland and Jan Mayen, *International Legal Materials*, Vol.XX No. 4 (July 1981), pp.797-842.
30 協定は、刑事管轄権のみを分割するが、石油施設にとっては民事管轄権の方が重要であるとの指摘もある。Ian Townsend-Gault, "The Malaysia/Thailand Joint Development Arrangement", in Hazel Fox (ed.), *supra* note 5, pp.103-104.
31 Protocol of Agreement Relating to the Organization and Operation of the Agency for Management and Co-operation between the Republic of Senegal and the Republic of Guinea-Bissau, instituted by the Agreement of 14 October 1993, in *supra* note 17, pp.2260-2278.
32 Joint Declaration, Cooperation Over Offshore Activities in the South West Atlantic, 27 September 1995, *International Legal Materials*, Vol.XXXV, No.2 (March 1996), pp.304-308. 同共同声明の解説については、次を参照。Robin R Churchill, "Falkland Islands–Maritime Jurisdiction and Co-operative Arrangements with Argentina", *International and Comparative Law Quarterly*, Vol.46, Part 2 (1997), pp.463-477.
33 但し、2007年3月29日、英外務省報道官は、アルゼンチンが共同声明から脱退 (withdraw) することを決定したと述べており、この宣言に基づく協力は成功していない模様である。
34 Maritime Delimitation Treaty between Jamaica and the Republic of Colombia.
35 Petroleum Regulations 2003, Nigeria- Sao Tome and Principe Joint Development Authority, at http://www.nigeriasaotomejda.com/
36 *Case Concerning the Land and Maritime Boundary between Cameroon and Nigeria (Cameroon v. Nigeria: Equatorial Guinea intervening)*, Judgment of 10 December 2002, paras.302-304, at http://www.icj-cij.org/docket/index.php?p1=3&p2=3&code=cn&case=94&k=74
37 セネガルとギニア・ビサウの協定の対象海域での探査活動は1958年から始められていたとされる。http://www.agc.sn/fr/index.php
38 *Supra* note 20, p.3639 note1.
39 Agreement between Qatar and Abu Dhabi on the Settlement of Maritime Boundaries and Ownership of Islands. なお、本協定にはサウジ・アラビアが抗議している。
40 *Supra* note 22, pp.1542-1543. 協定は、協定締結に先立って掘削を行っていたAbu Dhabi Marine Areas Ltd. が引き続き開発を行うとする。
41 Bahrain-Saudi Arabia Boundary Agreement, 22 February 1958.

42 *Supra* note 22, p.1490.
43 Treaty between the Government of the Democratic Republic of Timor-Leste and the Government of Australia on Certain Maritime Arrangements in the Timor Sea, at http://www.timorseada.org/pdf_files/060113%20CMATS%20Signature%20Text%20-%20Timor%20alternative%20-%20REFORMATTED.pdf 同協定の豪州側の解説については次を参照。http://www.dfat.gov.au/geo/east_timor/fs_maritime_arrangements.html
44 http://www.icj-cij.org/jurisdiction/index.php?p1=5&p2=1&p3=3&code=AU
45 http://www.un.org/Depts/los/settlement_of_disputes/choice_procedure.htm
46 Annex 1, Agreement between the Kingdom of Saudi Arabia and the State of Kuwait Concerning the Submerged Area Adjacent to the Divided Zone.
47 Memorandum of Understanding between the Royal Government of Cambodia and the Royal Thai Government Regarding the Area of Their Overlapping Maritime Claims to the Continental Shelf, *supra* note 20, pp.3743-3744; also at http://122.0.0.22/treaty/imgservice/cgi-bin/dsptiff.asp?GroupID=0005&FileID=6261&fname=.TIF
48 2004年に発効したバルバドスとガイアナの間のEEZの協力に関する合意は、あくまでもUNCLOS第74条3に基づく合意であり、大陸棚の共同開発協定ではないが、非生物資源につき、共同で管轄権を行使するとしつつ、その合意が書面により得られない場合には、双方とも管轄権を行使できないとする。Exclusive Economic Zone Co-operation Treaty between the State of Barbados and the Republic of Guyana concerning the exercise of jurisdiction in their exclusive economic zones in the area of bilateral overlap within each of their outer limits and beyond the outer limits of the exclusive economic zones of the other States, *supra* note 20, pp.3587-3597.
49 William T. Onorato, "Apportionment of an International Common Petroleum Deposit", *International and Comparative Law Quarterly*, Vol.26 Part 2 (April 1977), p.337.
50 David M. Ong, *supra* note 1, pp.792-798; 三好正弘「日中間の排他的経済水域と大陸棚の問題」栗林忠男・秋山昌廣編『海の国際秩序と海洋政策』(東信堂、2006年)274頁; 西村弓「日中大陸棚の境界画定問題とその処理方策」『ジュリスト』第1321号(2006年10月15日)56-57頁; Peter D Cameron, "The Rules of Engagement: Developing Cross-Border Petroleum Deposits in the North Sea and the Caribbean", *International and Comparative Law Quarterly*, Vol.55 Part 3 (July 2006), p.561.
51 Robin R Churchill, "Joint Development Zones: International Legal Issues", in Hazel Fox (ed.), *supra* note 5, p.67.
52 Douglas M Johnston and Phillip M Saunders, "Ocean Boundary Issues and Developments in Regional Perspective", in Douglas M. Johnston and Philip M. Saunders (eds.), *supra* note 12, p.319-328. なお、最近の中国の論者の指摘としては、次を参照。Gao Jianjun, "Joint Development in the East China Sea: Not an Easier Challenge than Delimitation", *The International Journal of Marine and Coastal Law*, 23 (2008), pp.68-69.
53 Agreement between the Government of Australia and the Government of the Democratic Republic of Timor-Leste relating to the Unitisation of the Sunrise and Troubadour Fields.
54 Vaughan Lowe, Christopher Carleton, Christopher Ward, *In the Matter of East Timor's Maritime Boundaries Opinion* (11 April 2002), paras.47-49, at http://www.petrotimor.com/lglop.html
55 探査権が試掘権よりも範囲が広いことについて、例えば、昭和53年6月6日参議院商工委員会(議事録15頁)の吉田徳昌資源エネルギー庁石油部長の答弁参照。
56 日本国と大韓民国との間の両国に隣接する大陸棚の南部の共同開発に関する協定の実施に伴う石油及び可燃性天然ガス資源の開発に関する特別措置法。

57 大陸棚の共同開発とは別の観点からであるが、陸の国家の秩序維持原理の延長線上に国家の海域に関する管轄権を海域別、機能別に調整するという手法や、従前の国際法に基本的な領域原理の限界を論ずる含蓄のある指摘もある。奥脇直也「海洋秩序の憲法化と現代国際法の機能―『海を護る』("Securing the Ocean")の概念について―」栗林忠男・秋山昌廣編『海の国際秩序と海洋政策』(東信堂、2006年)21-56頁。

58 CMATS協定第4条7項は、The Parties shall not be under an obligation to negotiate permanent maritime boundaries for the period of this Treatyと規定する。これは、共同開発を境界画定に優先させているという意味で興味深い規定である。なお、読み方によっては、境界画定までの過渡的期間には、通常であれば境界画定について交渉する義務があるとも解釈し得る。当事国がそこまで意図していたのか、あるいは単なる確認的な規定であるのかは定かではなく、政治的に安定的な秩序を創出したいとの思惑もあり得たであろうが、共同開発を検討するに当たり考えさせられる規定である。

59 Annual Report 2003-2004, p.90, Department of Foreign Affairs and Trade, Australian Government, at http://www.dfat.gov.au/dept/annual_reports/03_04/downloads/DFAT_AR_03-04.pdf

第5章 200海里を越える大陸棚の限界設定をめぐる一考察

兼原　敦子

Ⅰ　はじめに
　1　200海里を越える大陸棚制度（OCS制度）
　2　OCS制度におけるLOSC82条の利益配分制度の適用
Ⅱ　大陸棚への沿岸国権利の根拠
　1　OCS制度構築に際しての沿岸国権原に関わる議論
　2　大陸棚制度の慣習国際法化
　3　大陸棚沿岸国の権原の「根本性」と「固有性」
Ⅲ　OCS制度における大陸棚沿岸国の権原論
　1　OCS制度の条約上の制度としての特別性
　2　OCS限界設定手続をめぐる沿岸国権原の議論
Ⅳ　OCS制度における科学的要因とLOSC76条の解釈
　1　科学的要因を含む用語と科学的知見
　2　科学的要因を含む用語の解釈
　3　「反証」規定の解釈
Ⅴ　OCS限界設定における沿岸国・委員会・他国の関係
　1　OCS限界設定と境界画定・領域紛争
　2　OCS限界設定をめぐるそれ以外の紛争
Ⅵ　おわりに

I　はじめに

1　200海里を越える大陸棚制度（OCS制度）

　2007年7月にロシアの海洋調査船が北極点海底に国旗をたてたことは、世界の耳目を集めた。ロシアは当該海底に自国の大陸棚を設定し、海底資源の探査や開発の主権的権利を行使する企図である。さらにイギリスが、南極海域において大陸棚を設定する意思を公言した。これについては、南極条約（イギリスも締約国）4条が領土権・請求権を凍結していることとの関連もあり、やはり即時に世界の強い関心を引いた[1]。

　このように、続けざまに大国が大陸棚の設定に著しい意欲をみせたのだが、その理由はどこにあるのだろうか。

　こうした海底資源への国家の欲求を満たすと期待されるのが、1982年国連海洋法条約（LOSC）76条が設立した200海里を越える大陸棚（以下、200海里を越える大陸棚のみを指す場合には、「OCS」と記す）の制度である。大陸棚制度はすでに1958年の大陸棚条約（CSC）で設立され、その中核をなす規定群（CSC1条から3条）は、慣習国際法化したとみなされている[2]。CSCと慣習国際法によれば、大陸棚制度の中核の一環として、沿岸国は大陸棚の天然資源の探査・開発につき、包括的で排他的な主権的権利をもつ。

　LOSCでは第五部が大陸棚に関する規定をおく。それらによれば、一方で、領海の幅をはかる基線から200海里の距離までの海底は、大陸棚縁辺部の外縁（outer edge of continental margin）がそこまで延びていなくても法的に大陸棚とみなされ、200海里以内の大陸棚では基本的にCSC以来の大陸棚制度が温存されている[3]。他方で、200海里を越える海底については、LOSCが新たにOCS制度を設立した。76条1項は、領土の海底への自然の延長をたどり、200海里を越えても大陸縁辺部外縁までを大陸棚とする。大陸縁辺部は、棚（shelf）、斜面（slope）、コンチネンタル・ライズ（rise）からなる。同条3項から6項の規定に従い、沿岸国は大陸棚の限界（以下、200海里を越える大陸棚限界を「OCS限界」と記す）を設定できる。それに際して沿岸国は、同8項の大陸棚限界委員会（委員会）にOCS限界に関する情報を提出し（以下、「申請」と記す）、委員会の勧告に基づいてOCS限界設定を行う。

　日本も、海洋基本法採択後に強化された海洋政策決定の体制の下で、委員会への申請期限である2009年5月に向けて準備を進めており、本章執筆中の

現在は、まさにその準備の渦中にある[4]。そこで本章は、OCS制度が内包する問題群の中からOCS限界設定に関わる三つの論点について、日本のOCS限界設定に密接に関連する側面にも留意しながらこれらを検討する。

　第一に、大陸棚への沿岸国の主権的権利の根拠（本章ⅡおよびⅢ）、第二に、OCS限界設定の基点となる大陸棚脚部の決定という問題を中心に、日本の太平洋側の海底がもつ特徴に照らして76条関連規定群が内包する解釈（本章Ⅳ）、第三に、OCS限界設定における、沿岸国・委員会・他のLOSC当事国等の関係（本章Ⅴ）である。第一の論点は、OCS制度のみならず大陸棚制度の根幹にも関わる。よって、これをやや詳細にとりあげることとし、本章のⅡでは大陸棚沿岸国の権原をめぐる議論の諸側面を整理した上で、本章のⅢではOCS制度に焦点を限定して、OCS限界設定をめぐる諸点に現れる沿岸国権原論を検討することにしたい。

　なお、本章では、大陸棚沿岸国の「権原」という用語を、大陸棚沿岸国の権利につき、その権利が「なぜ与えられる（to be entitled）のか」、なぜ沿岸国が大陸棚を排他的に使用できるのか、そのような行為の正当化は何に由来するのか、といった側面に注目して沿岸国の権利を議論していることを明確にするために用いている。「主権的権利」は大陸棚沿岸国の機能や目的（海底資源の探査・開発など）に視点をおいて使用されることも多いために、それに代えてここに述べた趣旨で適当な場合には沿岸国「権原」という用語を用いることにする。したがって、本稿でのこの用語法は、領域「権原」が領域権を取得する原因や根拠となる事実そのものを指すのとは、いわば位相を必ずしも同じくはしていない。

2　OCS制度におけるLOSC82条の利益配分制度の適用

　LOSC82条は200海里を越える大陸棚からの非生物資源の開発利益につき、利益配分（revenue sharing）制度を規定している[5]。後述のようにOCS制度と利益配分制度とを同時に設立することにより、つまりはいわゆる包括交渉（package-deal）により76条のOCS制度が実現した。OCS制度が実現して沿岸国の主権的権利が沿岸から200海里を越えて伸長すると深海底制度の適用範囲が狭まり、深海底制度からの利益配分が縮小されることを回避しようとした諸国も、OCS制度設立の反対派を構成していた。それらの諸国の利益も反映

しつつ、OCS制度を実現するように交渉が行われたのである。

82条の利益配分制度は、規定の解釈においてのみならず、実際にOCSの開発段階となり利益配分制度を運用するに際しても、相当の困難に直面することが予想されている[6]。具体的には、200海里を基準として利益配分制度の適用の有無が決定されることや、非生物資源だけが対象であることの意味、海底開発機構を通じて(through)沿岸国が利益拠出を行い、同機構は衡平な基準に従ってこれを諸国に配分するが、82条の趣旨(OCS制度と深海底制度との調整であり、OCS制度の反対派と賛成派の利益バランスの確保)の実現をになうための同機構の権限や機能は明定されていないことなどが、解釈や運用上の争点として浮上してくる可能性がある。また、たとえばある沿岸国のOCSと深海底を覆って海底資源が分布する場合に、利益配分制度をいかに適用するかなど運用上で複雑かつ重要な問題も多く想起される[7]。

本章では、OCS制度には82条の利益配分制度の適用があることに適宜留意するが、OCS限界設定に焦点をあてているために、これらの問題群の指摘にとどめておく。

以下では、先に挙げた三つの論点をこの順序でとりあげていくことにしたい。

II 大陸棚への沿岸国権利の根拠

1 OCS制度構築に際しての沿岸国権原に関わる議論

(1) LOSC76条起草過程における主張

大陸棚への沿岸国権原はLOSCに基づくのか、LOSCから独立に存立する権原であるのか、その実体的な根拠は何か、しかもそれは200海里以内と200海里を越えるCSとで同じなのか。これらの問題が、講学的議論にはとどまらない意義をもつことは、LOSCのOCS制度起草過程でも露見している。大陸棚への沿岸国権原が根本的であるとか固有性を帯びるといった主張は、OCS制度推進派の主要な論拠であった。これに対して反対派は、OCS制度を認めれば深海底制度とその理念である「人類の共同遺産」概念の意義が縮減されることに対する反対を、みずからの主たる論拠としていた[8]。

OCS制度推進派は広い大陸縁辺部をもつ諸国(broad margin countries)であるが、それらは、OCS反対派に対して、沿岸国はLOSC以前より領土の自然の

延長をなす大陸棚に対して権原をもっていたのであり、それは維持されるべきであるという主張も行っている[9]。こうした見解は、沿岸国権原が慣習国際法に基づくという主張なのか、それとも(その法源は慣習国際法であるとしても)権原の実体的な理由という点で「陸は海を支配する」という法理に(も)根拠づけられているという主張なのかは不明ではある。しかし、かかる見解がいわんとするところは、OCSをふくむ大陸棚への沿岸国権原は、LOSCに依拠しなくてもすでに国際法上確立しているという趣旨であろう。かつ、かかる沿岸国権原を、LOSCはいわば「前提ないしは所与」とすべきであり、これを制限したり否定したりすべきではないという含意もあったかもしれない。

(2) 沿岸国権原論の重要性

大陸棚への沿岸国権原が何に基づくにせよ、沿岸国の主権的権利の行使が実際上でLOSCに適合していれば、権原に関わる問題にまでたどってあえてこれを論ずる機会は表面化しにくい。また、OCS関連規定群(76条のOCS限界設定に関わる規定群、82条のOCSについてのみ適用のある利益配分規定)が、解釈対立の余地を残しにくい程度に明確な規定振りであれば、やはり、実際上のOCS限界設定や利益配分制度の運用に際して、沿岸国権原に関わる側面においてまで対立が生ずることは回避されうるかもしれない。

けれども、OCSに沿岸国の権利を認めるか否かにつき、LOSC起草過程では明白で複雑な対立が長期間続いたのであり、個々の論点ごとに議論をつくして妥協が得られたわけでもなく、微妙なバランスをとりつつ包括交渉(パッケージ・ディール)により関連条文群が成立している[10]。しかも、OCS限界設定に関する76条の関連条項や82条の規定振りにも顕著なように、OCS制度に関する規定群は明確さを欠いていたり不備をともなっていたりしている。とにかく対立する両陣営間のコンセンサスに到達することを至上課題としていたために、両者間の利益を実質的に考量してこれを調整するという有意味な妥協というよりも、場合によっては空虚な政治的妥協により条文が採択されたようにみえる。その結果として、条文規定の明確さや具体性が相当な程度に犠牲にされたとも推測されるのである[11]。

そうした背景と現実の条文群が露呈する限界からすれば、OCS制度が成立したとはいえ、発効したLOSCの関連条文群が実際に解釈・適用される段階になっても、依然として沿岸国権原にさかのぼって対立が繰り返されること

は、十分に予想できるのである。しかも、大陸棚への沿岸国権原の問題は、単にOCS制度の存立根拠に関わるだけではない。それは、たとえば、OCS限界設定における沿岸国の一方的行為の法的効果、委員会の権限と機能、沿岸国と委員会の権限関係など、他の重要な問題にも密接に関連するため、こうした問題群をめぐる対立へとも波及していきかねない。それゆえに、大陸棚への沿岸国権原に関わる問題を検討することは、LOSC発効後であっても、関連規定群の適当な解釈・適用に基づいたOCS制度および利益配分制度の適当な実施を導くために、やはり重要な意義をもつのである。

そこで、大陸棚沿岸国の権原の性質につき、いくつかの側面に整理してみていくことにしたい。

2 大陸棚制度の慣習国際法化

1958年にCSCが大陸棚制度を設立したが、上述のように、すでに1969年の北海大陸棚事件においてICJは、CSCの1条から3条は慣習国際法であると宣言した。CSCを批准しなかった日本も、慣習国際法に依拠して大陸棚への主権的権利を行使している。

日本がCSCを批准しなかったのは、大陸棚資源に含まれその探査・開発につき沿岸国が主権的権利をもつ定着性生物資源の範囲をめぐり、諸国と見解が対立したためである[12]。けれども、大陸棚上の掘削活動に対する日本の課税権をめぐる国内訴訟において、東京地方裁判所は北海大陸棚事件でのICJ判決に依拠し、大陸棚制度の基本をなしており沿岸国の主権的権利を定めるCSC1条から3条は、定着性生物性資源に関する部分以外は慣習国際法化しており、日本もその慣習国際法上の主権的権利を享受できるとともに行使できるとした[13]。

このように裁判所は、CSC1条から3条が慣習国際法化しているとし、日本の主権的権利をこれにより根拠づけた。なお、CSC1条から3条が慣習国際法化しているとしても、とくに同1条にいう大陸棚の定義では、大陸棚の外延は特定されない。200メートルの水深基準と開発可能性基準によっては、大陸棚の限界は決定できないからである[14]。けれども当該事件では、問題の掘削活動が行われた海底区域につき、それが日本の大陸棚の範囲であるかはとくに争点にはならなかった。日本の大陸棚が及ぶ範囲は問題にする必要がな

かったのである。それゆえに、沿岸国が大陸棚の資源の探査・開発に関する主権的権利をもつことが慣習法国際法化していることと、かかる主権的権利には本件で争われたような課税権が含まれることをもって、裁判所は日本の課税権に国際法上の根拠を認めることができたのである。

3　大陸棚沿岸国の権原の「根本性」と「固有性」

(1)　北海大陸棚事件における沿岸国権原の定義

北海大陸棚事件でICJは、領土から海底へと自然の延長をなす大陸棚へは、領土への主権ゆえに事実上かつ始原的に（*ipso facto* and *ab initio*）沿岸国の権利が及ぶとした[15]。「領土への主権ゆえに」というのは、ICJが先例でも示してきた「陸は海を支配する」という原則から導かれている[16]。大陸棚は領土から海の下へ継続して延びている陸であるから、大陸棚への沿岸国権原の性質は、領域主権と同様にとらえられているといえよう。北海大陸棚事件判決は、沿岸国の権利を定める法はCSC2条に具現されているが、それから全く独立でもあり、その法によれば沿岸国の権利は、実効的先占や権利の実際の行使に依拠することがなく、国家に固有の権利（inherent right）であるとしている[17]。

こうした説明では、大陸棚の沿岸国権原が慣習国際法に根拠をもつことに加えて、少なくとも二つの点が論じられている。第一には、沿岸国の権原が何を理由（rationale）とするかという問題である。第二には、権原の根拠や理由によっては、いわばその効果あるいは論理的結論として、権原取得と維持のためには、実効的先占や実際の権利行使は要件とはならないかという問題である。両者は、必ずしも厳格に区別されるわけではなく、第一の点が前提となって、第二の点が結果として生ずるともいえる。以下では、概念的な混乱を回避するために、第一の点を大陸棚沿岸国の権原の「根本的な」性質ないしは「根本性」に関わる問題、第二の点を、沿岸国権原の「固有の」性質ないしは「固有性」と表現して、さらに検討を加えておきたい。

(2)　沿岸国権原の「根本性」

沿岸国権原の根本性については、沿岸国権原の実体的な理由が「陸は海を支配する」という原則により説明されるが、そもそもそれは何を意味するのであろうか。

「陸は海を支配する」という原則が、（たしかに、陸地が沿岸を与え、この沿岸

をあらう水が広がる部分として海が定義されるのであるから）物理的事実を述べるのか、それとも物理的な事実が言明として定式化されて法原則としての効力をもつに至っているものなのかは、必ずしも明らかではない。これを宣言したノルウェー漁業事件に際してのICJ判決や[18]、北海大陸棚事件での類似の言明[19]をみても、その点についての説明や論証が十分に行われているわけでもない[20]。「陸は海を支配する」という原則そのものはさしあたり前提とするならば、それによりなぜ沿岸国が大陸棚に権原をもつかといえば、国は陸に対して領土主権をもち、海に覆われてはいるものの海の下で陸地が延長している部分が大陸棚なのであるから、大陸棚に対する当該国の領土主権もまた、当然に認められるという論理であろう。

けれども、国家が領土を基本単位として構成されており領土主権が国際法の基本原則であることについては、ここでは所与のものとみなすとしても[21]、大陸棚への沿岸国権原の理由(rationale)における根本性については、次の三つの点に注意すべきであり、疑問も生じうるのである。

第一に、陸からの「延長」というが、その延長を「自然の延長」とよぶにせよ、北海大陸棚事件以来、後続の裁判実践でも繰り返し自然の延長が「法的な」概念であり、同様に大陸棚それ自体も「法的な」概念であることが宣言されてきている[22]。「自然の延長」は、後にもみるように物理的な観点からもその定義は一様ではないが、それだけではなく、「自然の延長」を大陸棚の定義を構成する要因として、国際法がこれを法的に定義しているのである。つまり、領土主権原則および「陸は海を支配する」原則はそれとして認めるとしても、「延長」もしくは「自然の延長」については、物理的な事実がこれを特定しているのではなく、あらためて法の作用によりいずれかの要因を選択し決定するという操作が介在しているのである[23]。そして、北海大陸棚事件判決やそれを反映したLOSC76条1項は、自然の延長を大陸棚の定義の根幹に据えているのであるから、大陸棚の定義それ自体も法的な概念である。

そうである以上、北海大陸棚事件判決は「事実上かつ始原的に」大陸棚沿岸国の権利が存在するというが、「事実」だけでは法による権利付与として完全ではない。物理的事実に法があらためて定義を与えた上で法的効果を定めるという過程が介在しているからである。つまりは、「事実上」ではなく「法的に」沿岸国が大陸棚に対して権利をもつのである[24]。同様に、「始原的 *ab initio*」という点についても、やはり法が介在してそのように「選択し決める」のである

から、法が「選択し決める」「時点」から沿岸国が権利を有するのであって、「始原的に」という表現がそれ以外の意味をもつとすれば理解しにくい[25]。

　第二に、大陸棚制度の創立期に、まさに国際社会は少なくとも三つの見解の中から一つを「選び」、現行の制度を敷くことに「決定」したのである。三つの見解とは、(i)大陸棚をres nulliusとして、自由な探査・開発とともに実効的先占を認める、(ii)大陸棚をres communisとして、本来は国際制度を通じた探査・開発により国際社会にその利益などが帰属するが、実際には沿岸国にそれらを委ねる、(iii)沿岸国の排他的権利を導入するというものである[26]。そして、CSCは第三の見解を採用し、LOSCもこれを踏襲している。沿岸国は、大陸棚の資源の探査・開発という機能や目的に限定はされるが、その範囲では包括的で排他的な主権的権利を有するのである。

　このように、領土に対して主権国家は領土主権をもつが、大陸棚が陸地の延長ではあるとしても、大陸棚に対する「領土主権」が沿岸国に付与されたわけではない。CSCおよびLOSCにおいて、大陸棚沿岸国は制限のある「主権的権利」をもつ。その機能や目的に適合する限りでは、沿岸国の主権的権利は領土主権のように包括的で排他的であるとしても、領土主権そのものとはいえない。そして、大陸棚に対して「陸」に対するのと同じ領土主権は認めずに、あらたな観念の権利を付与するという大陸棚制度を構築したのは、まさに、国際法による選択であり決定である。

　したがって、国際法は「自然の延長」を法的に定義するとともに、陸からの自然の延長をなす大陸棚としてこれも法的に定義した上で、沿岸国の主権的権利の及ぶ海底区域としての大陸棚制度を構築したのである。

　第三に、大陸棚沿岸国の権利および大陸棚制度につきかかる選択や決定がなされた社会的・政治的・経済的理由としては、次の諸点を考えることができる。たとえば、大陸棚上の資源の探査・開発を行うためには固定構築物が不可欠であるが、そのような方法による探査・開発は沿岸国が行うことが効率的であり、沿岸国が排他的権利を有して資源開発を行うことにより、最も効果的に資源開発を実現できることである。また、外国が自国近海の海底で固定構築物を建設して資源の探査・開発を行おうとすれば、沿岸国は資源利益の確保および独占をめざすだけではなく安全上の理由などにもより、外国や外国企業による活動に対して規制を及ぼそうとするであろう。そしてその結果、外国や外国企業に過重な経済的代償などが求められれば、効率的で効

果的な資源開発が行われえなくなることなどである[27]。

以上で議論してきたように、大陸棚沿岸国の権原につき「陸は海を支配する」という原則や陸への領土主権に根拠を求めるとともに、そこから当然のようにその性質の根本性を主張することには、いくつかの留保を付せざるをえない。

(3) 沿岸国権原の「固有性」

沿岸国権原の性質について先に設定した第二の点、すなわち大陸棚沿岸国の権原の「固有性」(先占や宣言は、権限取得や保持の要件とはならないという性質)についても、やはり疑問が残る。たしかに、沿岸国権原が、その理由の点で根本的であるということを肯定すれば、その論理的な結果として、沿岸国権原の「固有性」を認めることはできなくはない。けれども、沿岸国権原の根本性への疑問に加えて、次の点にも留意すべきである。

CSC起草過程以前の状況では、イギリスのように実際に大陸棚への探査・開発を行っていた国があり、先行する開発実績を大陸棚への権利の根拠にすえる法的構成もありえた。そして国際法はCSC採択に際して実際には(少なくとも)ありうる三つの論理構成の中から、沿岸国の排他的権利という論理を選択して大陸棚制度を構築した。その背景となったと考えうる社会的・経済的・政治的な理由も、上述のとおりである。したがって、沿岸国権原が根本的性質をもち、しかも、先占や宣言が権原取得の要件とはならないという諸国の意識や実践が先行しており、それゆえに沿岸国権原の固有性が、CSC2条3項に反映されたというわけでは必ずしもないのである。

(4) 議論の硬直化

OCS制度をめぐる対立でも顕著であるが、「陸は海を支配する」という原則を理由とする沿岸国権原の根本性や、それとともに固有性を強調することは、対立する見解の間での議論を単純な鋳型にはめこみ硬直化する危険性をもつ。そうした議論からは、関連規定群の適当な解釈を導くための有用な指針をえることもできにくい。とりわけ、沿岸国権原の根本性・固有性と人類の共同遺産概念とを、ただ単に対立構図の両極に置くだけでは、OCS制度の法の発展を阻害することにもなりかねないのである。

しかも、OCS制度はCSCには存在せずLOSCが創設した制度であることか

らすると、OCSへの沿岸国権原は、その特別の制度内においてこそ理解すべき権原といえる。そこで次に、条約上の特別の制度としてのOCS制度という点を確認した上で、続いてOCS限界設定をめぐる諸点で現れる沿岸国権原論をみていきたい。

III　OCS制度における大陸棚沿岸国の権原論

1　OCS制度の条約上の制度としての特別性

　起草過程に鑑みるとともに、OCS限界設定における委員会の介入やOCS制度「のみ」に適用のあるLOSC82条に基づく利益配分制度なども考慮すると、OCS制度は排他的経済水域がLOSC上の特別の（*sui generis*）制度であるのと同様にとらえるのが適当である。そうであるとすれば、OCSへの沿岸国権原はLOSCにこそ基づいており、LOSCに従う限りで存続しうると解される。

　76条の条項群は、諸国の対立から妥協を見出すために包括交渉で微妙なバランスのもとに成立しており、かつ、82条の利益配分規定との抱合せにおいてこそ成立した。しかも、OCS限界の設定には委員会手続が介入し、それは、OCS制度への反対派が深海底制度と人類の共同遺産観念の実現を確保する目的で、OCSが深海底制度を侵食しないようにOCSの広がる範囲を制限する趣旨を反映させた結果である。

　つまり、LOSCの起草過程では、CSC採択時には存在せずあるいは議論の行われなかったあらたな状況（人類の共同遺産観念の反映および深海底制度の設立とOCS制度との調整、1958年以降の海底に関する科学的知見および開発技術の飛躍的発展など）の下で、OCS制度が設立されたのである。それゆえに、OCSへの沿岸国権原の規定は慣習国際法の確認ではなく創設的条文であるという評価があることにも、十分な根拠が伴っているのである[28]。そうである以上、76条の条項群や82条から独立に、OCSへの沿岸国権原をとらえるべきではなく、それは、OCS制度やLOSCの規定趣旨の枠内で存立すると解されるのが妥当であろう。

　このような理解を前提として、それでは、OCS制度のとりわけ限界設定手続をめぐり、大陸棚沿岸国の権原論はどのような争点を惹起しているのであろうか。この点を、次にみていくことにする。

2 OCS限界設定手続をめぐる沿岸国権原の議論

(1) 委員会勧告の効果

OCS制度に関する対立は、単純化すれば、広大なOCSを獲得できる国と、狭小なOCSしか獲得できない地理的条件の下にある国や内陸国、途上国、広大な大陸棚を開発する能力の伴わない国などとの対立に起因する[29]。先述のように前者は、沿岸国の大陸棚への権原の根本性や固有性を根拠にすえる主張をすることもあった。

OCS制度の起草過程において、たとえば、76条8項によれば沿岸国がOCSの限界設定を委員会勧告に「基づいて (on the basis of)」行えば、かかる限界は「最終的で拘束力」をもつ。「基づいて」という表現は、「考慮して (taking into account)」よりも、委員会勧告の効果を強める趣旨で修正が行われた結果である。それに対する反対が、沿岸国権原の根本性や固有性を理由として主張されたのである[30]。

(2) 沿岸国による一方的なOCS限界設定

すでにLOSCが発効して沿岸国が申請を行い委員会が勧告を出す時期を迎えているが[31]、今後の実際のOCS限界設定において、委員会勧告に基づいて沿岸国がOCS限界設定を実現するという「理想的な」状況ばかりではなく、次のような状況が現実に発生しうることも否定できない。沿岸国が委員会勧告に満足せず、再申請を繰り返してもその事態が解消されなければ、沿岸国は委員会勧告に「基づいて」とはいえないOCS限界を設定することがありうる。あるいは、委員会への申請期限が過ぎてしまった場合や、後に本章Vで説明するが、OCS限界設定が境界画定紛争や領域紛争に関わるために、沿岸国が委員会に申請を行いにくい場合、さらには申請は行ったが委員会での勧告を待つ段階である場合などもある[32]。

それらの場合に、沿岸国が一方的にOCS限界を設定すれば、その限界は76条8項にいう「最終的で拘束的を有する」限界設定ではないが、国際的に対抗力をもちうるのか。それを肯定する見解もあり、かつ、LOSC77条3項(沿岸国の大陸棚への権利は実効的先占や実際の行使に依存しないことを規定する)を根拠として、種々の原因によりOCS限界設定が行われなくても、沿岸国のOCSへの権原に影響がないことも強調されている[33]。

大陸棚への沿岸国権原の根本性を理由として、委員会申請を含むOCS限界設定手続そのものの創出やその意義に反対することは、まさに、上述したような硬直的議論の一例といえよう。陸からの延長であるから当然に沿岸国権原が認められるという理由で、それに関する法的整備を拒否することは、法の営為の否定になりかねない。

他方で、OCS限界設定が委員会の関与する手続を経るべきであるとしても、沿岸国による一方的限界設定の効力をただちに否定することもできない。ただし、その理由は、沿岸国権原の根本性によるのではない。それは、LOSC76条1項がOCSに沿岸国の主権的権利を認めていること、委員会の機能を含むOCS限界設定手続につき、LOSCは必ずしも完全に整備をしているとはいえないことなどにある。後者の点に関しては、沿岸国と委員会との見解の相違を最終的に解決する手続について、LOSCは規定を設けていないことも指摘できる。

実際に発生しうる状況を想定すると、上で具体的に挙げたように、沿岸国が一方的に限界設定する場合は一義的ではない。沿岸国が委員会手続を経ようとする意思も全くもたずに一方的に限界設定を行うことは、それ自体LOSCの違反である。委員会手続を経ていなくても、沿岸国がOCSに対して主権的権利を有していることは否定できないが[34]、かかる一方的な限界設定は、明白にLOSCに違反した限界設定であり他国に対抗できるとはいえない。これに比して、沿岸国が委員会に申請と再申請を繰り返しても両者の見解の相違が解消されない場合や、境界画定紛争に関わるなどの理由で委員会が勧告を出す権限をもたないと明言しているような事情があって、沿岸国は申請しても委員会勧告を得られない場合もある。これらの場合には、沿岸国に委員会手続を遵守する意思はあっても、沿岸国はなにがしかの事情で委員会勧告を得られないか見解の相違を解消できないのである。

そうした状況で、かりに沿岸国が一方的にOCS限界を設定しても、それと委員会手続を経る意思も全くもたずに一方的に限界設定する場合とを、同様に考えるのは適当ではない。沿岸国側にのみ原因があるのではなく、LOSCの不備にも起因するとか、委員会が検討対象から除外しているような事例の場合には、沿岸国の一方的なOCS限界設定であっても、その76条の規定との適合性や他国の反応のあり方によっては、国際対抗力をもつことは認められるべきであるといえよう。ノルウェー漁業事件でICJが認めたように、海域

限界設定は沿岸国が一方的行為として行いうるが、同時にそれは国際的側面をもつ。そして、その国際的効力については、国際法の設定する規則や基準との適合性と他国の態度他により肯定されうるということである[35]。

(3) LOSC76条8項

また、委員会勧告に「基づいて」沿岸国が設定したOCS限界は、76条8項により「最終的で拘束力を有する」。これは、同条9項が沿岸国にOCS限界が「恒常的に」表示された海図他を国連事務総長に寄託することを義務付けており、そのこととも符合している。「最終的で拘束力を有する」ことの意味を9項も合わせて考えると、「沿岸国が」かかるOCS限界を最終的なものとしこれを変更することは許されず、「沿岸国が」拘束されることについては争いがない。けれども、他国、すなわち、とりわけLOSC当事国に対しても76条8項にいう拘束力が及ぶかにつき、文理からすればこれを肯定する見解が自然であろうが、否定する見解もないではない[36]。なお、本章Vでみるが、ロシアの委員会への申請につき日本を含む数カ国が公式の抗議をしている。これは、委員会勧告に拘束力はないが、それに基いてロシアが設定するOCS限界は、他国に対しても拘束力をもつと想定するがゆえに、ロシアの委員会申請の段階で周到に抗議を行っておくという意図に基づくからであるといえるかもしれない。

他国には76条8項にいう拘束力は及ばないという解釈によれば、他国はLOSC15部の紛争解決規定に従い、沿岸国が委員会勧告に基づいて設定するOCS限界を争う余地をもつ。OCS限界をめぐる紛争は後のVで検討するので[37]、ここでは次の点のみを述べておきたい。

LOSC15部の紛争解決規定群の中には、OCS限界をめぐる紛争につき特別の規定はない。かりに紛争解決規定が存すれば、その解釈によっては、他国が争うことを認めているのであるから、76条8項にいう「最終的で拘束力がある」ことの意味を制限的に解する理由になることはありうる。しかし、LOSC15部にOCS限界をめぐる紛争に関する特別の規定はなく、したがって、紛争解決の観点から「最終的で拘束力がある」ことの解釈について、示唆を得ることはできない[38]。

さらに、より実際的な観点からみれば、次のようにもいえる。委員会勧告に基づき沿岸国が設定したOCS限界は、76条8項により他国をも拘束すると

いう解釈をとっても、他国は、沿岸国の設定したOCS限界が委員会の勧告に「基づいて」いないとしてこれを争う可能性は残る。つまりは、他国に対しても「最終的で拘束力を有する」と解しても解さなくても、争う根拠や争点に制限があるか否かに相違はあるものの、他国が沿岸国による限界設定を争う可能性は残るといわざるをえないのである。そのように考えれば、「最終的で拘束力がある」というのは、他国をも拘束することを意味しているか否かは、実際上の効果においては重大な相違を導くことはないともいえよう。

　海域限界や境界画定の安定性の要請という一般的考慮や、76条8項の規定振り、さらに、沿岸国「だけ」に「最終的で拘束力を有する」効果を認めてもその意義に疑問が残ることなどからして、委員会勧告に基づいて沿岸国が設定したOCS限界は、他国に対しても効果があると解するのが自然である。それにもかかわらず、他国に沿岸国の設定するOCS限界を争う可能性を広く認める見解があるのは、次の基本的発想に依ると考えられる。すなわち、委員会の権限は縮小されるべきであり、OCS限界設定は沿岸国の権限でこそあり、かつ、利害関係をもつ他国との間で、つまりは国家間の「磁場」で決着をつけるべきということである[39]。

　委員会という国際機関への一般的な不信感やその機能への不安はともかく、委員会権限を縮減する発想には、LOSCの起草過程におけるOCS制度設定をめぐる対立と妥協形成が影を落としているといえよう。OCS制度推進派である広大な大陸縁辺部をもつ諸国は、大陸棚への沿岸国権原の根本性や固有性を主張したのであり、委員会手続を介入させることを受諾したのは、いわば主張を後退させて妥協したのである。それゆえに、76条8項の「最終的で拘束力を有する」の解釈問題のような個別具体的な場面で、委員会手続の効果を制限する主張を行うことは、OCS制度推進派にすれば、その限りにおいては当然であるともいえる[40]。

(4)　LOSC77条3項

　LOSC77条3項はCSC2条3項を踏襲しており、大陸棚に対する沿岸国権利が実効的な若しくは名目上の先占または明示の宣言に依存しないことを規定している。同規定を、沿岸国権原の固有性を反映すると解する主張もある。これに対しては、大陸棚沿岸国権原の根本性の論証に対する疑問とともに、根本性の論理的必然として固有性を強調することへの疑問についても、すで

に述べたとおりである。

　OCSへの沿岸国権原という文脈に特定して解すれば、77条3項につき次のようにいえる。77条3項の規定内容は、OCS限界設定が沿岸国の完全な一方的行為によるのではなく、委員会による手続とその権限が介入することと整合しないわけではない。沿岸国が委員会にOCS限界設定のための申請を行わないとか、あるいは沿岸国申請と委員会手続が期待通りに進行しない場合であっても、77条3項ゆえに、沿岸国はOCS限界設定がなくてもOCSへの権原を保持する。そして、その権原は76条に根拠をもつ権原と考えることができるのである。77条3項は、OCS限界設定の不在やその手続が進行していない場合にも、この権原が沿岸国から奪われることがない旨を規定していると解することもできるのである[41]。それ以上には、77条3項は、沿岸国権原の特別な性質を規定していると解する必要はないといえる。

(5) 日本の立場

　日本は、CSC非当事国でありLOSC発効以前には、みずからの大陸棚への権原を、慣習国際法および北海大陸棚事件に依拠するという限りでは、同判決が宣言した根本的原則に基づかせていた。日本は、LOSC当事国として76条の規定に従い委員会への申請を予定するが、LOSCの下でOCSへの沿岸国権原をいかに解しているかは必ずしも明らかにはしていない。日本のような立場の国が、沿岸国権原を76条のOCS制度の枠内でとらえ、委員会と共同でOCS限界設定を実現すれば、沿岸国権原の根本性や固有性を理由に沿岸国利益が強調されすぎる危険性を回避し、OCS制度の発展と76条の適当な解釈に寄与する先進的な国家実践となるのではないだろうか。

IV　OCS制度における科学的要因とLOSC76条の解釈

1　科学的要因を含む用語と科学的知見

　76条1項は、200海里以内では地形・地質の如何にかかわらず、基線から200海里という距離により、法的に大陸棚を定義する[42]。200海里を越える海底区域では、「領土の自然の延長をたどって大陸縁辺部の外縁に至るまで」が大陸棚であり、「自然の延長」がその主たる要件であり沿岸国の主権的権利の根拠である。

大陸縁辺部は、「棚・斜面およびコンチネンタル・ライズから成」り、大洋底および海洋海嶺(oceanic ridge)は含まれない(76条3項)。大陸縁辺部の外縁は、大陸斜面脚部の決定に基づき、76条4項(a)の(i)(堆積岩の厚さによる)か(ii)(大陸斜面脚部からの距離による)のいずれかの方法で設定される[43]。大陸斜面脚部は、反証がない限り、同項(b)に従い決定される。OCS限界はさらに、76条5項、6項によって制限を受ける。

このように、76条はLOSCの中でも目立って科学的要因を含む用語を大量に規定している。そして、「自然の延長」を中心として科学的要因を含む用語群に関しては、科学の分野で見解の多様性がある。それに加えて、LOSC起草時から現在に至るまで科学的知見が発達してきており、それに基づき科学の分野でもこれらの用語群の意味について議論が続けられている。

科学者の間では、76条の条項群につき、地質学的要因や海底地形の生成的要因および形成過程か、それとも地形的要因のいずれが主要で中心的な要因であるにつき、見解が対立している[44]。筆者はこれらにつき論ずる能力をもたないが、おおまかにいえば、海底の地質的組成や過去における形成の過程を重視するのか、それとも、現在のある海底地形の姿をそれとして考慮するのか、という対立のようである。

国際法の観点から興味を引くのは、次の二点である。第一は、科学的要因や科学用語を含む法文の解釈において、科学的知見の発展はいかに反映される(べき)かである。第二は、大陸縁辺部の外縁設定に不可欠な要素である大陸斜面の脚部の決定方法は、76条4項起草過程でも争われたが、同項(b)の「反証のない限り」の解釈と同条項の科学的知見を踏まえた実際上の意味である。これらの二つの点は、次の理由で日本のOCS限界設定にも密接に関連する。

日本海側では近隣諸国との距岸が400海里未満であるために、日本がOCS限界設定を試みるのは太平洋側である。太平洋側では、太平洋型(活動的)大陸縁辺部が分布しているが、76条の関連規定群は当時の科学的知見に基づいており、大西洋型(非活動的)大陸縁辺部を想定して規定しているとされる[45]。そこで、1970年代および1980年代のLOSC起草時から、現在に至り委員会申請時までの間の科学的知見の発展を76条解釈に反映しうるかという点と、「反証」規定の解釈は、日本のOCS限界設定にとっても重要な意義をもちうる[46]。

以下、これらの二つの点を順に検討していこう。

2 科学的要因を含む用語の解釈

(1) 科学的技術的ガイドライン

76条1項の中心概念は「自然の延長」である。「自然の延長」概念は北海大陸棚事件でICJが提示して以来、大陸棚境界画定原則の議論にも多大な影響を与えたし[47]、LOSC76条1項にも残存したのである。一方で、北海大陸棚事件判決が示した自然の延長概念は、地質学的(geological)概念とも解されるが、他方で、LOSC76条1項の同概念は、地形学的(geomorphological)概念であるという解釈が有力でありながら、これを地質学的概念ととらえる説と対立している。同条3項が大陸縁辺部の構成を定義するが、そこにいう棚、大陸斜面、コンチネンタル・ライズも地形学的概念とするのが一般的である[48]。

ところで、1999年に委員会は、科学技術的ガイドライン(ガイドライン)を発布した[49]。このガイドラインの性質については、委員会の権限や機能に鑑みてさしあたり次のように考えることができよう。

委員会は、LOSC76条に「従って」申請を「検討(consider)」し勧告する権限をもつ(附属書Ⅱ、3条1項(a))。この76条に「従って」申請を「検討」するという委員会の機能は、裁判所が行うような法の解釈適用と同様であるとはいえない[50]。それゆえに、委員会が示したガイドラインを、裁判所のような法の解釈適用機関による解釈と同等とみなすことはできにくい。けれども、法の解釈適用機関ではない機関であっても、その機能を果たし権限を行使するに際して法を解釈適用することはありうる。ただ、その解釈適用は司法機関によるものとは、判断要因や重点の置き方などの点で異なりうるということである。したがって、委員会が提示したガイドラインもそのようなものとして、76条に含まれる科学的用語や要因の一つの権威的解釈と評価してもよいであろう。

ガイドラインの内容に関しては、これはLOSC起草時より約20年間の科学的知見を反映した76条の解釈といえる。ガイドラインの一般的評価としては、大陸斜面脚部の決定に際して、太平洋型縁辺部の特徴にもふれ、かつ、地質学的要素(地質構造境界)の考慮を認めているとされる[51]。

(2) 科学的発展の条約解釈への反映

もっとも、国際法の主要な法源である条約の解釈については国際法の規律

があり、ウィーン条約法条約31条がこれを定めている。それによれば、条約締結後の当事国間合意や慣行であれば解釈において考慮される。ガイドラインはそのいずれにも該当しないし法的な拘束力はもたないが、ここに記したような委員会権限や機能との関係で、一定の権威をもつ解釈とみなすことはできよう。

重要なことは、76条が科学的要因を含む用語を豊富に内包していること、LOSC起草時からOCS限界設定が現実に着手されるに至るまでの間に、科学的知見が著しく発展していることである。一方で、このような76条の特徴に鑑みれば、同条の規定およびそこに含まれる概念は本質的に発展的であり、科学的知見の進展を柔軟かつ積極的に反映していくことを想定していると解することに理由がないわけではない[52]。他方で、国際法が主権国家の合意により形成されることや条約法の根本理念に従えば、起草時の内容にこそ主権国家たる当事国が合意を与えたのであり、その安定性保護の要請も看過できない。

これらの両者の要請を調和的に満たすためには、委員会による76条の解釈やその権限行使につき、沿岸国や他国および(OCSの設定によりその範囲が狭められうる)深海底の保護のために海底開発機構などが争う手続を設定することは考えられる。また、委員会勧告に基づいて沿岸国が設定したOCS限界を、他国や海底開発機構などが争う紛争解決手続が担保されれば、沿岸国が設定したOCS限界を審理する前提として、委員会の権限行使の妥当性についても審理される可能性は生じよう[53]。現行のLOSCおよび関連附属書などでは、そのような手続は整備されていない。

科学的要因を含む用語をもつ条文の存在は、たとえば、国際環境保護条約群などでも顕著である。科学的知見の発達に対応しながら継続的な条約適用を確保するために、条約の規定手法における工夫とともに、そのような条約条項の解釈方法の確立は、国際法学がとりわけ現代的に担う課題ともいえよう[54]。

3 「反証」規定の解釈

(1) 「原則対例外」としての解釈

76条4項(b)は、「反証がない限り」同項により大陸斜面脚部を決定すると規

定する。「反証がない限り」は、一般の解釈論理からすれば、反証により同項の定める大陸棚斜面脚部とは異なる脚部決定を主張する国が立証責任を負うことを意味する。また、76条が地形学的要因による自然の延長を規定しており、大陸縁辺部は同じ意味での自然の延長でなければならず、反証規定によってもこの点は変わらないとの見解もある[55]。

この点につき委員会の提示したガイドラインは、76条(b)の規定に従う場合と反証があるといえる場合とを、一般規則(general rule)と例外(exception)であり、後者は前者を補完するとしている。これは、一応は、反証を主張する側が立証責任を負うという解釈であると読める[56]。

さらにガイドラインは、LOSC起草時以後に発達した科学的知見を反映しており、地質学的要因の考慮を許容するとともに、反証となりうる場合を具体的にあげて説明している[57]。論理的には、76条(b)に従う場合と反証がある場合とは「一般規則と例外」の関係にある。けれども実際上で重要なことは、76条(b)の定める大陸棚斜面脚部とは異なる脚部決定を主張する沿岸国が、ガイドラインが排除していない要因(地理学的・地形学的・地質学的要因など)を確実に実証できるか否かということであろう。その意味では、沿岸国申請と委員会審査の実践の集積によってこそ、どの要因がどの程度の量や質のデータおよび情報を伴えば、反証として認められるかが定まっていくともいえる。

(2) 「原則対例外」という構造の相対化

現在の段階ではまだ、ガイドラインを受けて申請国が反証のために提示するデータや情報、また、委員会が反証として認めるそれらの質や量などにつき、実践が集積していく途上にある。それらのデータや情報の質や量のあり方によっては、「反証」規定は、実際上は、解釈論理が示すほど原則対例外として、反証を主張する沿岸国にとり立証責任を負う点で厳格な効果はもたなくなることもありうる。この点に関して想起されるのは、ノルウェー漁業事件である。

同事件判決でICJは、イギリスが主張する領海画定の一般原則の存在をノルウェーも認めており、ノルウェーの直線基線方式はその「一般原則の適用の範囲内」にあるとした[58]。またICJは、海域画定はその事情や地理的形状などをもっとも知りうる沿岸国の一方的行為であるが、海域画定は国際的側面

ももつとして、沿岸国の実践の一貫性と他国(とくに紛争の相手国)の抗議の有無などに注目して、ノルウェーとイギリスとの二国間関係におけるそれらの要因を考慮した上で、イギリスに対するノルウェーの領海画定の対抗力を認定した[59]。海域画定は、地理的・地形的などの科学的要因に加え、歴史的・社会的・経済的など多様な要因の考慮を求めることがある。そうした多様な要因は、当該海域の沿岸国が最もよく知りうるとともに、個々の沿岸国により個別具体的でありうる。そこで同事件判決の論理は、一方で、海域画定は沿岸国の一方的行為であるとすることで、個々の事例の特殊性を活かした。他方で同判決は、領海画定の一般原則の存在を肯定した上で、ノルウェーに特有な事情に基づく方式を、その一般原則の範囲内にあるとすることにより、領海画定に関する国際法原則の存在を確保しつつ、その適用の範囲内に個別の事例を内包するという論理を採用したといえる。さらに同判決は、ノルウェーの直線基線方式のイギリスに対する対抗力という論理枠組を介在させることで、事件の個別性に対して領海画定の一般原則の適用があるということの意味を、同原則への適合性の有無だけではなく、個別具体的な当事国間での効力の観点を導入して一層キメ細やかに判断を示したともいえる。

　LOSC76条4項(b)の反証規定も、解釈の一般原則に従えば同規定の構造は原則対例外であり、反証を主張する側が立証責任を負うと解釈される。けれども、そもそも76条4項(b)の定める脚部決定も機械的ないしは自動的に決定されるのではなく、データや情報により解釈の余地を残すことがありうるであろう。76条4項(b)の定める脚部決定であるのか、それともこれに対する反証であるのかが、要はデータや情報の種類・範囲・必要な質や程度によって左右されるのであるとすれば、同規定の構造についても、原則対例外という構造がゆるやかになって変質していく可能性も排除はされない。大陸棚斜面脚部が、基部における勾配の最も変化する点であるのかそれ以外であるのかよりも、この規定の適用としていかなるデータや情報がどの程度伴えば脚部とみなされうるのかに、重点が移行しうるということである。そうした意味で、科学的知見の発達やそれを踏まえた実践により、同規定の構造もノルウェー漁業事件判決の論理と同様の方向へと変質していくもありうるといえよう。

V　OCS限界設定における沿岸国・委員会・他国の関係

1　OCS限界設定と境界画定・領域紛争

(1)　OCS限界設定と境界画定との論理的な区別

　76条10項は、同条が大陸棚の境界画定に影響を及ぼすものではないことを規定する。それを受けて、委員会の手続規則45およびそれへの附属書Ⅰの核心は、境界画定・領域紛争に関する権限(competence)は国にあることを認める点にある[60]。実際にも、OCS限界設定が境界画定・領域紛争などと関わる状況として、日本に注目して考えると次のような例を挙げることができる。

　2001年にロシアが委員会にOCS限界に関する申請を行ったが、ロシアの提出した情報においていわゆる北方領土がOCS限界設定のための基点に含まれていることから、日本は委員会がこの点につき考慮しないことを公式に要請した[61]。また、日本の太平洋側のOCS限界に関する申請では、LOSC121条に従い沖の鳥島が島として大陸棚を持ちうることを前提とすることになる。領域紛争とはいえないものの、沖の鳥島を島とすることについては、中国が疑問を提起している。すでに本章ⅢでOCSへの沿岸国権原との関連で若干ふれたが、以下では、こうした状況などを想定して、OCS限界設定に関する沿岸国と他国の利害関係につき、OCS限界画定と境界画定紛争との関係を中心として検討を加えておく[62]。

　まず注意すべきは、200海里以内の大陸棚でもそれを越えるOCSでも、大陸棚の限界設定と複数国間の境界画定とは、論理的には別の問題であるという点である。これは、76条10項の意義の問題でもある。

　たとえば、A国とB国のOCS限界が、それぞれある区域まで委員会勧告と沿岸国の行為により設定されたとしても、両国のOCSが重複すれば、あらためて両国間で境界画定を行い、それぞれの限界線からおそらくはそれぞれの沿岸方向に後退した境界線が合意されることになるであろう。200海里以内の大陸棚でも、たとえば日中間の沿岸間は400海里未満であり、両国とも76条1項に従いそれぞれの沿岸から200海里の大陸棚限界の設定を行うことができ、その範囲まで沿岸国権原をもつ。しかし、それぞれの大陸棚が重複するために、日本の主張によれば境界線は中間線であり、かりに中間線を境界線とすることを想定すれば、日本は200海里の大陸棚限界線より日本沿岸方向へ後退した中間線を境界線と認めることになる。

このように、大陸棚の限界設定と境界画定とは論理的に区別されるし、法的にかつ論理的にそれぞれ異なる意義と機能をもつ。したがって、76条10項は、いわば自明の規定であるといえる。

(2) OCS限界設定と境界画定・領域紛争の実際上の関わり方

ところが、委員会は手続規則45とそれへの附属書Ⅰにより、境界画定や領域紛争に関連するOCS限界設定の場合には、境界画定や領域の紛争に関する決定は当事国の権限であるとし、みずからの審理を控える立場をとっている。実際に、ロシアの申請に対する日本の抗議を受けて、委員会は、両国の合意を勧告した。

ここで述べたように、OCS限界設定と境界画定とは区別されるし、領域紛争のすべてがOCS限界設定に関わるわけではない。それにもかかわらず委員会が自己の権限や機能を抑制し、委員会勧告は「勧告」であり法的拘束力をもたないのに、日本や諸国が反応したのは、(勧告に基づき沿岸国が設定するOCS限界は76条8項により他国に対しても拘束力をもつという想定にもよろうが)委員会勧告の実際上の影響力を考慮してのことでもあろう。そうであるならば、論理的区別の問題とは別に、実際にOCS限界に関わりうる境界画定・領域紛争の態様や争点につき、先にみた日本をめぐる具体的な状況などの実態に即して考えると、次のようにいえよう。

海域の幅員をはかる基点や基線に関する争いがある場合には、それはOCS限界設定に影響しうる。他方で、それ以外の境界画定の法理を争うような紛争は、OCS限界設定には影響しにくい。また、そこから大陸棚が設定される陸地についての領域主権の争いについては、日本のロシアの申請に対する抗議を例にとることができる。北方領土への領域主権の所在がこの領域紛争の核心ではあろうが、日本がロシア申請においてOCS限界設定のために北方領土が基点とされていること自体も争う以上は、日ロ間の紛争はロシアのOCS限界設定に影響するといえよう[63]。

2 OCS限界設定をめぐるそれ以外の紛争

複数の沿岸国のOCS限界設定が、両者のOCSの重複を招くような場合には、これをOCSの境界画定紛争ということができる。そのような境界画定につき、

LOSC83条の適用があるかは明記されていないが、83条の適用が必然的に排除されるともいえない。実践はまだ集積するという段階にはないが、OCSの複数沿岸国間の境界画定で、等距離方式が用いられていることやこれを支持する見解がわずかに学説により示されている段階である[64]。

これに比して、境界画定や領域紛争が関わらないで、沿岸国のOCS限界設定を他国などが争う紛争はどのようなものか。すでに、委員会勧告に「基づく」沿岸国による限界設定でも、他国は拘束されずにこれを争う可能性をもつという見解は本章Ⅲでみたとおりである。また、委員会勧告に基づいた沿岸国によるOCS限界設定が、沿岸国のみならず他国を拘束すると解するにせよ、沿岸国によるOCS限界設定が委員会勧告に「基づいて」いるかを争う可能性が残ることも先述のとおりである。そのような紛争の争点は、76条関連条項の解釈適用を争点に含む可能性が大きい。

ある沿岸国によるOCS限界設定につき、個別具体的な利害関係をもたない他国が、76条の解釈適用の紛争の当事国となる動機としては、自国のOCS限界設定をにらみながら76条の権威的解釈を求めるとか、深海底制度の保護を目的とすることなどが考えられる[65]。そのような紛争を、LOSC15部の297条にいう「この条約の解釈又は適用に関する締約国間の紛争」であると認めることは可能ではある。けれども、ここに想定するような理由のいずれに基づくにせよ、個別具体的な利害関係をもたない他国に、紛争解決手続における原告適格が認められるかについては予測しにくい。とりわけ裁判解決を想定すれば、常設国際司法裁判所やICJの先例では、条約上の根拠のある場合を除けばそのような原告適格が認められる先例は見出しにくい[66]。

また、ある沿岸国によるOCS限界設定につき、OCS制度が深海底制度を侵食しないように、LOSC当事国すべての、さらには、国際社会の共通利益のために争われることを認めるのであれば、国際海底機構が紛争解決手続に訴えることのできる原告適格なども含めて、紛争解決条項で明定されるべきであろう[67]。LOSCは、とくに紛争解決を扱う15部においてこの点につき沈黙しているので、今後の発展を待つ他はない[68]。

Ⅵ　おわりに

OCS制度は、科学的要因が重要な意義をもつこともあり、科学的知見の急

速な発展をふまえながら、国際法学からの研究が今後さらに集積していくことを待つ段階にあるともいえる。委員会への申請期限を目前に控えてOCSにおける資源開発が現実の問題として迫っており、科学的議論とともに法的な検討の発展も期待できよう。

　OCS限界設定という問題は、大陸棚への沿岸国権原、科学的発展の条約解釈への反映、深海底制度との調整による国際社会の利益確保など、LOSCのみならず国際法学にとり貴重な論題を豊富に含んでいる。日本の委員会への申請とそれに基づくOCS限界設定、さらには、OCSにおける資源開発と82条の利益配分義務の履行などの実践が、これらの点も含めてOCS制度の発展を先導する貴重な先例となることが、切に期待される。

【注】

1　本章では詳細を論ずることはできないが、南極条約と国連海洋法条約76条による200海里を越える大陸棚制度との関係について、たとえば、A. G. Oude Elferink, "The Continental Shelf of Antarctica: Implications of the Requirement to Make a Submissions to the CLCS under the LOS Convention," *International Journal of Marine and Coastal Law*, Vol.17 (2002), pp.485-520.
2　1969年の北海大陸棚事件判決で国際司法裁判所(ICJ)が、これを宣言している。*ICJ Reports 1969*, para.63. CSC1条は大陸棚の定義、2条は沿岸国の権利、3条は上部水域の地位(公海)を規定する。
3　200海里までの水域については、LOSCが排他的経済水域を設定したが、56条3項は海底およびその下についての権利は第6部の規定(大陸棚に関する規定)によるとしている。実際には、排他的経済水域制度の成立の結果、56条3項の趣旨とは逆に、大陸棚制度の独自性は200海里を越える海底にのみ存続することになるという見方もありうる。とくに、排他的経済水域でも大陸棚でも沿岸国の権利の根拠は200海里という距離にあることがその理由になるともいえる。けれども、リビア対マルタ大陸棚事件でICJが述べたように、大陸棚を伴わない排他的経済水域はないが、排他的経済水域を伴わない大陸棚はあり、200海里以内でも大陸棚制度の独自の意義はある。*ICJ Reports 1985*, para.34.ここでは問題の指摘にとどめる。
4　たとえば、http://www.cas.go.jp/jp/seisaku/tairikudana/kettei.html参照。
5　82条の利益配分制度を扱った文献としてたとえば、A. Chircop, "Operationalizing Article 82 of the United Nations Convention on the Law of the Sea: A New Role for the International Sea Bed Authority?" *Ocean Yearbook*, Vol.18 (2004), p.395 et seq; G. Mingay, "Article 82 of the LOS Convention−Revenue Sharing−The Mining Industry's Perspective," *The International Journal of Marine and Coastal Law*, Vol.21 (2006), p.335 et seq.
6　A. Kanehara, "The Revenue Sharing Scheme with Respect to the Exploitation of the Outer Continental Shelf under Article 82 of the United Nations Convention on the Law of the Sea−A Plethora of Entangling Issues−," Presentation Paper for *The Seminar on the Establishment of the Outer Limits of the Continental Shelf beyond 200 Nautical Miles−Its Implications for International Law−*, February 27th and 28th, 2008, http://www.sof.or.jp/jp/topics/pdf/aca.pdf

(visited on the 30th of April, 2008).

7　なお、日本のOCS限界設定後に実際の資源の開発段階をむかえれば、国際法上の利益拠出義務を国内的にいかに実現するかは現実の問題となる。ライセンス制度などをはじめとして、実際に開発を行う企業に対していかなる規制を行い、また、企業にロイヤルティの支払いを求めるなど日本の利益拠出義務を負担させるか（政府と企業で共同負担するのか、それとも、開発企業に全て負担させるのかも含めて）などに関する政策判断とともに国内法整備が必要となる。

8　S.N.Nandan & Shabtai Rosenne, *United Nations Convention on the Law of the Sea 1982: A Commentary* (hereinafter referred to as *Commentary*) (Dordrecht/ Boston/ London, 1998), p.844.

9　*Ibid.*, pp.842-843, 846.

10　*Ibid.*, p.834; T.Treves, "La limité extérieure du plateau continental: évolution récente de la pratique," *Annuaire française de droit international*, Tome 35 (1989), pp.725-756. LOSC76条1項の国内法化の例として、*ibid.*, p.727.

11　この点は、利益配分制度を規定する82条についても同様である、Kanehara, *op.cit.*, *supra* n. 6.

12　山本草二『海洋法』（三省堂、1992年、164-167頁）。

13　オデコ・ニホン・SA対芝税務署長事件、東京地方裁判所昭和52年4月22日判決、祖川武夫・小田滋編著『日本の裁判所による国際法判例』（三省堂、1991年、164頁）。

14　CSC1条の規定する開発可能性基準は、字義通りに解しても大陸棚の限界を決定しない基準であるが、大陸棚の物理的要素による限定を試みたり近接性基準を導入したりしても、いずれにしても大陸棚の限界設定がなされえないことを、CSC起草過程と学説および国家実践などから詳細に検討するものとして、D. N. Hutchinson, "The Seaward Limit to Continental Shelf Jurisdiction in Customary International Law," *The British Year Book of International Law*, Vol.56 (1985), pp.123 et seq.

15　*Op.cit.*, *supra* n. 2, para.19.

16　領海の領土への依存性、領土こそが海に関する権利を沿岸国に付与することを宣言した先例として、ノルウェー漁業事件、*ICJ Reports 1951*, pp.132-133.

17　前掲注15参照。

18　前掲注16参照。

19　前掲注15参照。

20　上述のように、リビア対マルタ大陸棚事件でICJが、「大陸棚を伴わない排他的経済水域はないが、排他的経済水域を伴わない大陸棚はある」という趣旨のことを述べているのも、「陸は海を支配する」という言明の変型ともいえよう。前掲注3参照。

21　領域国家を国際社会の構成単位とし、とくに明確に定まった領土が国家の構成要素でありこれに対する国家の領土主権を国際法の最も基本的な原則の一つとするということが、近代国際法の成立時において所与であったのかそれ以後にかけて定着したのかなど、国際法の根幹に関わる問題であるが、ここでは、その確認にとどめておく。

22　自然の延長概念や大陸棚概念が法的なそれであることを宣言する先例として、たとえば、1977年イギリス対フランス仏大陸棚境界画定事件、*Report of International Arbitration Awards*, Vol.18 (1977), para.194; チュニジア対リビア大陸棚境界画定事件、*ICJ Reports 1982*, para.42; リビア対マルタ大陸棚境界画定事件、*op.cit.*, *supra* n. 3, para.34.

23　とはいえ、法が物理的事実から乖離しすぎれば法の実効性に影響を及ぼすこともいうまでもない。ここでは、法と物理的事実ないしは科学との関係を一般的に論ずることはできないが、たとえば、D. P. O'Connell, *International Law of the Sea*, Vol.I (Oxford, 1982), pp.440-443.

24　北海大陸棚事件判決でICJ自らが、別の箇所では沿岸国から陸の自然の延長をなす大陸

棚に対しては、「法的に(*ipso jure*)」沿岸国が権利をもつと表現している、*Op.cit., supra* n. 2, para.43; O'Connell, *op.cit., supra* n. 23, p.483.
25 「始原的」という点は、大陸棚沿岸国の権原の取得が先占や公式の権利主張を要件とせず、かりに沿岸国が大陸棚の資源開発に着手せず放置していても、外国がこれの開発を行うことを沿岸国は排除できるという効果と関連する。それは本章で「固有性」と表現している問題であるが、これについては後述する。もっとも、始原的であるという性質は、当該海底区域で先行する資源探査・開発を行っている外国があるような場合に、当該国が歴史的権利などを主張して沿岸国の権原に制限を求めることを排除する意義をもつ。大陸棚の沿岸国権原の固有性の意味についての議論として、たとえば、O'Connell, *op.cit, supra* n. 23, pp.477, 482-483.
26 CSC採択に至るまでに現れた海底の法的地位に関する見解例について、*ibid.*, pp.467-475; 小田滋『海の国際法』下巻(有斐閣、1959年、180-192頁)。なお、res communisかそれともres nulliusかという議論は、公海の法的性質についても行われた。けれども、国際社会には、公物を管理・開発する集権的主体はなく、これらの観念を反映した法制度を実現できるとは限らない。国際法上の制度である公海についても、これらの観念によっては説明しきれないことにつき、O'Connell, *op.cit., supra* n.23, pp.1-20, 792-796.
27 Hutchinson, *op.cit., supra* n.14, pp.114-115. この点は、沿岸国の漁業権と比較すると興味深い。沿岸国が近海の漁業に対する権利を主張するのは、沿岸漁業による経済的利益を求めるからであることはいうまでもないが、当該漁業資源の保存や管理に労力や費用を投じてきたのであり、それを権利に反映しようとするからでもある。これに対して大陸棚については、すでに沿岸国が資源探査に労力や費用を投じてきているのであれば、それを権利に反映することを望むであろう。が、そうでなければ、本文に記したような理由や事情により、沿岸国に排他的権利を付与するのが望ましい選択ということになろう。なお、漁業に関する沿岸国利益の意味とそれが海洋法の発展に与えた影響につき、山本草二『国際漁業紛争と法』(玉川大学出版部、1976年、46、67、95頁)など。
28 第三次国連海洋法会議の議長の見解につき、Treves, *op.cit., supra* n.10, p.727引用参照。
29 こうした対立が生ずることは、海底の開発技術が発展すれば必然ともいえるが、そうした歴史的経緯や諸国の多様な考え方などにつき、Sh. Oda, "International Law of the Resources of the Sea," *Recueil des cours*, Vol.127(2)(1969), Chap. V; 小田滋『注解国連海洋法条約』(有斐閣、1985年、245-252頁)。
30 諸国の見解例につき、*Commentary*, pp.870, 873; *UNCLOS III Official Records*, Vol.VIII, 1981, p.102(Canada); *ibid.*, p.25(United Kingdom); *ibid.*, p.30(France); p.33(Australia); E. D. Brown, *Sea-Bed Energy and Minerals: The International Legal Regime*, Vol.1, The Continental Shelf(Dordrechy/ Boston/ London, 1992), p.32. 諸国の見解例の分析とともに、沿岸国のOCS限界は「委員会の勧告」ではなく「76条に」基づくべきという意見として、T. L. McDorman, "The Role of the Commission on the Limits of the Continental Shelf–A Technical Body in a Political World," *The International Journal of Marine and Coastal Law*, Vol.17(2002), p.313. LOSC附属書Ⅱの3条が規定するように、委員会の任務は「76条に従って」勧告をなすことであるから、その委員会勧告に基づいて沿岸国が設定するOCS限界も76条に適合的であるはずである。このような見解は、委員会がOCS限界設定に関与することへの否定的見解、委員会作業へのある種の不信感に基づくものと考えられる。
31 2008年2月現在、委員会には9件の申請が行われている。
32 ここで詳細にふれることはできないが、76条10項と委員会の手続規則およびその附属書の分析として、A. G. Oude Elferink, "Submissions of Coastal States to the CLCS in Cases of Unresolved Land or Maritime Disputes," in M. H. Nordiquist, J. N. Moore & T. H. Heidar eds., *Legal and Scientific Aspects of Continental Shelf Limits*(hereinafter referred to as *Legal Aspect*),

(Leiden/ Boston, 2004), pp.264-268.
33 「暫定的」外側限界を論ずる例として、*ibid.*, p.274. LOSC 77条3項を根拠に、委員会と沿岸国の見解が相違した場合には沿岸国の権限が優位するとか、76条の要件に従えば沿岸国が一方的にOCS限界設定する権限は必ずしも否定されないことを示唆する見解として、G. Eriksoon, "The Case of Disagreement Between a Coastal State and the Commission on the Limits of the Continental Shelf," in *Legal Aspect*, pp.257-258. OCS限界が設定されていないことは、沿岸国権原に影響しないことにつき、Oude Elferink, *op.cit.*, *supra* n.32, p.275; "The 2nd Report of the Commission on the Legal Issues of the Outer Continental Shelf (hereinafter referred to as *ILA Report*)," *Reports of the 72nd Conference*, International Law Association (Toronto, 2006), pp.216-217. 沿岸国が委員会に申請しないことはいかなる法的効果ももたないという見解が存在した点の確認も含めて、沿岸国のOCS限界設定の権限を強調する見解として、McDorman, *op.cit. supra* n.30, p.306. これは、委員会が国際社会の共通利益を代表する機関ではないという見解にも基づいている、*ibid.*, p.311. LOSC採択後に一方的にOCSへの管轄権を宣言した国家実践と他国による抗議につき、*ibid.*, p.313; Treves, *op.cit.*, n.10, pp.729-731.
34 この点は、沿岸国が委員会への申請期限を徒過した場合であっても同様であり、沿岸国は主権的権利を失うわけではない。
35 *Op.cit.*, *supra* n.16, p.132.
36 肯定する見解として、*ILA Report*, pp.232-233.普遍的拘束力と解する見解、いかなる国も争えないと解する見解等を紹介した上で、沿岸国のみを拘束するという見解を示すものとして、McDorman, *op.cit.*, *supra* n.30, pp.314-315.
37 沿岸国によるOCS限界設定に関して、他国がいかなる利害関係をもつのか、沿岸国との間でどのような態様で紛争が発生しうるかなどについては後述する。
38 委員会と沿岸国との見解が相違する場合を想定して、紛争解決手続も含めた検討がなされるべきであったが、LOSC起草過程ではそれが成果を見なかったことにつき、*Commentary*, p.850; Brown, *op.cit.*, *supra* n.30, p.31.
39 そうした基本的見解を示すものとして、McDorman, *op.cit.*, *supra* n.30, pp.311-317.
40 後にみるLOSC 82条の利益配分制度の起草過程でも、OCS制度推進派と深海底制度の適用範囲とその趣旨の維持を理由としてOCS制度に反対する派との対立があり、両者の妥協として利益配分制度が成立した。ここでもOCS制度推進派は、くりかえし国際海底機構の権限や機能を限定する主張を行っている、Kahehara, *op.cit.*, *supra* n. 6.
41 前注33に挙げた文献を参照。
42 自然の延長概念の要素として、北海大陸棚事件以後のとくにICJ実践では、沿岸の地理(geography)以外には考慮されてこなかったという指摘につき、J. I. Charney, International Maritime Boundaries for the Continental Shelf: The Relevance of Natural Prolongation," in N. Ando & R. Wolfrum, eds., *Liber Amicorum Judge Shigeru Oda*, Vol.2, (The Hague/ London/ New York, 2002), p.1011 et seq.
43 76条4項(a)の(i)か(ii)のいずれの方式によっても、広大な大陸縁辺部を有する諸国(つまりは、76条起草過程におけるOCS制度推進派)は、一般的にそれらの大陸縁辺部のすべてを大陸棚に組み込むことはできず、コンチネンタル・ライズの多くの部分が、OCS制度ではなく深海底制度の適用を受ける海底区域になると指摘されている。したがって、76条4項は、OCS制度推進派が妥協としてこれを受諾した結果として成立したといえる。この点につき、*Commentary*, p.850 et seq; Hutchinson, *op.cit.*, *supra* n.14, pp.178-179.
44 76条起草過程での諸国の見解もこの点で一義的ではないことにつき、*ILA Report*, pp.217-218. 自然の延長を基本的に地形学的(geomorphological)概念でとらえる見解として、S.Th. Gudlaugsson, "Natural Prolongation and the Concept of the Continental Margin for

the Purpose of Article 76," in *Legal Aspect*, p.61 et seq. とくに反証規定につき、後述の委員会によるガイドラインで地質学的要因の考慮が含まれていることにつき、R. T. Haworth, "Determination of the Foot of the Continental Slope by Means of Evidence to the Contrary to the General Rule," in *ibid.*, p.121 et seq.海嶺や海底の高まりなどの定義につき、地質学的要因の考慮にふれるものとして、H. Brekke and Ph. A. Symonds, "The Ridge Provisions of Article 76 of the UN Convention on the Law of the Sea," in *ibid.*, p.169 et seq.
45　棚橋学「日本周辺海域における大陸棚延伸、限界画定の問題点」(『学術の動向』2005.2、12頁); Haworth, *op.cit.*, *supra* n. 44, pp.129-130.
46　日本の太平洋側OCS限界設定では、76条4項(a)(i)による大陸棚延伸の可能性は殆ど無いという見解として、棚橋前掲注45。
47　北海大陸棚事件以後の大陸棚境界画定の法理の発展について、拙稿「大陸棚の境界画定における衡平の原則―慣習国際法の形成過程の視点に基づいて―(二)(三)」(『国家学会雑誌』101巻、9・10号(1988年)、1-48頁、11・12号(1988年)、46-101頁)。
48　これらに関する見解の対立については、前注44に挙げた文献を参照。
49　Scientific And Technical Guidelines of the Commission on the Limits of the Continental Shelf. UN Documents CLCS/11, 13 May, 1999.
50　附属書Ⅱ 3条に規定する機能を果たすためには、委員会の構成において法律家を含まないことについては疑問の余地あろう。T. H. Heidar, "Legal Aspect of Continental Shelf Limits," in *Legal Aspect*, p.30.
51　Haworth, *op.cit.*, *supra* n.44, p.129 et seq.
52　L. D. M. Nelson, "The Continental Shelf: Interplay of Law and Science," in *op.cit.*, *supra* n.42, p.1243.
53　他のLOSC当事国による提訴や国際海底機構の関与を示唆する見解として、*ibid.*, p.1252. 沿岸国と委員会の見解が相違する場合なども想定して、国際海洋法裁判所の勧告的意見の活用の可能性を示唆する見解として、Eriksoon, *op.cit.*, *supra* n.33, pp.257-260.
54　この点で、ガブチコボ・ナジマロシュダム計画事件においてICJは、紛争当事国間の1977年条約のいくつかの条項が、その後の環境上の考慮を発展的に反映させていく仕組みを構成していると評価した。*ICJ Reports 1997*, para.112. この点につき、拙稿「環境保護における権利と責任」国際法学会編『日本と国際法の100年』第6巻『開発と環境』(三省堂、2001年、38頁)およびそこに挙げた文献を参照。
55　Gudlaugsson, *op.cit.*, *supra* n.44, pp.67-68.
56　ガイドライン, paras.6.1.1, 6.1.3.
57　ガイドライン, para.6.3.
58　*Op.cit.*, *supra* n. 16, pp.131-132.
59　*Ibid.*, p.136-139.
60　この問題の詳細な検討として、Oude Elferink, *op.cit*, *supra* n.32.
61　United Nations CLCS.01.2001.LOS/JPN.
62　なお、委員会と裁判所の権限関係を検討するものとして、*ILA Report*, pp.248-249.
63　同様の観点からの分析として、Oude Elferink, *op.cit.*, *supra* n.32, pp.268-269.
64　この問題について、たとえば、D. A. Colson, "Delimitation of the Outer Continental Shelf between States Opposite or Adjacent Coasts," in *Legal Aspect*, pp.287-297.
65　サンピエール・ミケロン事件で仲裁法廷は、200海里を越える大陸棚の境界画定は、「当事国間」ではなく、「(本件紛争のいずれか)一方の当事国と、国際社会(深海底の保護の任務を負う機関により代表される)との間の境界画定に関与する」と述べている。*International Legal Materials*, Vol.31 (1992), p.1172.
66　拙稿「国家責任法における『一般利益』概念適用の限界」(『国際法外交雑誌』94巻4号、

1995年、20-40頁)。なお第三国の訴訟参加については、拙稿「訴訟参加の要件としての『影響を受ける』法的利益」(『立教法学』50号、1998年、141頁以下)。

67　この問題につき、たとえば、L.D.M. Nelson, "Claims to the Continental Shelf Beyond the 200-Mile Limit," in Groetz, Volkmar and Wolfrum eds., *Liber Amicorum Guenter Yaenicke*-Zum 86. Geburttag (Springer, 1999), p.575 et seq.

68　また、仮に、委員会が沿岸国の設定したOCS限界を争うことを想定しても、海底開発機構と同様に、委員会という機関が当事者となりうる紛争解決手続が担保されているかという問題が残る。他方で、委員会みずからが沿岸国が設定するOCS限界を審査するなどの権限をもつかという点で、2007年カリブ海におけるニカラグア対ホンデュラス領土海域紛争で、境界画定線の限界点を論ずるに際して、ICJは、「200海里を越える大陸棚への権利主張は、UNCLOS76条に基づいて行われ、大陸棚限界委員会によって審査 (review) される」としている。*International Legal Materials*, Vol.46 (2007), p.1113, para.319. 委員会が「審査」するということの意味に説明はなく、LOSCには委員会にかかる権限を与える条文も見当たらない。委員会権限は、附属書Ⅱの3条に基づいて、沿岸国の提出したデータその他の資料を検討する (consider) こと、76条に従って勧告する (make recommendation) ことである。

第6章　中越海洋境界画定協定

加々美　康彦

- I　序　論
- II　画定対象海域の特徴
- III　交渉過程
  - 1　三つの交渉期間
  - 2　対立点
- IV　中越画定協定による解決
  - 1　中越画定協定の概要
  - 2　中越画定協定における衡平原則
- V　結　論

I　序　論

　中越両国は、27年に及ぶ交渉の末、2000年12月25日にトンキン湾(中国語名：北部湾、ベトナム語名：Vịnh Bắc Bộ)における「領海、排他的経済水域及び大陸棚の画定に関する協定」[1](以下、中越画定協定)及び「漁業協力に関する協定」[2](以下、中越漁業協定)」に署名した。両協定の発効には別途暫定漁業水域の範囲を明確にさせる必要があったため、2004年4月の「漁業協力協定補助議定書」[3](以下、補助議定書)の妥結をうけて、同年7月1日に発効した。

　中国にとっては、周辺8カ国との間に海洋境界画定問題を抱える中で、初めて隣国と締結した海洋境界画定協定であり[4]、ベトナムにとっては周辺7カ国[5]との海洋境界画定が必要となる中で、本協定は、これまで締結した三つの海洋境界画定協定の内の二つ目(1997年にタイと[6]、2003年にインドネシアとの間で[7])にあたる。もっとも、ベトナム外相は2004年の会見で、中越画定協

を「種類において最初の、そして最も包括的なもの」[8]と位置づけている。事実、中越画定協定は、トンキン湾における両国の領海(事実上、内水も含む)、排他的経済水域(以下、EEZ)及び大陸棚を、500キロに及ぶ一本の線で画定し、同湾に初めて明確な海域配分をもたらした。

本協定では中越両国が当事国[9]である国連海洋法条約の関連規定を念頭に「衡平な解決」が図られた。その画定線は―結論を先取りすれば―関連事情を踏まえて修正された等距離中間線に他ならない。そこで本章では、画定において両国が何を衡平とみなし、何を関連事情としたのかを明らかにする。また、わが国は、東シナ海において中国との海洋境界画定問題を懸案として抱えているが、東シナ海とは逆にトンキン湾ではベトナムが自然延長原則を主張したのに対し、中国がそれに反対した経緯など、興味深い論点が含まれる。この中越画定協定の検討を通じて、日中間の画定に何らかの示唆を見いだすことが、本章のもう一つの狙いである。

II　画定対象海域の特徴

トンキン湾は、図1が示すように、中越両国の陸地と中国領の海南島に囲まれる半閉鎖海湾である。湾内で最も幅の狭い所は、中国の雷州半島と海南島に挟まれる幅19海里の瓊州海峡で、幅が最大の所でも湾中央付近で176海里しかなく、両国間での画定が必要となる。海底地形はなだらかで、平均水深は38メートル、最大でも水深90メートル程とされる[10]。

この湾を特徴付けるのは、島の存在である。中国外交部によれば、トンキン湾内の島嶼は「二種類あって、一つは沿岸付近の島嶼、もう一つは海洋の中の島嶼である」。前者は、沿岸付近に点在する2,300以上の小島嶼を、後者は、とりわけ湾の中央に存在する白龍尾島(Dao Bach Long Vi)を指すと考えられる。

北東を指す二等辺三角形のような形をした面積約1.6平方キロ、海抜53メートル[11]の有人島である白龍尾島は、ベトナムの伝説に由来する名を持つが、長らく中国領であった。1950年代頃に毛沢東率いる中国共産党指導部の決定の下で、中越間の友好関係及び兄弟関係の結束を示すために同島がベトナムに譲渡されたといわれるが、詳細は定かではない[12]。中越画定協定は島嶼帰属問題に一切言及しないが[13]、同島はベトナム領として画定されたことが認められている[14]。

第 6 章　中越海洋境界画定協定　135

図 1　トンキン湾の画定線ほか

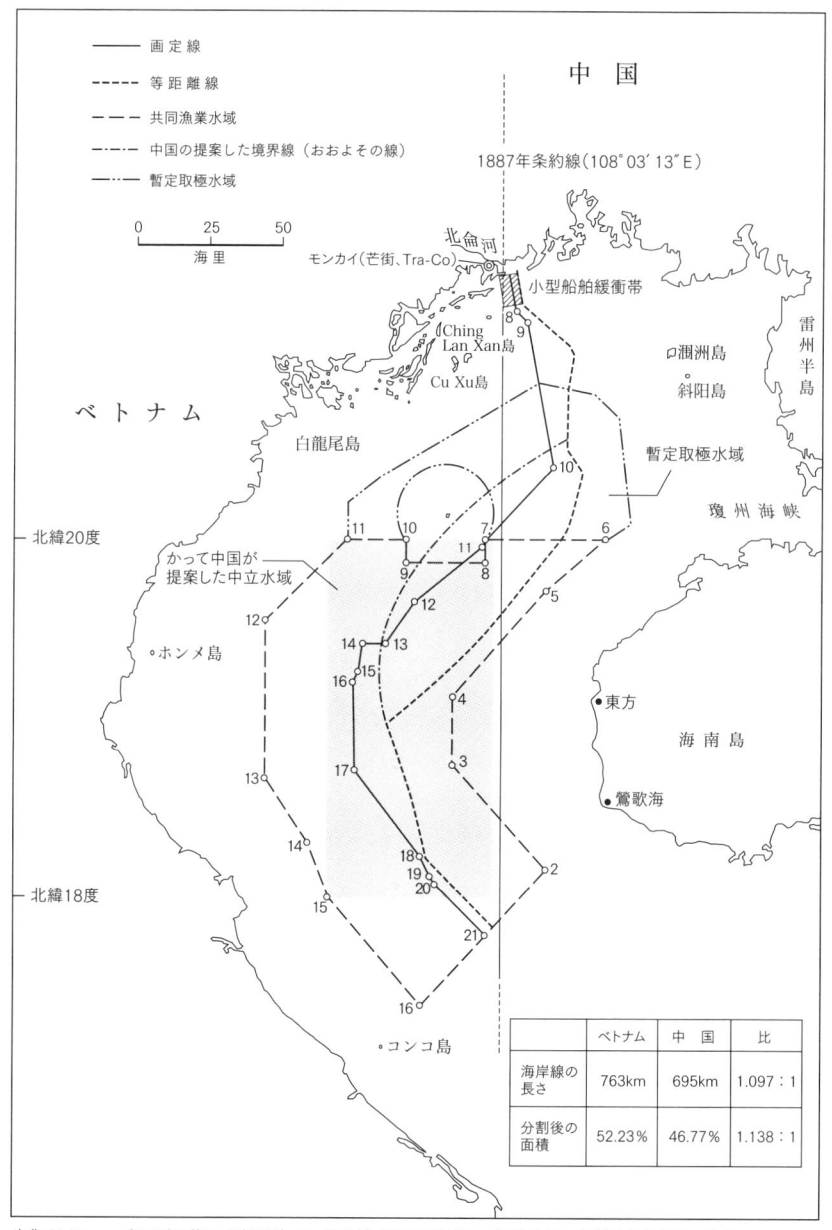

トンキン湾は、生物資源と非生物資源に恵まれている。熱帯・亜熱帯気候に属する典型的なモンスーン気候で、雲南に源を発する紅河などの大河が、トンキン湾に栄養分を注ぎ込むため、沿岸域の生物生産力は高い。ただ、人口増加の波に押され、豊かさは次第に失われつつある。

　漁業資源は豊富で、遠浅の地形を活かして底びき網をはじめとする漁業も盛んである[15]。魚類は500種以上、エビ類は40種類以上存在するという豊かな海が[16]、トンキン湾沿岸住民の生計を支えている。特に中国側では70万〜80万人が漁業に従事しており[17]、中国側の漁獲圧は強い。トンキン湾の最大持続生産量(MSY)は60万トンと見られているが、現在既に100万トン以上の水揚げがあるともいわれ[18]、漁業管理が緊急の課題となっているのは間違いない。

　ベトナム側でも、規模は中国ほどではないにせよ、零細の小型漁船が沿岸で多く操業しており、漁業者の数は増加傾向にある。1950年代から60年代にかけて、中越両国はトンキン湾における漁業協力に関する幾つかの協定(セイルボートによる漁業に関する一連の協定)を締結したが、70年代以降、中越漁業協定が採択されるまで、両国間には漁業協定が存在しなかった。

　鉱物資源については、トンキン湾では、少なくとも雷州半島周辺及び海南島の鶯歌海沖合周辺に堆積盆地があることが分かっており、石油、ガス田が存在する可能性は高いとされる。中国は領海内での探鉱を進めており、北部で潿洲油田群を発見し[20]、海南島西方海域においては既に天然ガスの生産を開始している。これまで中国の沖合で発見された生産中の天然ガス田は三つある。一つは東シナ海の平湖ガス田であり、残りの二つはトンキン湾にある。すなわち海南島の東方(Dong fang)の沖合にある「東方1-1ガス田」と、海南島南部の鶯歌海の南方沖合にある「崖城13-1ガス田」である。もっとも、いずれも埋蔵量は多いわけではなく、東方1-1がネット埋蔵量1.3兆cf(立法フィート)、同生産量9,200万cf/日、崖城13-1がネット埋蔵量0.4兆cf、同生産量1億3000万cf/日)であると推定されている[21]。

　ベトナムは、1975年以降、同国南部のサイゴン(現在のホーチミン)沖合で、バクホー油田の開発を進めてきたが、近年生産量が落ちてきており、新たな油田探査が期待されている。そうした中で、トンキン湾に熱い視線が注がれるようになっている。ただ、トンキン湾では未探鉱の海域が多く、そのポテンシャルは未知数である。石油天然ガス・金属鉱物資源機構(JOGMEC)の最

近のレポートによれば、トンキン湾においてはガス田の新規発見確率が高いと推測されている[22]。

III 交渉過程

1 三つの交渉期間

　トンキン湾の画定問題は、ベトナム戦争が終局を迎えて米軍がトンキン湾から撤退した1973年の暮れ、ベトナム政府がイタリア炭化水素公社（ENI）との間で同湾の探査協定を締結したのを契機に、中国側に画定交渉を持ちかけたことに端を発する。それから2000年12月末に協定が署名されるまで、解決に27年かかった。もちろん27年間協議が継続したわけではい。むしろ1979年2月17日から3月16日の中越戦争を頂点に、両国関係が劣悪だった時期が長く、交渉の無い時期の方が長い。中越戦争後、両国国交が正常化するのは1991年11月5日である。

　その交渉過程は、ベトナム外相によれば、三つに分けられるという[23]。すなわち、①1974年8月15日から同年11月22日まで、②1977年10月から1978年6月まで、③1992年から中越協定が採択された2000年12月25日までである。

　①と②の期間には、両国関係があまりにも悪く、成果を生み出せなかった。③の期間は、冷戦終焉という背景で両国関係に急速な改善が見られる中で交渉が進められ、中越画定協定の採択という成果を見て終結した。この③の時期に交渉の進展を促したのは、主に冷戦終焉に伴う中越関係の好転と、両国の海洋法条約批准であると思われる。

　まず、1992年には李鵬首相が中国首相としては周恩来以来となる21年ぶりの訪越を果たし、その際に領土及び境界画定問題に関する会合を持つことに合意している。翌93年10月19日には中越間の陸上境界及びトンキン湾の画定に関する紛争を解決するための基本的な諸原則に関する一般合意[24]が発表され、「衡平な解決を達成するために、衡平原則に従い、トンキン湾における全ての関連事情を考慮して、国際法を適用し、国際実行を参考（consult）にする」こと、そして「この問題を解決するための交渉期間中、両国は紛争をさらに複雑にしうる活動を行わないものとする」ことに合意している[25]。その後、94年にベトナムが、96年には中国が、海洋法条約に批准して同条約が両国の

国際法となった。

　97年には問題解決の時間的枠組みが示される。ベトナム共産党ド・ムオイ書記長が訪中し、両国が「2000年末までに、陸上の境界とトンキン湾における海上の画定に関する条約を締結するよう試みる」という目標が示され[26]、次いで99年には中越両国の共産党書記長が北京で共同声明を出し「陸上の境界線を1999年に、トンキン湾の画定を2000年に完了させる」ことを決定する。この政治決定は強力で、1999年12月30日に「中越陸上国境画定条約」[27]がハノイで滑り込むように調印されると、今度は2000年に入って会合が頻繁に開催され、期限ぎりぎりの12月25日に、中越画定協定と漁業協定が同日に北京で署名され、99年の共同声明の面子が保たれた。

　なお、③の期間のうち、特に1993年から2000年の間、両国は政府間レベルで7回の交渉、領土と境界問題に関する政府代表の2人の長による3回の非公式会合、混合の作業部会による18回の交渉、法律技術専門家による9回の非公式会合、そしてトンキン湾の一般海図を作成する専門家グループによる10回の会合が開催されている[28]。

　以下では、この交渉期間内における両国の主な対立点について検討する。

2　対立点

(1)　1887年清仏条約線の意味

　70年代の交渉開始時点から協定採択の直前まで、ベトナムが一貫して主張したのは—画定交渉を持ちかけたのはベトナムなので矛盾にも思われるが—清仏戦争(1884-85年)後の1887年6月26日に北京で締結された清仏条約第2条に定められた東経108度3分13秒の線によってトンキン湾は画定済みである、というものであった[29]。

　この清仏条約第2条の線は、同第3条(広東省の部分における境界関係規定)において解説が加えられている。すなわち「広東では画定委員会が定めた国境(la frontière)の外にある芒街(Monkai)の東及び北東に位置し係争していた諸地点は中国に帰属することが認められた。パリ子午線の東経105度43分(訳注：本初子午線の東経108度3分13秒)、すなわち茶古(Tra-Co)島の西端を走る南北の線で、国境(la frontière)を形成する線の東に位置する島嶼も同じく中国に帰属する。格多(Go Tho)島及びこの子午線の西に位置する島嶼はベトナムに帰属

する」（フランス語版正文より筆者が邦訳）[30]。

　この主張に対し、中国は「ベトナムは本海域が分割されていると主張するが、決して分割されたことは無い。ベトナムは［トンキン］湾の三分の二を占領するために、わが国の海南島の近くに分割線を引くことを主張しているが、これは公平（fair）でも合理的でもなく、我々にとって受け入れがたい」と述べたとされる[31]。そして中国は、トンキン湾の中央に、北緯18度から20度の線と、東経107度から108度の線によって囲まれる四角形の「中立水域」（図1の中央、網かけの区域）を設け、両国が画定に関して合意に達するまでの間、開発しないように維持することを提案したと言われる[32]。

　このベトナムの主張は、学説上厳しい批判を浴びている。プレスコット（J.R.V. Prescott）は、この主張には四つの深刻な問題があるという。第一に、この子午線には終点がなく[33]、北は中国の海岸に、南はベトナムのフエとダナンに到達し、ベトナムにとって歓迎し得ない事態になる。ベトナムはトンキン湾南部については湾口で終点とすると主張しようとしても、そもそも清仏条約の図中にトンキン湾への言及がない。第二に、ベトナムは茶古の東端沖合になんら領海を持たないことになる。第三に、当時一般的な海洋主権の概念から外れる。そして第四に、これは当時の植民地国家が他の条約でも島嶼の集合を配分するために用いてきた方法だが、本条約の線がそれと異なる使い方がされているなら、それが条約に言及されているはずだと指摘する[34]。

　このうち、第四点目は他の学者も強く支持する。李国興（Ji Guoxing）は、この線が「トンキン湾全体の画定に関係することなく、沖合の島嶼の帰属を示すものにすぎない」[35]といい、賈宇（Jia Yu）もまた清仏条約第3条は「芒街付近の沿海の島嶼帰属線である」[36]という。さらにジョンストンとバレンシア（Douglas M. Johnston & Mark J. Valencia）も、条文の中で「国境（frontière）」という語が用いられていることから、この用語が当時、通常は領土の意味を持っており、その目的は機能的に制限されていたと言う。すなわち、「島嶼を行政区域に分割することであり、海域又は海底もしくはその資源を配分することではない」と指摘している[37]。

　この点については、2004年の協定採択直後にベトナム外相が「フランスと清朝中国間の1887年協定は、両国間の陸上の境界を画定し、トンキン湾の北崙河口にある島に対する各国の主権を確立するだけであった」ことを明示に認めており、最終的には撤回されたと思われる[38]。

(2) 歴史的水域の主張

次に、ベトナムは、1982年11月12日の領海基線に関する宣言[39]の中で、1887年清仏条約に定められる経線の西側の区域がベトナムの歴史的水域であると主張したことである。

この主張の問題点は、邹克渊(Zou Keyuan)が詳細に検討している。彼はまず『オッペンハイム国際法』(第8版)から「概して入り口がどれほど狭かろうと、2以上の沿岸国により閉鎖されるあらゆる湾及び入江は、領域ではない(non-territorial)。それは外洋の一部であり、湾や入江の内部の周縁一帯は除かれる」[40]という記述を引き合いに出し、2以上の国により主張される湾及び入江が歴史的水域として認められることの困難性を指摘する[41]。

もっとも彼は、ニカラグア、ホンジュラス及びエルサルバドルの3カ国が面するフォンセカ湾が国際司法裁判所によって歴史的湾の地位を認められているという先例の存在を認めている[42]。しかし、ベトナムにとっての最大の関心は「ここで権利を持っている他の唯一の国である中国が、当該湾の歴史的地位を拒否している」という事実であり「もしトンキン湾の水域の半分が歴史的で、もう半分が歴史的ではないという場合、それは不合理で非論理的」であるだろうと述べる[43]。

中国政府はどのような反応を示したのだろうか。中国は1982年11月28日に、即座にベトナムに抗議を行っているが、それはトンキン湾においては境界が存在しないことを確認するものであって、歴史的水域の主張そのものには触れていない[44]。邹克渊によれば「中国が反対したのは、歴史的湾の主張が1887年条約に基づくというベトナムの立場である。もしトンキン湾が両国間で半分ずつ(half-and-half)に分割されうる場合には、中国が同意しない理由はないだろう」[45]と言う。

ところで歴史的湾について、山本草二は「その歴史的権原を確定するための一般的な基準としては、相当期間にわたる沿岸国の権原の実効的な行使と他国による黙認が要件とされる」[46]と述べているが、ベトナムの歴史的湾の主張は、中国のほかにもフランス、シンガポール、タイ及び米国から抗議を受けている[47]。米国国務省の資料によれば「ベトナムによる歴史的湾の主張は疑わしい。なぜなら、同じくトンキン湾に面する中国が、当該湾を歴史的水域として主張せず、そして湾内の子午線による境界についてベトナムと争っているからである」[48]と述べている。

こうした状況においてベトナムが歴史的水域の主張を貫くのは厳しいものがあったことは想像に難くない。最終的には、ベトナムが中越画定協定を受け入れたことで、この歴史的水域の主張はひとまず取り下げられたと見て良いであろう。

(3)　自然延長原則と「半分ずつ("half and half")」

　最後に、ベトナムは中国との交渉が始まった1970年代半ばには既に、自然延長原則に依拠することを公言しており「中国の12海里領海までの大陸棚についてベトナムの管轄権を主張するために、大陸縁辺部の自然延長原則を用いていた」[49]とされる。トンキン湾では、この原則がベトナム側に有利というのが一般的な理解であったように思われる。

　これに対して中国がどのような立場を取ったのかといえば、中国人研究者の李国興が95年に英文で発表した論文の中で、それは「等距離原則に基づくものである」[50]という興味深い指摘を行っている。その上で、李国興は「中国が、トンキン湾の地理的特徴及び国際法の関連諸規定を考慮して、中国とベトナムはトンキン湾の天然資源を共有し、トンキン湾を公平(fair)かつ合理的な基礎で分割するべきであると考えていた」と述べている[51]。彼はこの論文中、中国の提案した境界線を図示している（おおよその線を図1の—・—の線として落とし込んだ）。

　こうした主張を持ち出した背景には、韓国の朴椿浩(Park Choon-ho)判事が指摘するように、この自然延長原則が「中国にとっては黄海と東シナ海においては有利だが、トンキン湾においてはその立場を損なう恐れがある」からと考えられる[52]。しかしながら、この李国興論文以外に—公式な文書は言うまでもなく—中国が等距離線原則を主張したという記録は見られない。

　もちろん、中国があからさまに等距離線原則を主張すれば、それは朴椿浩の指摘するように、将来の東シナ海、黄海の画定において影響が出る可能性がある。ジョンストンとバレンシアも「中国は東シナ海において日本に対して自然延長原則を使用しているが、トンキン湾でベトナムがこの原則を使用することに反対しているのは矛盾である」[53]と指摘している。

　では、中国としては、トンキン湾においてベトナムに自然延長原則に依拠させることなく、また自ら等距離線原則を持ち出すことなく、等距離線が引かれた場合と同等の海域を得るためにはどのような主張を行えばよいのだろ

うか。ジョンストンとバレンシアは、1979年の中越戦争後の和平会談において、中国はトンキン湾を「半分ずつ(half and half)」に分ける用意があったという事実に触れている[54]。筆者は、この「半分ずつ(half and half)」こそが中国のとった立場であり、そして本件境界画定を最後まで特徴付けたキーワードでなかったかと考える[55]。

　もっとも、トンキン湾の実際の海底地形も見ておく必要があるだろう。トンキン湾の等深線を示す図2を見れば、海南島の西岸沖の大陸棚は急速に沈み込むが、他方でベトナムの大陸棚が顕著に張り出しているわけでもなく、相対的にベトナムの大陸棚が大きいといった程度である(但し、海図によってはもっとベトナムの大陸棚が張り出しているように見える場合もある)[56]。鄒克淵は「地

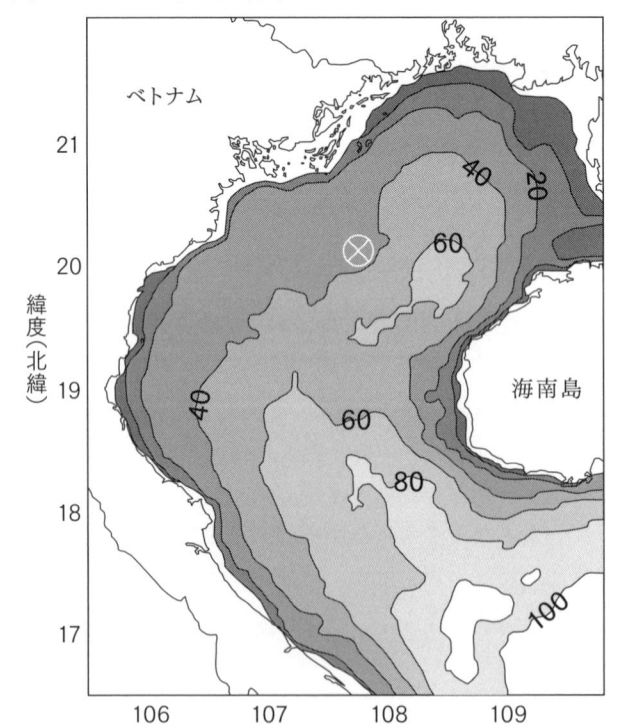

図2　トンキン湾の水深図（⊗は白龍尾島）

出典：D.S.van Maren, *Netherlands Geographical Studies* 324(2004,Utrecht)
　　　を一部修正

理学的に、中国とベトナムはトンキン湾において同じ大陸棚を共有するので、自然延長アプローチは適用されない」[57]と指摘しているが、ベトナム側が同様の理解でいたかは検証する手段もない。

ただ、ベトナムは自然延長原則を是が非でも貫こうとしていたわけではなさそうである。邹克渊は1997年の信用筋の情報として「ベトナムは線引きに当たって、白龍尾島が海南島とベトナム本土海岸の間の中間線において無視されるよりも、いくらかの効果を与えられるのであれば、中間線で解決するだろう」という見通しがあったことを紹介している[58]。

いずれにせよ、次章以下で見るように、中越画定協定では自然延長にも等距離線にも明示に言及することはなかった。

IV　中越画定協定による解決

1　中越画定協定の概要

以上の対立点を踏まえて中越画定協定は採択された。協定は前文及び本文11カ条からなる簡潔なものである。まず、全体を概観し、そのあとで個々の論点を整理していくことにする。

協定は前文で「独立、主権、領土保全、相互不可侵、内政不干渉、平等、相互利益及び平和的な共存のための相互尊重を基礎として」トンキン湾が「衡平かつ合理的に解決」されたと謳う。第1条は、画定に当たっての基準を示す。「国連海洋法条約、一般的に認められた国際法の諸原則及び実行に基づいて、トンキン湾におけるあらゆる関連事情を考慮して、衡平[59]原則に従い、友好的な協議を通じて、トンキン湾における両国の領海、EEZ及び大陸棚を画定した」(第1項)。本協定には自然延長や等距離線といった語句、その他具体的な考慮対象への言及は見られない。

同条2項はトンキン湾を定義する。「北は中国とベトナムの本土の海岸に、東は中国の雷州半島と海南島の海岸線に、西はベトナムの本土の海岸に、そして北緯18度30分19秒、東経108度41分17秒の座標点によって定められる中国海南島鶯歌海の岬の外縁の最も外側の地点と北緯16度57分40秒と東経107度08分42秒の座標点によって特定されるベトナムの海岸線に位置するベトナムのコンコ島を交差する直線によって面する半閉鎖海湾である」とする。湾の範囲を明示に定め、そこを「半閉鎖海湾」と呼ぶ点が興味深い[60]。

第2条は、画定線の座標点を列挙し、「21の地点をつなぐ直線で両国の領海、EEZ及び大陸棚の画定線に合意した」とする。厳密には、地点1が北侖河口の閉鎖線から始まるので、内水も画定している。つまり本協定は内水、領海、EEZ及び大陸棚を一本の線で画定する。なお画定線の南の終点の先は今後の交渉で画定されるが、そこには南シナ海が待ち構えている。

第3条から第5条は画定線の補足である。地点1-9は領海を(第3条1項)、地点9-21はEEZと大陸棚の境界を定めている(第4条)。第3条3項は珍しい規定で、地形的変化(Topological changes)は地点1-7の領海の画定線に影響しないと定める[61]。境界線は測地線であり、ITRF-96座標系が用られている(第5条)。第6条は各海域での主権、主権的権利、管轄権の尊重を定めている。

第7条と第8条は資源に関係する。第7条は、石油、ガスその他鉱物資源が画定線を跨いで存在する場合に、両国が友好的な協議を通じて最も効果的な方法で及び開発の結果生ずる利益を衡平に配分(equitable sharing)する開発を行うことに合意すると定めている[62]。第8条は生物資源の適正利用、EEZにおける生物資源管理に関する協議を定めるもので、中越漁業協定との唯一の接点と言えよう。

第9条はこの画定が海洋法条約に対する両国の立場に影響を与えるものではないことに留意している。第10条は本協定の解釈又は実施から生ずる紛争が友好的な協議、交渉で解決することを定めている。第11条は本協定が批准書の交換日に発効すると定める。既に見たように本協定と同日に中越漁業協定も署名されているが、両協定の批准書交換は署名から3年半後となった。

2 中越画定協定における衡平原則

それでは本協定がどのような境界画定を行ったのかを検証していくことにする。まず、地点1-9の領海に関する部分は、海洋法条約第15条に定められるように、中間線を基礎にいくらかの修正を加えて線引きされたと思われる(何が考慮されたかは定かではない)。ここでの考察対象は、EEZと大陸棚に関係する地点9-21が、いかなる基準で引かれたのかである。考察の出発点となるのは、前文と第1条で繰り返される「衡平」という概念である。残念ながら、協定においては、それ以外に画定のための特別な方法には言及がない。

協定が言う「衡平」とはもちろん、海洋法条約第74条(EEZの画定)及び第83

条(大陸棚の画定)が求める「衡平な解決」を念頭に置くものだろう。ただ、これらの規定は、チャーチルとロウ(R.R.Churchill & A.V. Lowe)の言葉を借りれば「ほとんど意味がない(not very meaningful)」[63]ものであって、境界画定のための具体的な基準を設けるものではないのである[64]。

そこで、海洋法条約採択以降の国際判例では、衡平な解決を導くために「等距離・関連事情」アプローチ、すなわち「まずは中間線を『暫定線』として引き、これに衡平の観点から「関連事情」(双方の海岸線の長さや形状・島の存在など)を考慮して『微調整』を図るという方式」[65]が多くとられてきたことは既によく知られている。同じ事は、国際協定による画定でも言える[66]。実は、ベトナム側のスポークスマン的役割を果たすタオ(Ngyuen Hong Thao)がアマー(R. Amer)との共著論文においていみじくも指摘するように、中越画定協定が引いた線は「画定に当たって島嶼部、特に白龍尾島にどのような効果を与えるべきかに関する意見の相違を整理した結果として顕著に修正されたものの、それは等距離線である」[67]と見ることができるのである。

それでは、中越画定協定では、この等距離線にどのような関連事情の考慮を加え、そしてどのような結果を衡平とみなしたのであろうか。ここでは前者について、1969年北海大陸棚事件以来の国際判例の蓄積を踏まえて、関連事情について地理的要因と非地理的要因とに分けて整理する[68]。後者についてはⅤ節で整理することにする。

(1) 地理的要因
① 対象海域の特定

中越画定協定は、なによりもまず、対象海域を明確に定義したことが注目される(第2条)。これにより境界線の限界が明らかにできる。この対象海域の面積は、中国側資料で12万8,000平方キロ[69]、ベトナム側資料で12万6,250平方キロ[70]となる(両国で違う理由は不明だが、いずれにせよ、一般に把握されているトンキン湾[71]よりも広く定義されているようである)。さらに、対象海域を定義することで重要な二つの数字を導き出すことができる。まず、①画定後の面積の比率である。ベトナム：中国＝53.23：46.77であり、その差は約8,000平方キロ、トンキン湾全面積の6.25％、およそ兵庫県の面積に相当する。そして②海岸線の長さの比率である。ベトナム763キロ、中国は広西チワン族自治区(かつての広西省)と海南省の海岸の合計は695キロである。したがって①

の比はベトナム：中国＝1.138：1、②は同じく1.097：1である。

　これら①②の比率は極めて近似しているが、それは偶然ではなく合理的な関係以上のものを持つと考えられる。おそらく両国は、湾を定義してその面積を出すことにより、衡平性を算術的に検証することを可能にしたのであろう。ここで想起されるのが、1982年のチュニジア・リビア大陸棚事件である。国際司法裁判所は判決の中で、関連事情の一つに各当事国に帰属する大陸棚区域と各沿岸の長さとの合理的関係を挙げ[72]、さらに画定線の結果をテストするために、海岸線の長さと大陸棚の面積の比を計算した[73]。中越画定協定ではまさにこの均衡性の確保方法が用いられているものと考えられる[74]。

　興味深いことに、ベトナムはこれらの数値を公式会見で言及し、画定後の面積がベトナムの方が多いことについて「海岸線が中国よりも長く、湾においてより多くの島を持つ。特に湾の中央に位置する白龍尾島である」と説明している[75]。他方、中国側は具体的な数字に触れることなく、ただ「双方が取得した面積はほぼ同じで、双方が満足する衡平な結果となった(雙方所得海域的面積大體相當。實現了雙方均滿意的公平劃界結果)」[76](傍点引用者)と述べるに留まる。

　邹克渊は「交渉期間中、中国はトンキン湾の平等(equal)な分割を要求したが、中国の本来の立場は交渉結果では達成されていない」[77]と指摘する。しかしながら、筆者は邹克渊とは意見を異にする。その理由は結論において触れることにして、次に進むことにする。

② 島の存在

　次に、トンキン湾を特徴付ける島の存在について検討する。既に見たように、トンキン湾内の島嶼は二種類あり、一つは沿海付近の島嶼、もう一つは沖合にある島嶼である。協定には島に直接触れる規定がないが、いくらかのヒントが両国の公式会見において明らかにされている。

　中国外交部の蕭建國処長は「沿海付近の島嶼の問題は比較的容易に解決できる。というのも、こうした島嶼の多くは両国の直線基線の内側に含まれており、中には基点として選定されている島嶼もあって、大陸領土として取り扱われているからである」[78]と述べている。しかしこれは奇妙である。中越両国は確かに直線基線制度を採用してはいるが、ベトナムの直線基線は本土南部(北の終点がコンコ島)に[79]、中国は海南島の東海岸中央以南のみに設定されており[80]、トンキン湾に直接関係しないからである。邹克渊も「中国とべ

トナム間の画定線は、中国とベトナムが直線基線を用いて構成する等距離線又は低潮線基線に基づく等距離線をたどるものではないことは明らかだ」としながらも「直線基線又は低潮線基線が合意された境界に影響を及ぼした程度は不明確である」と述べている[81]。沿岸付近の島嶼は、情報不足のためにこれ以上の検証が難しい。

　問題は、沖合にある島、すなわち湾中央の白龍尾島の存在である。同島はベトナムの海岸から約60海里（110キロ）、海南島の海岸から約70海里（130キロ）に位置し[82]、同島を無視した場合の中間線付近（図1の-・-線）の、ややベトナム寄りに位置する。中国外交部の蕭建國処長が「湾内の排他的経済水域並びに大陸棚の区分に影響する」と述べるこのベトナム領の孤島が、画定において極めて重要な役割を果たしたことは想像に難くない。実際、白龍尾島を基点として用いる等距離線と、島を全く無視する線との画定後の面積の差は、約1,700平方海里（約5,830平方キロ）あると見積もられる[83]。

　モーガンとバレンシア（Joseph R. Morgan & Mark J. Valencia）は、「白龍尾島を計算しない等距離線は、衡平原則の下で合理的であり、中国に有利となるであろう」[84]と指摘していたが、実際の解決は、ベトナム外相によれば「この島は国際法及び実行によれば、画定において限られた効果が与えられる特別事情を生み出す」と位置づけた上で「画定線は白龍尾島から15海里沖合にあり、それは島は12海里の幅の領海を持ち、3海里のEEZと大陸棚を持つことを意味する（25％効果）」[85]というものであった。

　残念なことに、ここで言う25％がどのような計算に基づくのかは不明である。既存の研究成果や政府会見などには、それに関する言及が一切見られない。仮に100％効果が与えられていたならば12海里のEEZ/大陸棚が与えられたということになるのであろうか。しかしその場合に画定線がどこを通るのか新たな謎を呼ぶ。いずれにせよこれ以上の検証は容易ではない。マクドーマン（Ted L. McDorman）も、白龍尾島は地点10から地点14に影響を及ぼしていると読むが、彼とて25％効果の意味まで踏み込んで検討していない。

　もう一つの沖合の島は、ベトナム領のコンコ島（Dao Con Co）である。協定上のトンキン湾の南の出口の閉鎖線上、ベトナムの海岸から13海里の位置にあり、面積は2.5平方キロの自然が豊かに残る観光地である[86]。ベトナム外相によれば、この島には「EEZと大陸棚の画定において50％効果が与えられている」[87]という。ここで言う50％効果は、マクドーマンの計算方法に沿って、

ベトナム政府の公表する数値を代入してみれば[88]、その意味が理解できる。海南島の鶯歌海からコンコ島を通ってベトナムの海岸に及ぶ閉鎖線の長さが125海里あり、コンコ島を無視する厳格な等距離線(図1の---線)はベトナムの海岸から62.5海里地点を通る。沿岸からコンコ島まで13海里なので、厳格な等距離線から50％にあたる6.5海里分ベトナム側に移動させたのが地点21である。つまり、鶯歌海から(62.5＋6.5＝)69海里、ベトナムの海岸から56海里、コンコ島から43海里の地点が、画定線の最南端である。なお、マクドーマンは、コンコ島が地点19-20に対して半分効果を与えているように思われるという[89]。

結局、これらの二つの沖合の島嶼に与えられた効果は、邹克渊の言うように「明らかに交渉の末の妥協」であろう。後述するように、これら島嶼は面積の調整に使われたものと考えられる。

ここで白龍尾島とコンコ島の間の画定線について見ておく。まず地点14-19を結ぶ線は、どのような考慮の下で引かれているのかを読み取るのは難しい。これらは等距離線からかなり逸脱しているからである。邹克渊は「小さなセグメントは中国が海南島に引いた直線基線に影響を受けているように思われる」とするが、地点15-16、地点18-19はこれに該当するのだろうか。地点17-18は、マクドーマンは「計算されなかった島があるようには思われないが、おそらく小さなベトナムの沿岸の小島には効果が与えられていない」が「別の説明としては、これらの諸点は、中国による海南島の直線基線の影響を受けているのかもしれない」[90]とする。

ついでながら湾北部奥の地点9-10については、ベトナム領Ching Lan Xan島やCu Xu島に対して、完全ではないにせよ、いくらかの効果が与えられていると見ることが可能だろう。

(2) 非地理的要因

国際判例においては、上で見たような地理的要因に重要な位置づけが与えられる一方で、以下で見るそれ以外の非地理的要因は、二次的な地位に置かれている。中越画定協定ではこれらにいかなる考慮が払われたのか、払われなかったのか。

① 地質的・海底地形的要因

まず海底地形は、中越画定協定においては画定線に影響を及ぼさなかったように思われる。マクドーマンは*International Maritime Boundary*(2005)にお

いて本件画定の分析を行う中で、「トンキン湾は最も広いところでも幅170海里しかな」く「大陸棚の制度は、合意された線の位置について明らかな役割を果たしてはいない」[91]と指摘するが、まさにその通りであろう。さらに彼は、「地質学的及び地形学的考慮」という項目では、「None（なし）」とのみ記している[92]。

② 経済的要因─鉱物資源

次に、経済的要因としてまず鉱物資源─ここでは石油、ガス─の存在について見ておく。既に見たように中越画定協定第7条は、石油、ガスなどの鉱物資源が画定線を跨いで存在する場合に衡平な利益配分となるような開発に合意することを定めている。鄒克渊は、この規定が当面共同開発の見通しがないことを示すものと解したが[93]、現実には発効から1年後の2005年10月31日には既に中越両国がトンキン湾における天然ガス共同探査に合意したことが報じられた[94]。

画定線を跨ぐ海域での探査が未だ実施されていなかったというこの報道は、実は重要な意味がある。石油ガス開発の専門家筋によれば、トンキン湾では未探鉱地域が多く、資源ポテンシャルの期待できる海域が未だ特定されておらず、中越両国は、学術的調査等の過程を経て、境界線を跨ぐ地域にはさほどのポテンシャルが無いことを確認した上で境界線合意に到ったものとみているという。

この推測が正しいなら、まさに鉱物資源の存在の不明確性が、画定線の細かい線引きにおいて考慮されたわけではないとしても、大局的な観点から等距離線を修正して引かれる画定線での妥協を促す原因となったと見ることを可能にするだろう。なお上記専門家筋は、こうしたポテンシャルの特定されていない海域においては、中越両国の画定後の面積差である8,000平方キロというのは、さほど大きな意味を持たないと指摘する。

③ 経済的要因─漁業資源

非地理的要因としてもう一つ検証を要するのは、漁業資源の存在である。ベトナム側にとってトンキン湾での漁業は、沿岸の零細漁業者が中心で、重要な生活の糧である。中国側にとってはトンキン湾は同国四大漁場の一つであり、漁業者は70〜80万人を数える。漁船の数を比較すれば、中国はベトナムより30％多いが、中国のトンキン湾からの水揚げはベトナムよりも70％多いという[95]。賈宇によれば、画定の結果「海南省、広西自治区、広東省の

三つの省・自治区の漁業生産には相当の影響が生じる」[96]という。こうした背景で、中国は画定交渉の開始直後から境界画定は漁業取極と関連させること、画定協定と漁業協定が同時に署名、発効されなければならないことを求めていた[97]。

中越漁業協定はこうした背景で採択されたものだが、果たしてそれは画定との関係を持つのであろうか。「持つ」、とするのが同協定を詳細に分析した薛桂芳(Xue Guifang)である。彼女は、漁業協定と画定協定が、締約国間での「包括取引」であり、「漁業の要素は、こうした取引の達成において重要な役割を担い、そして境界画定のための推進力となった」と指摘する[98]。もっとも、具体的に画定線にどのような影響を与えたのかは必ずしも明らかにしていない。

他方で、ベトナムにとっては、漁業協定と画定協定の関係については若干ニュアンスが異なる。協定発効時のベトナム外相の会見では「漁業協力は、排他的経済水域の法制度に関係するのでトンキン湾の画定に関する交渉において提起された問題のうちの一つ」と位置づけられるにすぎず、両者の相互作用への言及は無い。同じくベトナムのタオは、より直接的に「中国は海洋境界を定めるに当たって漁業問題を含めることを望んだ一方で、ベトナムにとっては、漁業協力は領域に関する事案というよりも、より技術的な事案であった」と述べた上で「漁業協力に関する交渉はパラレルではあったが画定交渉とは独立して行われた」事実を明らかにしている[99]。

中越画定協定では、第8条が唯一漁業との関係をもつが、両国がトンキン湾における生物資源の合理的な利用及び持続可能な開発に関して協議することに合意したことを述べるにすぎない。画定協定が漁業の考慮を明示していないので、ここで簡潔に中越漁業協定を検討しておく必要があるだろう。

漁業協定は、画定協定と同日に署名され、約3年半後に画定協定と同時に発効した。画定協定が有効期限を持たないのに対し、漁業協定は12年間の期限が設けられており、その後3年間自動的に延長する(第22条2項)。海洋法条約の実施を念頭に置き、一つの共同管理組織と三つの海域を設ける漁業協力のための協定である。

第1条はトンキン湾における両国の領海とEEZの一定部分を合意水域として定め、その中でトンキン湾の面積の約四分の一に相当する3万3,500平方キロにも及ぶ広大な共同漁業水域(以下、JFZ)を設定する(第3条)(図1の---の

線)。北は南緯20度の線と平行の線から、南は湾南部の閉鎖線までの範囲に設定され、画定線から東西に30.5海里ずつの幅を持つ(一部で28海里まで変動する)[100]。マクドーマンは、JFZが白龍尾島周辺で北緯20度線に沿って縦約7.5海里及び横約27海里分が切り取られていることについて、白龍尾島に与えられた15海里を調整するものであると見ている[101]。この北緯20度線の南のJFZから切り取られたこの区域のほぼ全部が画定線のベトナム側である。中国政府は自国漁船が白龍尾島から15海里の範囲内に進入することを一律に禁止している[102]。

　ここを管理するのが、新設の共同漁業委員会である(第6条)。この委員会には広い権限が与えられ、毎年漁獲量を決定し、漁業許可を発給する(第6、7条)[103]、漁業保存管理規則も作成し(第8条)、JFZ内では画定線の各側で各沿岸国が取締りを行う(第9条)。なおJFZ内では第三国との合弁事業を行うことが認められている(第10条)。

　また、JFZの北には協定発効後4年間存続する暫定的な取極が適用される(第11条)。ただし本協定ではその内容を棚上げして、補助議定書に委ねた(同2項)。漁業協定から3年後に妥結した補助議定書は、暫定取極水域の範囲を定め(面積9,800平方キロ、図1の-…-線)[104]、その中で画定線を越えて操業する船舶の数を毎年25％ずつ減らす(つまり4年後には完全に撤退する)ための措置をとるよう定めたと言われている[105]。推測ながら、この暫定取極水域の範囲は、海底の地形に関連をもっているかもしれない。

　さらに漁業協定第12条1項は、一方の国の小型漁船が他方の国の領海に誤って進入することによる紛争を防止するため、「小型漁船緩衝帯」(図1のモンカイ沖合)を設けており、進入があった場合の警告措置などを定めている(同2項)。その範囲は画定線の地点1から南に10海里、画定線の両側に3海里ずつの幅が与えられている(面積は約200平方キロ)。

　特徴的なのは、共同漁業水域の規模が極めて大きいということである。これは中国の意向を反映しているものと考えられる。なぜなら、トンキン湾の沖合漁業において有望な漁場はほとんど画定線のベトナム側に集中しているからである[106]。その意味で、漁業協定が期限付きであるという点は置くとして、中国にとって決して悪くないものと言えるだろう。もし薛桂芳の言う「包括取引」があったとすれば、それは画定後の面積の差と引き替えに、この漁業権を得たことであろうか。

いずれせによ、漁業資源の考慮が線引きに直接の影響を与えたとは見にくい。繰り返すように、有望な漁場は画定線のベトナム側に位置するからである。漁業資源は画定に影響を与えたというよりも、画定後の経済的影響を緩和するように配置されたと見るべきだろう。ちなみに協定発効後、中国海南省海洋漁業庁は、同省の「漁船1千艘余りが北部湾の漁場を去り、漁師1万2千人が転職を迫られる」と見積もり、「北部湾での漁場縮小に対して有力な対策を積極的に講じ、漁師の転職を助ける措置を取る」と宣言している[107]。

　なお、本協定はトンキン湾が1970年代以降失っていた国際漁業秩序を回復させ、そして海洋法条約体制の持続可能な漁業秩序を、同条約発効からちょうど10年目にしてようやくもたらすものであることも付け加えておこう。その実行は、今後海洋法条約第123条の求める半閉鎖海での国際協力の模範へと発展させることが期待される。

V　結　論

　以上から、中越協定の画定線は、次のように引かれたと考えられる。まず、暫定的に等距離線を引く。次に、対象海域を定義してその面積、関連する海岸線の長さを算出し、均衡性を算術的に検証できるようにする。その上で、両国の海岸線の長さの比と海域面積の比が均衡を保ちうる範囲内で、白龍尾島に与えられるべき効果、両国の領海基線を考慮して、等距離線を修正するのである。

　こうした画定方法は、面積の均衡性に大きく依拠したと見られる点で配分的正義に傾くきらいがあるとはいえ、海洋法条約採択以後の国際判例や国際協定が蓄積してきた画定方法の主流とも言える、いわゆる「等距離・関連事情」[108]原則の系譜に連なるものと位置づけることができよう。つまり「まずは中間線を『暫定線』として引き、これに衡平の観点から「関連事情」（双方の海岸線の長さや形状・島の存在など）を考慮して『微調整』を図るという方式」[109]である。海底地形や海洋資源の存在などが関連事情とされなかったことに鑑みれば、模範的でさえあると言ってよいだろう。

　中国としては、自然延長原則の唯一不利な本海域において同原則の適用を回避しつつ、また（日中交渉を見据えて）画定線が一見してそれと分かる等距離中間線とはならないようにする必要があっただろう。ベトナム側は自然延

長原則に固執する気はなかったようで、白龍尾島にいくらかの効果が与えられれば中間線で解決させて良いとの見通しを持っていたと言われる[110]。だとすれば、両者が一致しうる妥協点は、自然延長や等距離中間線に直接言及することなく、湾を「半分ずつ（"half & half"）」で分割すること（面積の均等な分割）である。これこそが、中越画定協定において両国が追求した衡平の具体的な内容であると考えられる。

なお、画定後の面積は、中国はベトナムよりも8,000平方キロ（全体の6.25％）狭い。これは衡平ではない、という見方もできるかもしれない[111]。しかし、鉱物資源の観点から見れば、ポテンシャルの特定されていない8,000平方キロの海域はさほど大きな意味を持たないことは既に見た通りである。この海域を譲歩したとしても、漁業資源の観点から見れば、ポテンシャルの特定されている優良漁場の多いベトナム側に張り出した3万3,500平方キロ（全体の26％）ものJFZで15年の漁業権が与えられれば、譲歩分を補って余りあるだろう。その意味でも、本件画定は、まさに「半分ずつ（"half & half"）」だったのではないか。さらに、中国からすればこの僅かな譲歩によって、東シナ海での画定に向けて「海岸線の長さの比が重要な関連事情となる」とのメッセージを送る効果も期待できるのである。

ところで、中越両国はこの画定結果をどう受け止めているのであろうか。まず、ベトナム外相は「これは湾の特別事情を考慮して国際法に従って到達した衡平な結果である」とした上で「初めてベトナムと中国は国際法上有効で双方にとり受け入れ可能なトンキン湾における領海、排他的経済水域及び大陸棚の境界を含む海上の明確な画定線を誇りとする」[112]と言う。次に、中国の王毅外交部副部長（中越交渉での政府代表団長）は「両国の北部湾における総体的な地政学関係のバランスをほぼ保つ、中国側の提案による基本的観点に基づき、両国に帰属する海域の面積はほぼ衡平となり、同時に北部湾の資源の合理的な分配も実現した。これは両国が新しい海洋法の秩序に基づいて海上の境界画定を衡平に解決した成功例である」[113]と述べている。当事者双方共に結果の衡平性を強調し、満足しているようである。

最後に、トンキン湾の画定事例は、東シナ海における大陸棚画定にどのような示唆を与えてくれるのだろうか。東シナ海では、中国は自然延長原則を主張し、海岸線の長さの比を重視した画定を求めているとされる[114]。日本はこれに対して等距離中間線での解決を求めている[115]。まさに中越関係とは逆

の状態であると言えよう。

　もちろん、両所を単純比較すれば良いわけではない。ただ、最大幅176海里のトンキン湾では自然延長を考慮せず、海岸線の長さの比と面積の均衡を基礎に衡平な画定が実現された一方で、トンキン湾と同じく幅400海里未満の東シナ海は、本来ならば日中両国共に中間線までは大陸棚に対する権原を当然に有する海域なのにも拘わらず、もし中国の主張通りに自然延長を採用し、海岸線の長さを重要な関連事情として画定すれば、中国と日本の海岸線の長さの比が7対3である東シナ海では必然的に面積の差が大きく開いてしまうだろう。それでも、海洋法条約に基づき両者は同じく衡平に解決された、と言えるものなのだろうか。

　東シナ海での中国の主張は、大陸棚の権原と画定の問題を混同し、さらに海洋法条約の定める衡平原則を都合の良いように使いわけることを許し、ひいては海洋法条約の衡平原則を主観の世界に追い込むことにならないであろうか。中国には、少なくとも、どのような場合に自然延長が用いられ、あるいは用いられないのかを説明することが求められると言えよう。

　中越両国がトンキン湾において見事に成功させた衡平かつ合理的な解決が、東シナ海さらにはアジア全域にももたらされることを期待して、本小論の結びに代えたい。

＊追記並びに謝辞＊
　本章は2007年10月7日の第110回国際法学会秋季大会での報告に加筆訂正を加えたものである。
　資料収集にあたっては吉原司氏(姫路獨協大学専任講師)、長岡憲二氏(高知短期大学専任講師)並びに中島明里氏(海洋政策研究財団研究員)には多大なご協力を頂いた。ここに記して深く感謝する次第である。

【注】

1 中越画定協定は、中国語とベトナム語を正文とする。本章では主にZou Keyuan, "The Sino-Vietnamese Agreement on Maritime Boundary Delimitation in the Gulf of Tonkin," 36 *ODIL* (2005), pp.22-24 掲載の邹克渊 (Zou Keyuan) 博士による非公式英語訳を参照し、必要に応じて中国語版正文も参照した。
2 中越漁業協定もまた、中国語とベトナム語を正文とする。本章では、Nguyen Hong Thao, "Maritime Delimitation and Fishery Cooperation in the Tonkin Gulf," 36 *ODIL* (2005), pp.35-41に掲載されているThao教授による非公式英語訳を参照し、必要に応じて中国語版正文も参照した。
3 補助議定書については、原文、訳共に入手できなかった。図1に示した本議定書の定める暫定水域の範囲は、*Ibid.*, p.26に掲載される地図を参考にしたおおよその線であることをお断りする。なお、この議定書と同時に、「トンキン湾における共同漁業水域における資源の保存のための管理措置」という文書も採択されたと言われるが (see Zou Keyuan, *supra* note 1, p.17)、これも原文等を入手することはできなかった。
4 この8カ国とは、ブルネイ、インドネシア、日本、韓国、マレーシア、北朝鮮、フィリピン、ベトナムである。中国国家海洋局海洋発展戦略研究所長 (2008年2月より国際海洋法裁判所裁判官) の高之国判事は、中国が海の境界画定を必要とする国との主張の重複する海域 (「紛争海域」) が約150万平方キロあるという。高之国「21世紀我国海洋発展戦略初探」高之国、賈宇、張海文 (主編)『国際海洋法的新発展』(海洋出版社、2005年8月)、8頁。
5 この7カ国とは、ブルネイ、カンボジア、中国、インドネシア、マレーシア、フィリピン、タイである。
6 タイ王国政府とベトナム社会主義共和国政府間のタイランド湾における両国間の海洋境界画定に関する協定。1997年8月9日署名、12月27日発効。協定本文は *Law of the Sea Bulletin*, Vol.39 (2000), pp.23-4. See also J.I. Charney and R.W. Smith (eds.), *International Maritime Boundaries* (Report Number 5-23), pp.2683-2694.
7 ベトナム社会主義共和国政府とインドネシア共和国政府間の大陸棚の画定に関する協定。2003年6月26日署名、2007年5月29日発効。
8 *Interview by Foreign Minister Nguyen Dy Nien about the Agreement on the Delimitation of the Gulf of Tonkin*, at http://www.mofa.gov.vn/en/vd_quantam/bglt/ns041126180420/
9 ベトナムは1994年7月25日に、中国は1996年6月7日に海洋法条約に批准している。
10 賈宇「中越北部湾划界和漁業協定述評」高ほか『前掲書』(注4)、217頁。
11 Zou Keyuan "Maritime Boundary Delimitation in the Gulf of Tonkin," 30 *ODIL* (1999), p.245. なおTed L. McDorman, "People's Republic of China-Vietnam (Report Number 5-25)," in D.A. Colson and R.W. Smith (eds.), *International Maritime Boundaries* (2005), p.3749では、面積2.5平方キロ、海抜62メートルとしている。
12 See Ai Hongren, Perspective of the Chinese Navy (in Chinese) (Hong Kong: Wide Angle Press, 1988), p.40 quoted in Zou Keyuan, *supra* note 11, pp.245-6. 邹克渊は、白龍尾島の帰属について、根拠文書など関連情報が非公開で、調査が相当制限されているという。*Ibid.*.
13 「北部湾境界確定、中・越の獲得面積はほぼ同じ」(『人民網』日本語版、2004年8月3日付)。
14 See *Interview by Foreign Minister Nguyen Dy Nien, supra* note 8.
15 トンキン湾及び周辺海域における漁業生産については、古い資料になるが、次の文献が詳しい。Joseph R. Morgan and Mark J. Valencia, *Atlas for Marine Policy in Southeast Asian Seas* (University of California Press, 1983), pp.56 - 78.
16 賈宇「前掲論文」(注10)、217頁。
17 前掲『人民網』日本語版 (注13)。
18 「中越北部湾划界谈判涉面积、渔业和油气三大问题」『中国新聞網』、2004年08月05日付。

19 財団法人海外漁業協力財団『国別漁業情報:ベトナム社会主義共和国』、1頁。
20 坂本茂樹「ベトナム:活況を呈する石油ガス産業の新たな潮流」『石油・天然ガスレビュー』(Vol.41, No.1、2007)、84頁。
21 竹原美佳「中国:初の深海天然ガス田開発へ〜香港LNG受入基地建設計画中断につながるか〜」(JOGMEC『石油・天然ガス資源情報』2007年3月16日付)。
22 坂本「前掲論文」(注20)、84頁。
23 *Interview by Foreign Minister Nguyen Dy Nien, supra* note 8.
24 Thao, *supra* note 2, p.27.
25 *Ibid.*. See also Zou, *supra* note 11, pp.236-7 and *supra* note 1, p.13.
26 Thao, *supra* note 2, p.27.
27 この協定の原文(あるいは英語版)を入手することができなかったが、交渉の経緯と概要については、Nguyen Hong Thao, "The China-Vietnam Border Delimitation Treaty of 30 December 1999," *IBRU boundary and Security Bulletin* (2000), pp.87-90.
28 Thao, *supra* note 2, p.28.
29 この画定線は、条約原文の図中、赤線で記されたことから「赤線」と呼ばれたり、この線を引いたBrevie氏の名前をとって「Brevie線」と呼ばれたりする。
30 訳出に当たっては、Zou, *supra* note 11, p.249, footnote 16に再録される仏文を底本にしたが、明らかな誤植や間違いが含まれるため、賈宇「前掲論文」(注10)、217頁に掲載される中国語版も参照して若干の修正を試みた。
31 Memorandum Outlining Vice-Premier Li Xiannian's Talks with Premier Pham Van Dong Published by 'People's Daily,' issued by China 10 June, 1977, p.7, quoted in Douglas M. Johnston and Mark J. Valencia, *Pacific Ocean Boundary Problems: Status and Solutions* (Martinus Nijhoff, 1991), pp.146 and accompaning footnote 148. なおこの李先念(Li Xiannian)副首相の発言について、下記(注54)も参照。
32 JI Guoxing, Maritime Jurisdiction in the Three China Seas: Options for Equitable Settlement, *IGCC Policy Papers* (Institute on Global Conflict and Cooperation, University of California, Multi-Campus Research Unit, 1995), pp.32-33.
33 但し、北は北緯21度23分で終わっている。Zou, *supra* note 11, p.239.
34 J. R. V. Prescott, *The Maritime Political Boundaries of the World* (London: Methuen, 1986), p.225.
35 Guoxing JI, *supra* note 32, p.13.
36 賈宇「前掲論文」(注10)、217-8頁。
37 Johnston and Valencia, *supra* note 31, p.149.
38 Interview by Foreign Minister Nguyen Dy Nien, *supra* note 8. なおベトナムはカンボジアとの間で1939年に仏領インドシナの総督がタイランド湾に引いた同様の子午線による境界線(これもBrevie線である)が、カンボジアとコーチシナの島の帰属に関するものであるか否かという問題を抱えていた。皮肉なことにベトナムは、こちらではBrevie線は島の帰属にのみ関係し、海洋境界画定のための線ではないとの立場をとっていた。Prescott, *supra* note34, p.226.
39 この宣言は、次の文献に再録されている。See Kriangsak Kittichaisaree, *The Law of the Sea and Maritime Boundary Delimitation in South-East Asia* (Singapore: Oxford University Press, 1987), pp.178-9.
40 L. Oppenheim, *International Law*, Vol.I, 8th ed., edited by H.Lauterpacht, 1955, p.508. もっとも、同書第9版では、複数国による歴史的湾の可能性について若干の修正が加えられている。すなわち、面する国が複数だからではなく、船舶のアクセスの問題があるから、歴史的湾は困難であるという理屈が新たに示されている。Sir Robert Jennings & Sir Arthur

Watts(Eds.), *Oppenheim's International Law*(9th ed.), Longman, Vol.1, part 2-4, pp.633-4.
41 Zou, *supra* note 11, p.241.
42 See Land, Island and Maritime Frontier Dispute(El Salvador v. Honduras; Nicaragua intervening), *ICJ Reports 1992*, p.351(Judgment of Sept. 11). ただし、フォンセカ湾内は沿岸国の共同主権下にあり、当事国の合意がないことを理由に境界画定が回避されている。*Ibid.*, pp.616-617, paras.432(1),(2).
43 Zou, *supra* note 11, pp.241-2.
44 See Epsey Cooke Farrell, *The Socialist Republic of Vietnam and the Law of the Sea: An Analysis of Vietnamese Behaviour within the Emerging International Oceans Regime*(The Hague: Martinus Nijhoff, 1998), p.71.
45 Zou, *supra* note 11, p.242.
46 山本草二『海洋法』(三省堂、1992年)、49頁。
47 J. Ashly Roach and Robert W. Smith, *United States Responses to Excessive Maritime Claims*, 2nd ed.,(Martinus Nijhoff, 1996), pp.52-53. See also *LOS Bulletin*, No.7(April 1986), pp.111-12 (Thai), and *LOS Bulletin*, No.9(April 1987), pp.53-54(Singapore).
48 United States Department of State Bureau of Intelligence and Research, *Limits in the Seas*, No.99, Strait Baselines: Vietnam(1983), pp.9-10.
49 La Grange, Carolyn, "South China Sea Disputes," Working Paper No.1(Honolulu: East-West Center Environment and Policy Institute, 1980)quoted in JI Guoxing, *supra* note 32, pp.12-3.
50 Ji Guoxing, *Ibid.*, p.13.
51 *Ibid.*.
52 Choon-ho Park, *East Asia and the Law of the Sea*(Seoul: Seoul National University Press, 1983), p.263.
53 Johnston and Valencia, *supra* note 31, p.149.
54 *Ibid.*, p.146. この"half and half"の初出は不明だが、中越戦争前年の1978年9月28日、李先念副首相(当時)が評論家西園寺公一氏と行った意見交換の中で「トンキン湾はこれまで歴史的、現実的に中越両国が半々で線引きしてきたが、最近ベトナムは海南島のすぐそばまで領海を要求してきている」(傍点筆者)と発言している。「ベトナムのカムラン湾ソ連、すでに使用」産経新聞(1978年9月29日付)。ここで言う"半々"とは、まさに"half and half"を指すものと思われる。注(31)も参照のこと。
55 筆者は2005年12月8-9日に中国海南省海口市で開催されたInternational Symposium on Maritime Security of the South China Sea(中国南海研究院と中国海南海事局の共催)に出席した際、トンキン湾の画定に関する多くの研究論文を有する某研究者と同席する機会に恵まれた。個人的にトンキン湾の画定について意見を求めたところ「まず本件は東シナ海の先例にはならない。なぜなら、トンキン湾は東シナ海とは異なり中越両国で大陸棚を共有しているからである」とした上で「トンキン湾は、自然延長でもなく等距離でもなく、'half and half'で画定された」のであるとのコメントを頂いた。もちろん、これは公式発言ではなく、あくまで個人的なインタビューであることをお断りしておく。しかしながら、本章はこの話に着想を得ている。
56 たとえば、Farrell, *supra* note 44の巻末に付録する地図では、ベトナムの大陸棚がかなり張り出しているように見える。この地図は、米国国防地図庁(Defense Mapping Agency)の作成したものである。
57 Zou, *supra* note 11, p.244.
58 *Ibid.*, p.252, footnote 61.
59 中国語版正文では「公平」という語が使われ、対応する非公式英文は"equitable"である。これは海洋法条約の中国語版正文においてequitableの公定訳に「公平」という語を当てた

のが原因であると考えられる。例えば海洋法条約第83条1項はequitable solutionが「公平解決」(傍点筆者)と訳されている。しかしながら、日本語公定訳では「公平」ではなく「衡平」という語が当てられ、しかも日本語では両者の意味が違うので、本章では"equitable"の意味で用いられる場合には中国語文献でも「公平」ではなく「衡平」と訳出することをお断りする。

60 中国語正文では、「半封閉海湾」という語が用いられているが、海洋法条約第9部(閉鎖海又は半閉鎖海)の中国語正文では「半閉海」という文言が使われている。将来の歴史的湾の可能性なども踏まえて意図的に別の用語としたのだろうか。いずれにせよ本条が第9部を意識しているのは確かであろう。

61 マクドーマンは、そもそも画定線は永久的とみなされるが、敢えてこのように定める理由は、北侖河の河口が侵食を受けているが、別段の合意がない限り境界に影響を与えないということであるという。McDorman, *supra* note 11, p.3751.

62 こうした状況を想定する協定は珍しくはない。たとえば1988年アイルランド―英国大陸棚画定協定(第3条)などが挙げられよう。村瀬信也「等距離中間線以外による境界画定事例―当事国が等距離中間線以外の線で合意に至った交渉経緯と背景」『海洋境界画定に関する二国間協定に関する調査』(財団法人日本国際問題研究所、平成12年3月、46頁)。

63 R.R. Churuchill and A.V. Lowe, *The Law of the Sea*, 3rd. ed.(1999), p.191.

64 衡平概念については、領土及び境界紛争における衡平の扱いを徹底的に研究したものとして、Masahiro Miyoshi, *Considerations of Equity in the Settlement of Territorial and Boundary Disputes*(Martinus Nijhoff Publishers, 1993)がある。

65 村瀬信也「日中大陸棚境界画定協定」『国際問題』第565号、2007年、3頁)。

66 芹田健太郎『島の領有と経済水域の境界画定』(有信堂高文社、1999年、183-4頁)。

67 Nguyen Hong Thao and Ramses Amer, "Managing Vietnam's Maritime Boundary Disputes," 38 *ODIL*(2007), p.313.

68 この点については、三好正弘「海洋の境界画定」(『日本と国際法の100年』第3巻、三省堂、2001年、173-4頁)参照。

69 「王副部長、北部湾国境確定の理由を語る」(『人民網日本語版』2004年7月1日付)。

70 *Interview by Foreign Minister Nguyen Dy Nien, supra* note 8. ところで、なぜ中越間で画定後の面積に若干の相違があるのだろうか。

71 たとえば、鄒克渊は、中国語の事典を引用して、トンキン湾の面積が4万4,238平方キロという例を引き、またプレスコットも1985年の文献において、トンキン湾が2万4,000平方海里(=約8万2317.6平方キロ)との数字を挙げている。これらは明らかにトンキン湾が協定で対象とされるものよりも狭い湾であることが意識されていることを示すものといえよう。Zou, *supra* note 1, p.14 and see also Prescott, *supra* note 34, p.223.

72 Case concerning the Continental Shelf(Tunisia/Libyan Arab Jamahiriya), *ICJ Reports 1982*, p.93, para.B.(5).

73 *Ibid.*, p.91, para.131.

74 位田隆一は1989年の論文において、均衡性(彼の用語では比例性)概念が「海洋の境界画定、とりわけ大陸棚と排他的経済水域に共通の境界の画定において、最も明白にその量的側面を見いだしている」と指摘したが、それはこの協定にもそのまま当てはまるといえよう。位田隆一「最近の海の境界画定紛争における比例性概念―国際法上の比例性原則の研究」『法学論叢(京都大学)』(第124巻5・6号、1989年)、105頁。

75 *Interview by Foreign Minister Nguyen Dy Nien, supra* note 8.

76 『人民網日本語版』2004年8月3日。原文は「蕭建國:中越北部灣劃界雙方海域面積相當 協定達成雙贏」(『新京報』2004年8月3日、at http://big5.china.com.cn/policy/txt/2004-08/03/content_5625478.htm)。

第 6 章　中越海洋境界画定協定　*159*

77　Zou Keyuan, *supra* note 1, p.15.
78　前掲『新京報』(注76)。
79　Statement of 12 November 1982 by the Government of the Socialist Republic of Viet Nam on the Territorial Sea Baseline of Viet Nam, http://www.un.org/Depts/los/LEGISLATIONANDTREATIES/PDFFILES/VNM_1982_Statement.pdf ちなみに、ベトナムはトンキン湾を歴史的水域とみなしていたので、トンキン湾に直線基線を引くことは矛盾になる。
80　Declaration of the Government of the People's Republic of China on the baselines of the territorial sea, 15 May 1996, at http://www.un.org/Depts/los/LEGISLATIONANDTREATIES/PDFFILES/CHN_1996_Declaration.pdf and see also the illustive map, http://www.un.org/Depts/los/LEGISLATIONANDTREATIES/PDFFILES/MAPS/CHN_MZN7_1996b&w.pdf
81　Zou Keyuan, *supra* note 1, p.15.
82　*Interview by Foreign Minister Nguyen Dy Nien*, *supra* note 8.
83　Zou, *supra* note 11, p.246 see also McDorman, *supra* note 11, p.3749.
84　Morgan and Valencia, *supra* note 15, p.50.
85　*Interview by Foreign Minister Nguyen Dy Nien*, *supra* note 8.
86　Con Co island to be built into marine nature reserve, Fistenet (Fisheries Informatics Centre), at http://www.fistenet.gov.vn/details_e.asp?Object=2111609&News_ID=13340788
87　*Interview by Foreign Minister Nguyen Dy Nien*, *supra* note 8.
88　これはマクドーマン論文の採用する数値が、ベトナム外務省の公表する数値と異なるためである。
89　McDorman, *supra* note 11, p.3750.
90　*Ibid.*.
91　*Ibid.*, p.3748.
92　*Ibid.*, p.3750.
93　Zou keyuan, "Joint Development in the South China Sea: A New Approach," 21 *IJMCL* (2006), pp.105.
94　「中国海洋石油：天然ガス探査でベトナムと協力へ」(中国情報局、2005年10月30日付)。
95　Guifang Xue, "Improved Fisheries Co-Operation: Sino-Vietnamese Fisheries Agreement for the Gulf of Tonkin," 21 *IJMCL* (2006), p.221, footnote 16.
96　賈宇「前掲論文」(注10)、220頁。
97　Zou Keyuan, *supra* note 1, p.16.
98　Xue, *supra* note 95, p.231. 邹克渊も同様の立場をとる。Zou Keyuan, "Sino-Vietnamese Fishery Agreement for the Gulf of Tonkin," 17 *IJMCL* (2002), p.136.
99　Nguyen Hong Thao, *supra* note 2, p.30. なお彼は「日本と中国が漁業協定に達するために5年かかったのに対し、トンキン湾における漁業に関する交渉はわずかな期間であって、2000年の4月から12月まで、6回の会合が開かれただけであった」とも付け加えている。*Ibid.*.
100　*Ibid.*.
101　McDorman, *supra* note 11, p.3749.
102　「水域における生産管理規定」(『海南日報』2004年7月1日)。
103　協定発効1年目は、一方から共同漁業水域の相手側水域に入って作業する漁船は1,543隻、うちトロール漁船は617隻、1船あたりの出力は60～400馬力、総出力は21万1,391馬力と定められている。同上。
104　Thao, *supra* note 2, p.31.
105　初年度は最大322隻の底引き網漁船を含む920隻の船舶(合計7万8,200馬力)が相互の

EEZにおいて漁獲することが認められている。Xue, *supra* note 95, p.228. Zouは中国による伝統的漁業権の主張が部分的に実現したものという。Zou Keyuan, "Sino-Vietnamese Fishery Agreement for the Gulf of Tonkin," (2002) 17 *IJMCL*, p.140.
106 Xue, *supra* note 95, p.232. See also Zou, *supra* note 105, p.128.
107 「中越漁業協定による大量失業　対策措置を策定へ」(『人民網日本語版』2004年7月6日)。
108 江藤淳一「海洋境界画定に関する国際判例の動向」(『国際問題』No.565、2007年、5頁)。
109 村瀬「前掲論文」(注65)、3頁。
110 注(58)参照。
111 注(77)及び関連する本文参照。
112 *Interview by Foreign Minister Nguyen Dy Nien*, *supra* note 8.
113 「王副部長、北部湾の境界確定した結果を評価」(『人民網日本語版』2004年7月1日)。なお、引用文中の「公平」は引用者が「衡平」に置き換えた。
114 こうした主張については、たとえば2004年10月18日の記者クラブでの王毅駐日中国大使の発言を参照。日本記者クラブ資料、*at* http://www.jnpc.or.jp/cgi-bin/pb/pdf.php?id=141
115 日中間の大陸棚の問題については、三好正弘「日中間の排他的経済水域と大陸棚の問題」栗林忠男・秋山昌廣 編著『海の国際秩序と海洋政策』(東信堂、2006年)、257-281頁。また比屋定泰治「東シナ海大陸棚の境界画定—「日中中間線」付近の海底資源開発に関連して—」『沖縄法学』第35号、2006年、199-237頁。

第7章 境界未画定海域の管轄権

奥脇　直也

　Ⅰ　境界未画定海域の海洋秩序の維持と国内法の適用範囲
　Ⅱ　境界画定線の一方的設定と境界画定合意阻害行為
　　1　日本のEZ法と一方的境界設定の意義
　　2　主権的権利と管轄権
　　3　国内法による一方的境界設定と境界画定合意阻害の禁止
　Ⅲ　境界未画定海域における国内法適用の対抗力
　　1　主権的権利の行使と対抗力
　　2　管轄権の行使と境界画定合意阻害行為

Ⅰ　境界未画定海域の海洋秩序の維持と国内法の適用範囲

　国連海洋法条約(以下、UNCLOS)は、排他的経済水域(EZ)または大陸棚(CS)の境界が未画定の海域においては、合意に達するまでの間、関係国が理解と協力の精神により、「実際的な性質を有する暫定的な取極」(provisional arrangements of a practical nature)を締結するためあらゆる努力を払うように求め、またその過渡期間において最終的な合意への到達を危うくしまたは妨げないようにするよう関係国を義務付けている(74条3項)。この暫定的な取極が「実際的」であることは、それが最終的な境界画定になんらの影響を及ぼさないことを意味する(同前第2文)と同時に、境界が未画定であることから海域の利用に関する秩序の維持に不都合が生じることが予想されるため、合理的期間内に合意に達することができない場合には、第15部の紛争解決手続に付託して沿岸国間で暫定的な管轄秩序を形成することを義務づけるものである。(74条2項)。UNCLOSはまた、海洋境界の画定が衡平な解決を達成するために国際法に従って合意によって行われることを求めている(EZについて74条1項、

CSについて83条1項)。もっとも第15部の紛争解決手続の規定によれば、境界画定に関する紛争は第2節の拘束力を有する決定を伴う義務的手続から選択的に除外することができ、その場合には強制調停が利用できるにとどまり、調停委員会の報告に基づいて行われる交渉によっても最終的な解決に至らない場合には第2節の手続に付されるが、それには当事者の合意が必要とされているから、いずれにしても当事者の意思が尊重され、最終決着を強制する仕組みにはなっていない(298条1項(a)(i)(ii))[1]。裁判による解決に進む場合でも、「合理的」というのがどのくらいの長さの期間であるのかは不明であるだけでなく、暫定的な取極によって海洋秩序が維持できるのであれば、境界画定の最終的な合意に到達しなくても、とくに問題はないともいえる。正式の条約によって境界未画定海域の秩序が保たれるのであれば、その条約が、境界画定の最終的な合意が到達されるまでの暫定的なものなのか、それとも将来にわたり境界画定を棚上げした秩序を創設する条約であるのかは、当事者の意思に依るところが大きいのである[2]。

　ところでEZやCSは海域に対する管轄権の秩序を、区域を仕切ることによって維持することを原則としている(zonal approach)から、境界画定がなされていないだけでなく、暫定的な取極すら合意できない場合には、事ある毎に関係国間で管轄権の行使をめぐって紛糾が生じ、また第三国はいずれの沿岸国の管轄権の行使に服すべきか困惑することとなる。すなわち沿岸国の主権的権利に係る天然資源の探査・開発においては、第三国はいずれか一方の沿岸国の許可を得ただけでは、安心して開発事業を実施することはできない。また係争海域を通航する船舶も、いずれの国の国内法を遵守していればよいか、またそれら国内法を執行するいずれの沿岸国の措置(たとえば沿岸国の漁業法令や海洋汚染防止法令への違反の嫌疑についての停船命令)に従うべきかといった問題が生じる。海洋科学調査を実施する場合や海底パイプラインあるいは海底電線の敷設についても同様の問題が生じうる。それらの個別事項の一々について細かく暫定的取極が合意されることは期待できない。

　暫定的な措置に合意できない場合には、沿岸国は必要に応じて一方的に自国の境界を設置して、とりあえずの管轄権行使の範囲を定めることが必要となる。それは境界未画定海域の開発から生じる利益を確保するためにも、また第三国船舶による国内法への違反を取り締まるためにも必要である。他方、UNCLOSは、沿岸国に、境界画定合意に至るまでの過渡期間において、最

終的な合意への到達を危うくしまたは妨げないようにする義務を科している。つまり境界画定の合意を阻害する行為を禁止している。こうして一方で、過渡的期間においても国内法に基づく措置を執って海域秩序を維持する必要があり、他方で、合意到達を阻害するような行為は慎まなければならない。そこで、いかなる一方的な管轄権の設定あるいはその行使が境界画定合意を阻害することになるのかという問題が生じることになる。

II　境界画定線の一方的設定と境界画定合意阻害行為

1　日本のEZ法と一方的境界設定の意義

　1996年6月14日に制定された「排他的経済水域および大陸棚に関する法律」（法74、以下「EZ法」）は、日本の排他的経済水域を基線から測定して200海里の海域（領海を除く）ならびにその海底およびその下とし、また大陸棚は200海里までの海域の海底およびその下とする旨を定めている[3]。ただし、それらがわが国の海岸と向かい合っている外国の海岸との間の中間線を超えているときは、中間線に代わる線がわが国と当該外国との間で合意されている場合を除き、中間線までの海域ならびにその海底およびその下とするとしている（EZ法2条）。この規定はわが国のEZおよびCSに対する権原が中間線までに限定されることを対外的に自認したものではなく、関係国との間で境界画定の合意が到達されるまで、日本の国内法にもとづく管轄権の適用を、当面、中間線までとし、国際法が沿岸国に認める管轄権の行使をその範囲内に止めることを明らかにするものである。もちろん権原は200海里まで伸びており、また国際判例においては、一般に中間線を関連事情を考慮に入れて修正し衡平な結果に到達するという手法がとられることが多いことに照らして、最終的に合意される境界画定線が中間線とは異なる可能性は広く残されており、同法の規定ぶりもこれを前提しているように見える。その意味で、EZ法が規定する中間線はあくまで暫定的なものである。

　UNCLOSの下で、従前のCS制度と新たに創設されたEZ制度は、200海里の海域の海底およびその下の部分において概念的に重なり合うが[4]、同条約がそれらについて単一の境界画定線（single demarcation line）の設定を義務づけているわけではない。それゆえ、すでにCSについて境界画定が行われている海域に関しては、EZの設定によって海域の海底およびその下について境界

の再画定が当然に必要となるわけではない。EZ法のもとでは日本の法令の適用上、韓国との間ではEZの境界画定合意が、また中国との間でEZおよびCSの境界画定合意がなされるまでの間、これに代わる別段の合意が関係国との間でなされない限り、中間線を沿岸国法令の適用の限界とすることは合理的である。EZにおける漁業に関しては、日中、日韓の漁業協定の規律が及ぶ限りにおいて当該漁業協定の規律に従うことになり、当然に中間線が適用されるわけではない。その意味で、EZ法がわが国の外交交渉の手足を縛っているわけではない。

2　主権的権利と管轄権

問題は、わが国EZ法による国内法措置としての境界のいわば暫定的な設定が境界画定合意を阻害するものに該当するかという点であるが、まず相対する沿岸国との関係では次のような意味を持つであろう。つまり本来、EZに対する権原は距岸200海里におよぶものであるが、400海里未満の海域をはさんで向かい合う相対国があって境界画定が必要な場合には、200海里未満の中間線を基準に国内法に基づく管轄権の適用範囲を制限しているのであるから、そうした線を設定すること自体が境界画定合意を阻害する行為となるわけではないであろう。また当該海域のCSについては、沿岸国の権原は原初的でありかつ事実上当然のものであり、またCSの海底資源の探査・開発は排他性を有するから、第三国が沿岸国の許可を得ずに開発に関与することはありえず、従って境界未画定であることから生じる問題は、いずれ関係沿岸国間の問題に還元される。つまり境界未画定であるとしても第三国が不都合な立場におかれるわけではない。EZあるいはEFZ(排他的漁業水域)は沿岸国による海域の設定行為を要するが、一度設定されれば、その海域における漁業その他の天然資源の探査・開発、その他の経済的利用に関しては、CSと基本的に同一である。もっともUNCLOSの枠組は、EZの上部水域部分の経済的利用について沿岸国の排他的権利を認めてはいるが、経済的利用の中心的関心事項である漁業に関しては、漁獲余剰分について外国船舶の漁獲参入を認めることを義務づけている。それゆえ境界未画定であることによって外国漁業の漁獲参入に配慮を欠くこととなる。もっともこの義務の実施については、沿岸国の大幅な裁量が認められているので、第三国がその漁獲量の

決定について問題を提起する余地は小さく、またいずれにしても漁獲を実施するについては、いずれかの沿岸国の許可と漁獲量の割り当てを受ける必要があるから、問題は沿岸国相互間の関係に還元される。

しかし、後に述べるように、UNCLOSの下で、沿岸国はEZおよびCSにおける天然資源の探査・開発およびその他の海域の経済的利用についての主権的権利をもつだけでなく、様々な管轄権の行使が認められており、それらについては沿岸国の権利とともに義務が規定されている。この場合には、境界が未画定であることによって、いずれかの沿岸国と第三国との間に直接に法的な問題が生じる場合がある。というのはこれら管轄権は、いわば海洋管理を沿岸国に委ねることによって、海洋の秩序維持と国際社会の共通利益を実現することを目指すものである場合が多いからである。つまり境界が未画定であることによって第三国に対するUNCLOS上の義務を沿岸国が果すことができないと、それによって海洋秩序を適正に維持することができず、結局は国際社会の共通利益の実現もうまくいかなくなる。そこで関係沿岸国はUNCLOS上の義務を適正に果すためにも、規律を要する個別の事項に応じて、暫定的な取極を積み上げていく必要があるし、またそれら暫定的取極に合意できない場合には、とりあえず自己の管轄権行使の範囲を一方的に設定して、その範囲内における第三国と自国との関係を法的に整備して、管轄権を行使する上での法的な不都合を除去しておく実際上の必要がある。

3　国内法による一方的境界設定と境界画定合意阻害の禁止

ところで、こうした目的で中間線を一方的に設定することが、相対する国との関係において、UNCLOSが禁止する境界画定合意阻害行為にあたるのか、またいずれにしてもこうした中間線を基本にした管轄権の行使を巡って生じる紛争がいかなる性質をもち、そしてその解決において、UNCLOSの紛争解決手続がどのように作用するか。この点について若干考察をしておきたい。

第一に、既に述べたように、わが国のEZ法が設定する中間線は暫定的な性格をもつものとして規定されており、また境界画定において中間線が境界画定の一応の出発点となることは国際判例などにおいてもほぼ確立している。またもし海洋境界未画定海域について、こうした暫定的な法令適用範囲の設

定すらできないとなると、第三国の船舶による海洋汚染や海洋科学調査など、いずれかの沿岸国の管轄権を通じてUNCLOSが実現しようとする海洋秩序の維持すらできないなどの不都合が生じる。逆に権原重複海域においてはいずれの沿岸国も管轄権を行使できるとなると、第三国の船舶が法的に不安定な状況におかれ、国際航行の利益が損なわれたり、その他の国の海洋利用の利益が不当に侵害されることになりかねない。これらのことを勘案すれば、境界未画定海域についての暫定的な取極が規律しない事項については、沿岸国が中間線を基準としてその国内法に基く管轄権を適用する範囲を一方的に定めたとしても、その管轄権の行使が境界画定に直接に影響をおよぼす国家実行の実績に直ちに結びつく性質のものでない場合には、たとえ相対国が境界画定において中間線の方法を取ることに反対している場合でも、それが境界画定合意阻害行為になるとは思われない[5]。

　問題はどういう管轄権の行使が、境界画定に直結するといえるかということになる。その意味で、日本の中間線の設定行為はそれ自体としてはUNCLOS違反の境界画定合意阻害行為にはあたらないが、この中間線に基づく管轄権の行使を第三国の船舶に対して対抗できるかというと、それは必ずしも明白ではない。管轄権行使を相対国が黙認するとか、沿岸国間に当該管轄事項に関する暫定的取極があってそれに基づいて管轄権が行使されているなどの事情があれば第三国に対抗できるとしても、境界未画定であることを第三国が主張した時に、その対抗可能性が相対する他の沿岸国の態度に依存するというのであれば、法令執行上、極めて不安定な事態が生じることになってしまう。UNCLOSの起草過程においては、最終合意に至るまでの過渡期間において中間線を越える暫定的な境界線を一方的に設定することを禁止する規定が提案されたことはあるが、もしこれが採択されていれば、逆に中間線を越えない範囲で沿岸国が一方的に設定した暫定境界線が第三国に対抗できる根拠にもなりえ、第三国との関係では一方的な管轄権の行使が可能であることが明確になったかもしれない。最近の国家実行では過渡的期間において暫定的な措置として中間線を設定する傾向もあり、そうした場合、それら中間線を基準に沿岸国の管轄権が行使されたとしても、第三国からとくに条約違反という指摘がなされることもない[6]。

　第2に、境界未画定の海域において一方的に設定された中間線を基準に管轄権の行使がなされ、それを巡って沿岸国間に紛争が生じた場合、その紛争

はいかなる性質のものと性格づけられるかという問題がある。もし暫定中間線を設定した沿岸国によって行使される管轄権が主権的権利の行使として性格づけられるものであれば、その管轄権行使をめぐって生じる紛争は主権的権利を巡る紛争となるはずである。しかし境界未画定であることから少なくとも双方のEZあるいはCSの主張が競合する紛争海域における管轄権の行使をめぐる紛争は、一方から見れば主権的権利の行使であるが、他方から見れば他国のEZあるいはCSの主権的権利を侵害する違法な行為となる。その場合、一方の沿岸国による一方的な主権的権利の行使を他方がUNCLOSの解釈・適用問題として取り上げた場合、その紛争はUNCLOS第15部のいずれの紛争解決手続きに則って裁判に付託されることになるか。この紛争を処理する裁判所は、判断の論理的前提として境界画定問題を扱わざるを得ないはずであるが、第15部の規定によれば、海洋境界画定について締約国は、同部第2節の拘束力を有する決定を伴う義務的手続の適用を選択的に除外することができる(298条1項(a)(i))から、一方当事国が海洋境界画定について選択的除外を行っている場合には、管轄権の行使をめぐる紛争についても、沿岸国はこれを裁判によって解決することを義務づけられないこととなる。その場合、強制調停の手続が一応義務づけられているが、この義務は境界画定紛争が条約の効力発生後に生じかつ合理的期間内に合意が得られないときに限られている。しかも境界画定が大陸または島の領土に対する主権その他の権利に関する未解決の紛争についての検討が必要とされる紛争には強制調停の手続は適用されないから、境界未画定海域のいずれかの沿岸国が選択的適用除外を宣言している場合、当該海域における管轄権の行使から生じる紛争は、第15部の手続には一切かからないこととなる。

　第三国との関係においても同様である。すなわちいずれかの沿岸国が第三国に対してUNCLOSによって認められたEZまたはCSに対する管轄権を行使しようとする場合、第三国がその管轄権の行使を当該沿岸国のEZあるいはCSの外での管轄権の行使としてその違法性を争う場合に、紛争が裁判所に付託されたとすると、他の沿岸国は訴訟手続に不可欠な第三者としての地位に立つが、もしその国が選択的除外を宣言している場合には、裁判所は、実際上、やはり裁判できないこととなろう。境界画定に関する裁判の場合には、裁判所は裁判判決が第三者効を持たないことを理由に、あるいは第三者の権原と重複する可能性のある海域を判決の対象から除くように境界画定範囲を

限定するなどを通じて、なお訴訟当事者間限りでの境界画定を行うことができる。しかし境界未画定海域の管轄権の行使をめぐる一方の沿岸国と第三国との間の訴訟の場合には、たとえ何らかの理由をつけて裁判所が他の沿岸国を手続から排除して、もっぱら一方の沿岸国と第三国との間の権利義務関係だけを処理することができたとしても、他方の沿岸国は別途当該第三国の活動に対して自国のEZまたはCSに対する管轄権の侵害行為として何らかの措置をとるであろう。それゆえ第三国の側からすれば、訴訟によっても問題は解決できていないこととなる。第三国が当該他の沿岸国を相手方とする訴訟を提起した場合、裁判所が同一事例についての先行する判決と同じ判断を下すとすれば、それは第三国に過重な訴訟負担をかけることとなるし、異なる判決を出せば第三国は背反する義務を命じられることとなって、結局は、当該海域の正当な利用すら否定されることになりかねない。

　このように境界画定合意が合理的期間内に行われない場合には、境界未画定であることが、第三国の正当な海域の利用を阻害したり、沿岸国の異なる規制を受けたり、また訴訟の負担を過重に負わせる結果になるなど、公正かつ衡平な海洋利用というUNCLOSの基本目的を阻害する事態が発生しかねないのである。

III　境界未画定海域における国内法適用の対抗力

1　主権的権利の行使と対抗力

　UNCLOSはEZの天然資源を探査・開発・保存・管理する主権的権利ならびにEZにおける経済的目的で行われるその他の探査・開発活動（海水・海流・風からのエネルギーの生産などを含む）に関する主権的権利を有するほか、人工島・施設・構築物の設置および利用、海洋の科学的調査、海洋環境の保護および保全に関する管轄権を有する（56条1項）。またCSについても天然資源の探査・開発する主権的権利を有する（77条1項）。そこでまず境界未画定海域において、何れかの沿岸国が海底資源開発活動を一方的に行うことができるかの問題について検討してみよう。この問題は、境界画定の方法に関するUNCLOSの規律、および近年の国際判例の動向を踏まえつつ検討する必要がある。漁業資源開発、海底資源開発あるいは排他的経済水域のその他の経済的利用は主権的権利の行使にあたり、その実績の積み上げが境界画定に直

接に影響を及ぼす場合には、境界画定合意を阻害する行為に該たるとひとまずいうことができる。境界画定は関係国の「合意によって」行われるのが原則であり、関係国がどういう合意をするかについては制限がないから、およそ相対する沿岸国の権原が競合するEZあるいはCSの一方的な探査開発に着手することは、境界画定に直接に影響を与えると原則的にはいえるからである。

UNCLOSは同時に、境界画定が衡平な解決を達成するために「国際法に基いて」なされることを求めている(74条1項、83条1項)。そこで境界画定における国際法が何かが問題となるが、国際法によって境界を設定する国際判例においては、一般に衡平原則を適用して、まずは暫定的に中間線を引き、関連事情を考慮してこれを修正し、衡平な結果を達成することができる境界線をひくという方法が用いられる。要するに、国際法に従う場合には、中間線が境界画定の基本となるのであるから、これから相当に離れた海域において天然資源の探査・開発を一方的に行っても、それは直ちに境界画定を阻害するとはいえない。ただし相当に離れているといえるかどうかは、関係沿岸国の権原主張のあり方や関連事情のとり方によって異なるし、またEZの場合とCSの場合でも違いが生じる。つまり境界画定合意阻害行為であるかどうかは、中間線からの距離によって一義的に決まるわけではない。相対国が主張する境界線、中間線から離れることを正当化する関連事情などにも、それが一応の合理性をもつ限りで、国内法令上の管轄権を適用する際にこれに妥当な配慮をするのでなければ、管轄権の行使は対抗性を持たないであろう[7]。

(1) 境界未画定海域における漁業取り締まり

中間線が一応の基準を与えるとしても、それは将来決定される境界と同じであるわけではない。境界画定線が関連事情を考慮して修正される範囲は相当に広い。とくに関連事情の適用にあたり、漁業資源の衡平配分が実質的な要因となっている場合には、この修正の範囲は広くなる傾向がある。たとえばヤンマイエン事件[8]におけるICJの判断は、ヤンマイエンを領有するノルウェイが中間線を主張し、グリーンランドを領有するデンマークが200海里を主張したこともあり、両線の間の海域を紛争海域とした上で、それを三つの海域に分けてそれぞれ異なる方法で海域を両国に分割したため、最終的な境界画定線は大きく中間線から離れていた。この際に実際的に考慮された

のは、冬季におけるししゃもの漁業の稼動が衡平にできるようにすることであった。その意味で、EZの漁業資源の探査・開発については、一方的な主権的権利の行使が相当に中間線を離れた海域において行われても、境界画定合意を阻害する行為となる可能性がある。魚は中間線近辺にいるわけではなく、両沿岸国漁民が入り合ってきた伝統的漁場は紛争海域の中に点在するからである。とくにバンクのような有望な漁場がある場合には、双方の沿岸国の主張がこれを自国のEZの中にとり込むような境界線を主張するであろうから、たとえその漁場を中間線の中にとり込むことができても、なお同海域について相対国の漁業の伝統的な実績を尊重してこれを主権的権利の行使の対象からはずすなどの措置が必要であろう。そうした措置がとられない場合には、境界線を一方的に設定すること自体が、境界画定合意阻害行為となると思われる。一方の沿岸国が暫定的な境界線を設定し、その範囲内で上記のような慎重さを伴って合理的範囲内で主権的権利に基づく沿岸国法令の適用がなされるのであれば、当該沿岸国は、相対する沿岸国の漁船や第三国の漁船の無許可の漁獲活動を取り締まることができるであろう。その際、当該漁船が相対する沿岸国の許可を得ていると主張する場合でも、その主権的権利は相対国に対抗できるから、沿岸国がこうした許可の有効性を争って第三国船舶を取り締まっても、それは相対国の主権的権利の侵害となったり、あるいは境界画定合意を阻害する行為にあたったりするということにはならない。ただそうしたことは、実際上は第三国の漁業にとっては不都合である。それゆえ、漁業に関しては沿岸国双方が何らかの合意によって暫定的な措置をとるかあるいは準恒久的なレジームに合意する必要はとくに大きい。日中、日韓の間では新たに漁業協定を結んで一定海域について共同漁業水域のレジームを設定している[9]。

(2) 海底資源の探査開発

これに対してEZの海底あるいはCSの鉱物資源の探査開発の場合には、中間線をまたがって存在する鉱区を探査・開発するのでない場合には、それは境界画定を阻害する行為に直ちになると判断することはできないと思われる。逆に鉱脈が仮設的な中間線をまたがっていると想定される場合に、当該鉱区を一方的に探査・開発することは、境界画定を阻害するものとなる。というのは、国際判例において、既知の鉱区やすでに探査・開発に着手された鉱区

がある場合には、衡平原則を関連事情によって修正する場合にそれが関連事情として考慮される可能性が高いからである[10]。もちろんその場合、他に特別の事情がない限り、それら鉱区によって自国CSを中間線から凹まされた沿岸国は、その分、他の場所で中間線を越えることを補償として求めるであろうが、それが奏功する保証はない。北海大陸棚事件において、判決を受けてなされた境界画定交渉において、確かに西ドイツのCSは沖合に延びて拡張したが、しかし境界線はデンマーク側からもオランダ側からも沖合の一部で凹まされている。これはそこに海底油田の有望な鉱区があると見込まれていたためであるといわれる。何故このように一見早い者勝ち、抜け駆けの功名という結果が是認されることになるかというと、それは油田の開発を無駄なく効率的に行うためには、「一つの石油鉱区について一つの油井」(one straw in one oil field)という石油開発技術の特殊性があるからである。従って中間線を越えて鉱脈が存在することが見込まれる場合には、沿岸国は一方的に探査・開発を開始すべきではなく、権原が競合する相対国との協議を通じて合意の下に事業を実施するとか、共同開発のレジームを合意によって設定するなどを行わない限り、境界画定合意を阻害するおそれが生じる[11]。

　中間線をまたがる鉱区だけでなく、中間線を修正する関連事情が主張され、あるいは中間線以外の境界線が特別事情の存在を理由に主張されている場合には、それが一応の合理的根拠をもつものである限り、やはり境界未画定海域におけるそれら主張されている境界線近辺での天然資源の探査・開発の実施には慎重さがもとめられるであろう。たとえば相対国の主張する境界線と自国が設定する中間線の間の海域については、中間線までの鉱区の申請を受け付けたとしても実際には掘削を伴う開発事業の実施は当面認めないなどの措置である。もちろん、それは相対国の境界の主張が合理的な場合のことであって、相対国の主張する境界線が余りに過超であって自国の主張する境界線との間の海域が広大であるような場合に、こうした慎重さを要求することは、かえって衡平を欠くことになるともいえるし、そのことが境界画定交渉の進捗を阻害する場合もある。要するに境界画定は「国際法に従って」なされるのが原則である。

　以上の意味で、境界未画定海域であっても、それゆえに相対する沿岸国の主張と競合する紛争海域において主権的権利の行使がすべて停止されなければならないわけではない。もし停止されなければならないとなれば、沿岸国

は境界画定交渉の過程で過超な境界を主張することにより、相対国の主権的権利の行使を事実上差し止めることができることになってしまい、誠実に交渉しようとする沿岸国を不当に不利な立場に置くことになるからである。その意味で、そうした慎重さを伴いつつ中間線または修正された中間線を設定して、紛争海域の自国沿岸側で主権的権利を行使して開発事業を進めることは、相対国との関係でも対抗力をもつというべきであろう。

　この点で多少の参考になるのは、エーゲ海大陸棚事件におけるICJの判断である。エーゲ海大陸棚事件[12]では、トルコによる音波探知機を使った海底形状の調査(seismic survey)は、沿岸国の同意を得てなされるべき大陸棚の実地調査(1958年の大陸棚条約5条8項)には該当せず、またCSに物理的損害をあたえるものではないから、当該CSについて自国の権利を主張する沿岸国たるギリシャの主権的権利を害するものではないとされた。このICJの判断は、ギリシャが求める暫定措置を指示しない決定の理由づけとして述べられたものであり、またCSの上部水域が公海であった時期のものであるから、EZについて同じように言えるわけではない。結局、ICJは裁判管轄権を否定したので、この判断の意味は不明のままであるが、察するところ、当該CSに対する権原をいずれの国が持っているか分からない段階では、これら調査がギリシャの主権的権利を侵害しているとはいえず、たとえ本案でそれがギリシャのCSであることが確定された場合には主権的権利の侵害があったことになるが、それに対する賠償は後から可能であるから、権利保全のための暫定措置を指示する必要はないということであろう。ただ裁判所は、それが可能であったにもかかわらず、トルコの地質調査を差し止める措置を指示することもせず、紛争の悪化・拡大の防止の措置の要請にも応えなかった。境界未画定の海域のCSと、この事件の場合では、権原帰属について争いのある点では同じともいえる。むしろ境界画定紛争の方が、境界が画定するまでは、当該CSについて主権的権利を有するのがどちらであるか不明であるから、主権的権利の侵害があったかどうか確定することも困難である。そうであれば天然資源の探査・開発が場合によって回復不能な損害を生じさせるのに対して、音響による地質調査は直ちに損害に結びつくものではなく、将来境界画定がなされた後に救済を図ればよいという理屈は、境界画定の場合により一層成り立ちそうである。現在においても、EZが宣言されていない海域で、CSの境界画定のみが交渉されている海域については事情は同じであ

る。ただ最近では、衛星からの遠隔探査(remote sensing)やナノテクノロジーを使った地震波調査のように、CSに接しない地質調査でも鉱物資源の賦存状況を相当に正確に把握できる技術も開発されつつあり、それら境界未画定のCSにおいて主権的権利に関わる情報を一方的に収集することが認められるかは疑問でもある。海洋調査の場合でも、沿岸国は主権的権利の効果として、調査結果を国際的に利用することを制限する権利を認められている。

いずれにしても、UNCLOSの下では、CSにせよEZにせよ、境界未画定の海域で相対する沿岸国のいずれかが一方的にこうした調査を行うことは、境界画定合意を阻害する行為にはなりうる。ただそれはEZやCSの天然資源の探査開発の場合と同様、すべての調査活動がそうなるわけではない。調査にせよ、ましてや探査・開発にせよ、それが境界画定合意阻害行為となる場合には、他の沿岸国は境界画定に影響する実績の集積を阻止するために、その中止を要請して抗議の意思を明らかにする必要があるであろう。もちろんそれは境界画定合意阻害行為にあたる場合であって、紛争海域全体について当然にそうなるわけではない。

以上要するに、境界未画定の海域において、双方の沿岸国が自国に有利な境界線を主張する。それが境界画定の交渉の出発点である。それとは別に、沿岸国は、UNCLOS上の権限を行使し義務を果して海洋秩序を維持するために、自国法令の当面の適用範囲を定める必要がある。この法令適用範囲の設定は、境界画定が合意によってなされるべきものであるから、本来的に暫定的な性質のものである。たとえそれが自国の主張する最終的な境界線とは異なっていても、中間線あるいは関連事情を考慮して修正した中間線を一応の基準としたものであれば、そうした暫定的な境界線の設定自体は相対国の主権的権利を侵害することにはならない。ただ沿岸国は、中間線の自国側において国内法令上の管轄権を行使するについても、適用法令の規律事項に応じて、相対国の主張に慎重な配慮を払うのでなければ、管轄権の行使が境界画定合意を阻害するものとなる可能性があるということである。

2 管轄権の行使と境界画定合意阻害行為

(1) EZにおける船舶起因汚染

UNCLOSはEZの沿岸国に様々な管轄権の行使を認めている。すなわち海

洋構築物の設置・規制、海洋環境の保護・保全、海洋科学調査についての管轄権などである。これらは天然資源の探査・開発には当たらず、またその他の経済的目的のための活動ともいえない。海洋構築物が天然資源の探査・開発のために設置されるものである場合は別として、それ以外の場合には、沿岸国の管轄権の行使は、一般には境界画定合意を阻害するものではない。たとえば海洋環境の保護・保全のために[13]、沿岸国は自国沿岸で汚染を行った外国船舶に対して、当該船舶が自国の領海またはEZにおいて沿岸国法令に違反した排出を行った場合には、当該船舶が自国の港に任意に留まる場合には、当該違反について手続を開始することができる(220条1項)と規定されている。これはいわゆる沿岸国による執行といわれるものであるが、沿岸国による執行にはさらに、自国の領海またはEZを航行している外国船舶がその領海通航中に沿岸国法令に違反する排出を行った場合(同2項)、自国のEZまたは領海を航行している船舶がそのEZにおいて沿岸国法令違反を行ったと信ずるに足りる明白な理由がある場合(同3項)、自国のEZまたは領海を航行する船舶がそのEZを通航中に沿岸国法令違反を犯し、それにより著しい海洋環境の汚染をもたらし、またはもたらすおそれのある実質的な排出が生じたと信じるに足りる合理的な理由がある場合(同5項)、自国のEZまたは領海を航行する船舶がそのEZにおいて沿岸国法令に違反し、その違反により自国沿岸もしくは関係利益に著しい損害をあたえ、あるいはEZの資源に著しい損害を生じたことの明白かつ客観的な証拠がある場合(同6項)には、沿岸国がそれぞれの場合に応じて一定の措置をとることが認められている。ただし適用される沿岸国法令は、排出に関して適用ある国際規則または基準に適合したものである必要がある。他方、沿岸国は自国の内水、領海およびEZの外で生じた排出、他の国の内水、領海およびEZにおける国際基準に違反した排出が自国の内水、領海およびEZにおいて汚染を生じさせ、または生じさせるおそれのある場合には、当該違反を行った船舶が自国の港に任意に留まる場合には、一定の措置をとることができるものと規定している(218条)。いわゆる寄港国による執行である。

　こうした場合に、沿岸国がとりうる措置は、違反船舶の物理的検査から、国内法令に従って船舶の抑留を含む手続をとることまで、それぞれの場合によって異なるが、これらの措置を実施する場合でも、境界が未画定である場合には、他の沿岸国および第三国との間で問題が生じうる。すなわち排出

違反の生じた海域が自国のEZであるのか他国のEZであるのかに応じて、適用条文が異なり、またそれに応じて、自国EZを航行している船舶に対して措置をとりうるとされる条件や手続が異なってくる。それゆえ、一方的に設定したEZの境界線がそれら違反船舶の旗国である第三国に対抗できるかということが問題となる。また競合する権原を主張する相対国が、こうした措置を自国の管轄権の侵害であるとして抗議を申し入れてくることもありうる。もともと寄港国による執行や沿岸国による執行は、旗国による執行では船舶起因汚染の取り締まりが実効的でない(明文の規定はないが、旗国自身は他国のEZにおいて執行措置を執りうる)ことから導入されたものであり、とくに沿岸国としては国際基準を実施するための国内法令の実効を確保する必要が大きい[14]。第三国の船舶が任意にいずれかの沿岸国の港にとどまる場合においてなされる執行は、自国のEZの外における違反に対する寄港国としての執行(218条1項)であるのか、自国のEZの中での違反に対する沿岸国による執行(220条1項)であるのかによって、手続に若干の違いがある(寄港国による執行の場合には、まず調査がなされ、それにより違反が証拠によって正当化される場合に、手続に移行できると規定されているが、沿岸国についてはこうした手順に関する規定はない)ほか、寄港国による執行については、他の国のEZ内で生じた排出違反については、手続を開始してはならない(ただしその排出違反に依って損害または脅威を受けた国が要請した場合、あるいは自国の領海またはEZに汚染をもたらしまたはもたらすおそれがある場合には、この禁止は解除される)と規定されている(218条2項)。そこで境界未画定海域においては、自国の主張する境界より自国側での執行は沿岸国による執行ということになるが、それに相対国が異議を申し立てることもあり得る。本来は、これら執行の規定は、第三国船舶の側(旗国)の航行の利益と海洋環境の保護・保全の利益を調整するための規定であるから、排出違反によって脅威を受ける関係沿岸国は協調して行動するという前提で規定されているわけであるが、境界未画定であることから寄港国としての執行であるのか、沿岸国としての執行であるのかが問題となってしまう可能性が出てくることになる。そしてその場合、相対国との関係では、海洋環境の保護および保全に関する管轄権の行使が、境界画定合意を阻害する行為であるか否かが問題となりかねないのである[15]。これは両沿岸国にとって好ましいことではないから、排出違反船舶がいずれかの沿岸国の港に任意にとどまる場合の措置については、それぞれが主張する境界内での措

置とみなして手続をとる場合でも、相互にこれを認め合い、将来における境界画定において主権的行為の実績として主張しないという了解を確認しておく必要があろう。旗国は、それが問題であれば、6カ月以内に同一事案について手続を開始することによって、沿岸国または寄港国による執行を停止させることができるので、問題は生じないであろう。

(2) EZの海洋科学調査

EZの海洋科学調査についても同様の問題が生じる[16]。UNCLOSは他の国のEZの海洋科学調査を実施しようとする場合には、当該沿岸国の同意を要すると規定するとともに、科学調査は人類全体の利益のために行われるものであることから、通常の場合には、沿岸国がこれに同意を与えることを義務づけ、また一定の場合には、沿岸国の同意があったものとみなす規定をおいている。こうした規定は、海洋科学調査が行われようとしている海域がいずれの国のEZであるかが明確に定まっていることが前提とされる。境界未画定海域では、海洋調査を実施しようとしている第三国は、いずれの沿岸国の国内法あるいはガイドラインにしたがって同意を申請する手続を行えばよいか、あるいは調査の内容について通知すればよいか、困惑することとなろう。沿岸国によっては純粋な科学調査については同意を要しないとする国もあるが[17]、沿岸国が発展途上国の場合には、UNCLOSの規定に従って調査への参加や調査船への同乗を要求し、または調査に同意するにあたり条件を付することもできる(249条)[18]。この条件の中には、天然資源の探査および開発に直接影響を及ぼす計画について、調査の結果を国際的利用に供する場合には事前の合意を要求することを含めることができる(同条2項)。これは科学調査であれば一般に合理的期間内に調査結果の公表が行われるが、それが沿岸国の主権的権利に基づく裁量(たとえば漁獲可能量の決定)を制約することに繋がるおそれがあると沿岸国が考える場合には、公表を差し止めることを可能にして、海洋科学調査の権利と沿岸国の主権的権利の調整を図る規定である[19]。境界未画定海域においては、しかしながら、科学調査の申請をうけてこれに同意を与えた沿岸国とは別の他方の沿岸国が同様の危惧をもって、公表の差し止めを要求する場合がありうる。

このような不都合を調査実施国が避けようとすれば、結局は、双方の沿岸国の国内法上の手続をとっておかなくてはならないことになりかねない。と

くに同意を得ない調査の実施や調査の条件への違反行為について、国内法令が処罰ないし罰金を課するとされている場合にはそのように言えるし、そうなると調査実施国は海洋科学調査に厳しい条件をつける沿岸国の国内法令により留意するようになってしまう可能性もある。こうして、結局、科学調査の自由の原則が後退する結果すら危惧され、海洋科学調査を通じて得られる人類全体の利益の促進が阻害されることになりかねない。

　以上若干の場合について見てきたように、境界未画定の海域において、第三国の側の不都合を取り除くためにも、合意が到達される前に、一方的に境界を設定して自国の管轄権を及ぼす範囲を公表し、その範囲内において、相対国の主張への合理的な配慮を用いつつ管轄権が行使される場合には、この管轄権の行使は相対国にも対抗でき、第三国もそれに従う限りで他の沿岸国の規制を受けないとすることが合理的である。もちろん、対抗できることとその管轄権行使の実績が権原を強化することとは別であり、両沿岸国の主張が競合している以上、その管轄権の行使が合法とも違法ともいえないことには注意を要する。つまり境界画定合意を阻害することにはならないということである。

【注】
1　第15部の紛争解決手続の規定は、境界画定紛争についていずれかの関係国が選択的除外を宣言している場合でも、大陸または島の領土に対する主権その他の権利に関する未解決の紛争についての検討が必要であるには、強制調停の手続に付することも義務づけられない(298条1項(a)(i)末段)から、この場合には「合理的期間」の限定は、実際上、ほとんど意味をもたない。
2　日韓、日中の漁業協定およびそれに基づく暫定水域が、条約74条3項の「暫定的な取極」にあたるのか、それとも相当長期にわたり更新されていくことが事実上了解された特別の制度の創設とみるべきなのか、必ずしもはっきりしているわけではない。暫定的な取極と正式の条約との効果の違いは、前者が、少なくとも海洋法条約上は、最終的な境界画定に影響を及ぼさないのに対して、後者は条約上の権利義務が場合によっては海域に対する権原の根拠となりうる点にある。とりわけ大陸棚に共同開発区域(Joint Development Zone, JDZ)を設け、鉱区を単一化した上で(unitizition)採掘資源の配分が行われる場合、その配分比率が極端にいずれか一方に偏っている鉱区は、将来の境界画定になんらの影響がないとはいえない。それゆえ共同開発協定は必ずしも暫定的な取極とはいえず、それゆえ慎重な交渉が必要となる。なおチモール・ギャップについては豪と東ティモールの間で2002年に共同開発協定が結ばれ、それは境界画定の恒久的な決着は先延ばしする規定をおいているので、UNCLOS上は実際的性格の暫定的取極と考えられているが、しかしたとえば開発利益を10:90で配分するのと、50:50で配分することでは、境界の最終画定に対して一定の意味を必然的にもつと考えられている。なお、Dean

Bialek, The New Timor Sea Treaty:(TST): A Legal Opinion, in onhttp://www.egan.org/news/2002a/05gap.htm、John Roberts, East Timor Calls on Au- stralia to stop Exploiting Disputed Oil Field, World Socialist Web Site, www.wsws.org 参照。

3 海洋法条約76条8項の規定に従って大陸棚の最大350海里までの延伸が認められれば、大陸棚の範囲をさらに拡張するように同法を修正する必要が生じる。

4 海洋法条約では、排他的経済水域の場合は権原の根拠として200海里の距岸距離が採用され、他方、大陸棚の場合には自然延長が従前どおりに維持されている(国連海洋法条約57条、76条、参照)。自然延長では沿岸陸土との海底地質構造との連続性が問題となるのに対して、排他的経済水域についてはそういうことはない。その意味で排他的経済水域が設定されている海域では、大陸棚制度は距岸200海里までは排他的経済水域に包摂され、自然延長の観念は、200海里を超えて公海海底に大陸棚が広がっている場合において大陸棚に対する沿岸国の権原を根拠づけるものとしてのみ、意味をもつに止まる。ただ排他的経済水域を設定しない場合には、大陸棚に対する権利は事実上当然にかつ当初から(*ipso fact* and *ab initio*)沿岸国に付随するとはいえ、自然延長の観念がなお維持されるから、沿岸国の権原が当然に200海里まで延びるということにはならない。

5 たとえばメイン湾事件では、ICJに事件が付託される前段階で、カナダもアメリカもそれぞれに国内法で一方的に境界線を設定し、その境界の自国側に適用するロブスター法を制定したり、大陸棚資源開発の鉱区を許可したりしているが、同時に境界画定交渉が継続中であることを理由に、相手国漁業の実績を尊重したり、自国事業者の掘削行為の抑制などの措置をとって、境界画定合意を阻害することを回避していた。紛争の経緯については、Gulf of Maine Case, *ICJ Reports 1984*, paras.60-78、参照。

6 西村弓「鉱物資源探査開発に関する沿岸国の権利」(日本国際問題研究所『EEZ内における沿岸国管轄権をめぐる国際法及び国内法上の諸問題』2000年、46〜47頁)。

7 これまでの国際判例の殆んどはCSの境界画定事例であるが、CSとEZの双方を単一境界線で画定した例の典型はメイン湾事件である。この事件において小法廷は、当事者が求める単一境界線を引く方法は「幾何学的方法」しかないといっている(*ICJ Reports 1984*, para.199)。

8 Maritime Delimitation in the Area between Greenland and Jan Mayen, *ICJ Reports 1983*.

9 境界を定めずに共同レジームを設定する例としては、たとえばオーストラリアとパプアニューギニアの間のトーレス海峡合意がある。ただしこの合意はいわば伝統漁業を保護するための保護区の設定であり、その保護区の中では海底鉱物資源の開発も禁止されている。なお、Ellen Hey, The Regime for the Exploitation of Transboundary Marine Fisheries Resources, 1989, appendix I.c., pp.147-153.参照。

10 北海大陸棚事件、*ICJ Reports 1968*, para.101、チュニジア・リビア大陸棚事件、*ICJ Reports 1982*, para.107、リビア・マルタ大陸棚事件、*ICJ Reports 1985*, para.50 など参照。

11 拙稿「境界未画定海域における資源の探査・開発」(『海洋法および海洋問題に関する研究会報告書』外務省、2004年)参照。

12 *ICJ Reports 1976*, paras.30-31.

13 海洋環境の保護・保全のための寄港国管轄、沿岸国管轄については、拙稿「海洋環境保護と沿岸国の管轄権」シップ・アンド・オーシャン(現、海洋政策研究財団)編『地球未来への企画「海を護る」』(2003)、参照。

14 もっともUNCLOSは、沿岸国のEZにおける執行については厳しい条件を課しており、一般には情報提供の要請ができるにとどまる。物理的検査を行いうるのは、違反により著しい海洋環境の汚染をもたらしましたはもたらすおそれのある実質的な排出(substantial discharge)が生じたと信じるに足りる明白な理由がある場合で、情報の提供が拒否され、あるいは提供された情報が明白な実際の状況と明らかに異なる場合であって、事件の状

況により検査を行うことが正当と認められるときとされ、また自国法令に基づいて手続を取りうるのは、以上に加えて、違反により沿岸、沿岸国の関係利益、およびEZの資源に著しい損害(major damage)をもたらし、またはもたらすおそれのある排出が生じたとの明白かつ客観的な証拠がある場合に厳格に限定され(220条3, 5, 6項)ている。その上、同一事案について旗国が6カ月以内に手続を開始する場合にはその手続を停止しなければならず(228条)、その意味で、沿岸国による執行としての裁判手続は旗国の執行管轄権を代行する代理処罰としての性格をもつ。

15 UNCLOSは船舶起因汚染について、沿岸国汚染防止法令の立法管轄を領海を超えて域外に拡張することを寄港国あるいは沿岸国に認めているが、同時にその立法管轄の中身を国際基準によって統一し、第三国船舶が予測できない取り締まりを受けることがないようにすることを通じて、船舶の通航利益を確保している(Churchill and Lowe, The Law of the Sea, 3rd ed., 1999, pp.348-353, 参照)。ただ海域によって特別の事情のある場合には、EZの明確に限定された特定の水域において独自の基準を国内法で定めることができるが、その場合には事前に全ての関係国と適当に協議するとともに、国際機関(IMO)に通告しなければならない(211条6項)。海洋保護区(MPA)の設定の一つの根拠でもあるが、こうした事情が境界未画定区域である場合には、単に協議にとどまらず合意によって特別のレジームを設定する必要が生じるであろう。

16 海洋科学調査については、拙稿「海洋科学調査の法的枠組み」(海上保安協会編『新海洋法の展開と海上保安』第1号、1997年3月)、同「海洋科学調査:同意の拒否事由」(外務省平成19年度海洋政策研究会報告書、2008年3月刊)、Soons, A., Marine Scientific Research and the Law of the Sea, 1986, 坂元茂樹「排他的経済水域での沿岸国の同意なき海洋の科学調査—政府公船の場合の対応措置—」(『海洋の科学的調査と海洋法上の問題点』日本国際問題研究所、1999年)など、参照。

17 アメリカは、許可を要する場合を、①調査が領海で行われる部分を含む場合、②EZでの調査の一部が海産哺乳動物および絶滅危惧種の調査を含む場合、③EZでの調査が商業的価値をもつ程度の量の海洋資源の採取を含む場合、④EEZでの調査がアメリカの大陸棚と接触する場合に限り、それ以外の「純粋」科学調査については同意の手続きは不要としている。

18 ブラジルの国内法(Decree no.9600, 2 May 1988, arts. 2, 5, 15,and 16, in United Nations, The Law of the Sea: National Legislation, Regulations and Supple- mentary Documents on Marine Scientific Research in Areas under National Jurisdiction, 1989, at 42)は、粋科学調査であると開発事業のための調査であるとを問わず、それがブラジルの科学技術の発展に資するものでない限り許可を与えないとし、また当該調査に関心を持つブラジルの組織と契約することを求めている(ただしこの法令は、ブラジルが領海を200海里としていたときのものであり、領海12海里・EZ200海里とした後にも、同様の規制を維持しているかは不明である)。Alex Oude Elferink, Stability and Change in the Law of the Sea: The Role of the LOS Convention, 2005, p.131.

19 トリニダード・トバコの国内法(Guidelines for the Conducts of Marine Scientific Research in Areas under the Jurisdiction of the Republics of Trinidad and Tobago, in *op.cit*., at 254)は、科学調査の成果としての情報および資料を同国の「財産」とし、明示の許可なければこれを公表することを禁止している。O Elfinek(ed.), *op.cit*., pp.130-131.

第8章 国連海洋法条約における海洋境界画定紛争の解決手続

青木　隆

I　制度の構造、その沿革と問題点
II　条約当事国の宣言実行
　1　実体的規定の解釈の多様性
　2　裁判所の選択と選択的除外の実態
III　新たな展開
　1　第15部2節による紛争解決
　2　国際海洋法裁判所の裁判部設置
IV　ありうべき紛争解決手続

I　制度の構造、その沿革と問題点

　国連海洋法条約[1]は、海域の境界画定に関して、領海を第15条、排他的経済水域を第74条、そして大陸棚を第83条が規定している。
　領海の境界に関する規定は、領海の幅の限度を12海里までとすることを明示的に規定する条が導入されても、領海条約（1958年領海及び接続水域に関する条約）の規定をほぼそのまま受け継いで、いわゆる等距離線と中間線を領海の限界とするのを原則として、他の方法で沿岸国間の領海の境界を定めることが歴史的権原その他特別の事情により必要である場合に例外的に他の境界の採用を認める。なお、領海条約が第24条3に定めていた接続水域の限界に関する規定は、海洋法条約では削除された[2]。

海洋法条約では、第74条は排他的経済水域の境界画定を第83条は大陸棚のそれを規定している。条として互いに独立してはいるが、それぞれが「排他的経済水域」と「大陸棚」の語を用いる以外は同一の条文である。両者の関係や同文であることの実際的意味については、他章(特に第2章)において考察されると考えられるので、本章では深入りしないが、それぞれの制度はその由来や発展の経過を異にし、海域としての定義も同一ではないことに留意すべきであろう。本章では、特に必要な場合を除いて、両者を一体として第74/83条と表記することとする。

これらの規定を起草した国連第三次海洋法会議第2委員会において、大陸棚と排他的経済水域の国家間の境界の画定は、第76条に定める大陸棚の定義(本書第5章参照。)とともに、交渉が最も紛糾した事項の一つであった[3]。同条において、大陸棚の定義に基線から200海里の基準が明示され、現在の10項に大陸棚の定義と限界の設定に関する各項の規定が境界画定に影響を及ぼさない旨が明文化されて、両者を区別して討議することが可能になったと考えられる。しかしながら、これによって、いわゆる自然延長論者が海底に存在する地質や地形の特徴を境界画定の文脈において境界として主張するのを妨げられるわけでもない。ただ、その場合であっても、海底と上部水域を単一の線で画定する場合には、海底の特徴が境界線に及ぼす影響は相対的に小さくなると考えられる。

第74/83条は、第1項をそれら海域の国家間の境界に関する実体的な基準を示す規定にするものとして論議された。北海大陸棚事件(1969年)における国際司法裁判所の判決を受けて勢いづく「衡平原則派」と同判決によって義務的でない「方法」と位置づけられた等距離／中間線を支持する「等距離原則派」とによって、しだいに長期化していった会議の期間中、その時々の交渉草案に修正が提案され続けた。中間／等距離の規則に強く依拠した英仏仲裁判決(1977年)が再び「等距離原則派」の主張に根拠を与えるというように、議場外の事実の展開も議論に影響を及ぼした。会議後期には、会議における交渉の進捗を踏まえて各国が国内措置によって排他的経済水域や200海里漁業水域を設定したり大陸棚を拡大するようになり、現実のものとなっていく画定交渉において条約に定められる規則が自国に有利にはたらくものにしようとする要因も加わって対立に拍車がかかった。これとは逆に、海洋法会議の交渉草案が参照された事例として、ドバイ／シャルジャ仲裁裁定(1981年)[4]、アイ

スランド／ノルウェーのヤンマイエン調停委員会報告(1981年)[5]、国際司法裁判所のテュニジア・リビア大陸棚事件判決(1982年)などがある[6]。

　交渉は衡平原則と中間／等距離線を併記した条文案を軸に妥協が図られたが、最終的には本会議議長による「妥協案」の強引とも見える導入によって条文が確定した。しかし、条約採択の表決においてトルコ、ベネズエラなどが賛成投票できなかった一因がこの条文への反対であるとも言われた[7]ように、この規定が会議のコンセンサスを反映することには疑問があり、その適用の段階で「衡平原則」対「等距離原則」の戦いが再燃する可能性を排除していない。

　条約では、対向国または隣接国間の排他的経済水域／大陸棚の「境界画定は、衡平な解決を達成するために、国際司法裁判所規程第三十八条に規定する国際法に基づいて合意により行う」とされている。この条文は、画定の目標や準則、手段について一般的な指針を定めてはいるが、境界線の決定に直接資する実質的な基準を指し示してはいない。結局何も定めていないのと変わりがないとする評価[8]も、あながち不当とはいえない。条約交渉の経過から言えば、むしろ「衡平原則」や「等距離原則」または「中間線」のような文言を一切用いていないところに意味があるともいえよう。後に見るように、条約第310条によって当事国が行う宣言にも、境界画定に関わるものが散見されるのも、このことと無関係ではないであろう。

　第2項以下についても、暫定境界の方式、境界画定における島の取り扱い(条約第121条3の規定の前身と見るべき規定も74/83条の一部だったことがある。)や画定交渉が紛争にいたった場合の解決方法等をめぐって様々な案が示された。最終的には、合意が達成されないときに関係国がとるべき行動を定める形の条約規定となった。第2項では、合理的な期間内に合意に達することができない場合における条約第15部の紛争解決手続への付託、第3項では、合意達成までの間における、理解及び協力の精神による実際的な性質を有する暫定的な取極(最終的な境界画定に影響を及ぼさない。)の締結、そして、そのような過渡的期間において最終的合意達成を阻害しないための努力が義務づけられる。第4項は、関係国間に有効な合意がある場合には、境界画定に関する問題は当該合意に従って解決することを定める。

　起草の経緯から、これらの規定は、現実にその適用として行われる画定交渉に対して、境界線の決定にいたる基準や手順を提供することによって関係国間の不一致を予防したり緩和する積極的な役割をもたされるのは回避され、

合意によらないか、国際法に基づいていないか、または、衡平な結果が達成されない境界の画定を排除するという消極的役割を担わされているに過ぎないということができる。合意の有無、国際法規とその内容の認定、衡平性の評価のどれか一つにでも関係国間に不一致があれば、それを紛争として適当に解決する義務を負わせるだけである。そうであれば、次に点検すべき事項は、境界画定に関する紛争が第2項の定めるところに従って付託される第15部の制度によってどのように取り扱われるかである。

第15部の基本的構造は、従来の多数国間条約の紛争解決条項と同様である。すなわち、最初に第1節において紛争当事者の任意の合意による解決の余地を認め、それにより解決されない紛争について第2節による拘束力ある決定を伴う解決手段すなわち裁判への紛争付託を原則として義務づけ、第3節でこの付託義務の例外を明示するというものである。従来の条約であれば、これを単一の条か多くても数箇条で規定してきたところであろうが、第15部と関連附属書では、入念な交渉に基づいて、詳細な選択肢や条件などの規定が設けられたために条文数が多くなり、一見複雑にみえる。

第1節では、意見の交換(第283条)と調停(第284条)が強調される。第283条によって、紛争の平和的解決のための交渉が義務づけられ、いわゆる紛争の存在自体の否認や交渉の拒否が生じにくくなる反面、意見交換の要件が交渉を徒に長期化させて他の手続の発動を阻害することもありうる。第284条の定める調停は任意のもので、紛争当事者に調停の要請を行う権利を認め、他の当事者にはこれを拒否する自由を認めている。調停のための手続規定は附属書Vに定められるが、標準的なものである。条約当事国は4名の調停委員を指名することができ、調停委員名簿は国連事務総長が管理する。

第2節の制度のなかで本章と強い関連を有すると考えられるのは、条約第287条の手続の選択である。この制度の下では、条約当事国は、義務的裁判を行う裁判所を国際海洋法裁判所(以下、海洋法裁判所という)、国際司法裁判所、仲裁裁判所または特別仲裁裁判所から選択することができる。海洋法裁判所はその規程が附属書Ⅵに、後2者はその手続の詳細がそれぞれ附属書ⅦとⅧに定められている。なお、特別仲裁裁判所は、附属書Ⅷ第1条に定める管轄事項((1)漁業、(2)海洋環境保護、(3)海洋科学調査、(4)航行に関する条約規定の解釈適用)に境界画定紛争が含まれていないので、さしあたり考察の対象から除外する。

附属書Ⅶによる仲裁裁判は、手続の開始、裁判官の任命や欠席裁判の規定などに、紛争当事者のなかに仲裁に対して非協力的なものがあっても、手続が行き詰まることなく進行するよう配慮されている。ここでも、条約当事国は、4名の仲裁裁判官を指名する権利を有し、仲裁裁判官名簿は国連事務総長が管理することになっている。

　条約当事国は、これらの裁判所からその義務的裁判管轄権を受諾するものを選んで宣言する。選択の宣言をしていない当事国は仲裁を選択したものとみなされ、個々の紛争においてその当事国の選択が一致していない場合には仲裁裁判所が管轄を有するものとされる。このような制度が創り出されたのは、国際司法裁判所を拒絶する国に対して仲裁付託によって司法的解決を回避することを認める従来の方式に、設置が確実になった海洋法裁判所を組み入れて、原則として条約の運用上生じる紛争が必ず裁判によって解決される状態を確保することに合意できたためである。ここでは、国際司法裁判所を支持した諸国による海洋法裁判所の受諾の状況と、逆に国際司法裁判所を忌避する国が海洋法裁判所と仲裁のいずれを選好するかが注目点となる。

　ところが、海域の境界画定をめぐる紛争は、第298条の定める選択的除外の対象とされている。選択的除外は、条約当事国が宣言を行って予め条約に定められた種類の紛争について第2節により生じる裁判への付託義務を免れる制度である。

　第298条(a)ⅰは、第15条、第74/83条の規定の解釈若しくは適用に関する紛争とともに、歴史的湾もしくは歴史的権限に関する紛争まで義務的裁判からの除外を認める。ただし、これらの類型の紛争が海洋法条約発効後に生じ、当事国間の交渉によって合理的期間内に合意が得られない場合について、領土主権その他の未解決の紛争についての検討を要する紛争でない限り、附属書Ⅴ2節に規定された義務的調停が定められる。調停が行われた場合には、同条(a)ⅱにおいて、紛争当事者は、調停委員会の報告に基づき合意の達成のために交渉する。交渉によって合意に達しない場合には、紛争当事者は、別段の合意をしない限り、この問題を裁判に合意提訴するものとされている。

　第299条が、除外されていた場合においても合意による第2節の手続を適用する可能性を改めて規定していることも含めて、海洋法条約の紛争解決制度は、この局面において、徹底的に当事者の意思を優先する仕組みになっている。

　この除外は、海域境界画定に関する交渉から生じたものである。境界画

定に関する第74/83条に単に紛争解決制度への付託義務を定める2項を加えて、境界画定紛争の解決手続に関する論議を切り離したが、第15部の規定が形を整えるのにつれて、特に、等距離／中間線と義務的裁判が結びついたときに生じるいわば自動的な境界線の確定（北海大陸棚事件の原因となった状態とも相通じる。）に対する強い抵抗と、他方における、裁判所の裁量の範囲が広すぎることへの懸念とが、海域境界紛争に関する独自の手続の創出を必要とした。第15部2節までの制度と第74/83条について達成された合意を維持するために、選択的除外を許容せざるを得なかったといってもよいであろう。そして、義務的調停の対象を将来の紛争に限定せざるを得なかったのは、この除外の規定に関する交渉が最終的局面にさしかかった頃には、既にかなりの数の海域境界問題が顕在化していたこととも関連する。

会議そのものがコンセンサス方式に則って進行されたこともあり、必ずしも数は多くなくても、強硬な反対に対しては何らかの対応が必要とされたことから、込み入った制度が構築されざるを得なかった。もっとも、いうまでもなく、この除外を宣言していない当事国にとっては第2節による義務的裁判が行われることになるし、除外宣言を行っている国でも、第299条が定めるように、合意によって裁判を行う途が閉ざされているわけではない[9]。

これまでに概観したように、国連海洋法条約では、とりわけ境界画定紛争について広範囲な裁量を当事国に与えており、当事国の選択しだいで事実上第三者機関の関与の余地がほとんどない場合から、常設の国際司法裁判所や国際海洋法裁判所における義務的裁判によって境界が画定される場合まで、条約による紛争の処理としてありうることになる。

このような認識に立って、本章では、海域境界画定について、海洋法条約をめぐる国家実行を検証し、海洋境界画定に関する紛争に対する海洋法条約の運用の実態を明らかにして、これに考察を加えることとする[10]。

II　条約当事国の宣言実行

1　実体的規定の解釈の多様性

国連海洋法条約第310条は、署名国や当事国に「特に当該国の法令をこの条約に調和させることを目的として」宣言を行うことを認めている。この規定に基づいて宣言を行っている国の数は79に上る[11]が、ここでは海域の画定に

関連する宣言をいくつか取り上げる。交渉中は、各国は近隣諸国との具体的な事案を念頭に置きつつ、事態に適用のある法を自国に有利な内容とすることによって立場を強化しようとし、条約文の確定後は規定の解釈として自国の立場を明確に維持しようとしている国が少なからず存在するとみられる。

一方に等距離を強調する国がある。条約批准に当たって行われたもののなかでも、マルタ[12]やマレイシアの宣言は、第74/83条の規定の解釈を排他的経済水域または大陸棚の境界画定に関する合意がない場合には、境界は衡平な解決を達成するために中間線とされる趣旨であると宣言している。これらは、それぞれの交渉当時の立場と実際上変わりがない主張である。また、イエメンは、条約批准時に、基本的に海域画定に採用される中間線はいずれの点をとっても、その本土と島の、領海基線上の最も近い点から等しい距離にあるように引かれると宣言して、中間線のもつ基本的性格と境界画定における島の地位を主張する[13]。

また、条約署名時にユーゴスラヴィアが、海洋法条約には規定のない接続水域の境界[14]に慣習法の法典化である領海条約第24条に定める規則が適用があるとする宣言を行っていたが、この立場はモンテネグロとセルビアが踏襲している。これも等距離／中間線の主張と見ることもできる。

これに対して、ベルギーの署名時の宣言では、領海の画定には大陸棚や排他的経済水域において認められた衡平の概念が採用されていないことを遺憾としている。また、中国は批准に際して、海洋管轄権の境界画定を国際法及び衡平原則に従って協議を通じて実現すると宣言した。これらの宣言は、衡平原則に依拠する立場を明確に宣言している。

このほか、上に述べたイエメンの宣言にも示されるが、海域画定における島の効果について宣言を行っている国も少なからず存在する。これには、島の制度を規定する第121条3項に導入された「岩」の排他的経済水域及び大陸棚への権原(entitlement)に関する規定が、海洋境界画定に及ぼす影響を限定する意図が込められていると考えられるものがある。署名時宣言では、イランによる閉鎖海及び半閉鎖海における海域画定における未開発の小島の完全な効果に関する宣言はこの目的を持つと考えられる。いっぽう、ルーマニアによる条約第74/83条から生じる衡平の要件に従って独自の経済生活をもたない無人島は本土の海岸に属する海域の画定に何ら影響を及ぼさないという宣言は、逆の立場を明らかにするものであった。ルーマニアは、この宣言を批准

時に改めて確認した。

　これらの宣言は、境界画定における島の扱いについて、条約の規定内容が不明確であることを指摘するものといえるであろう。

　また、ポルトガルは、領海、大陸棚及び排他的経済水域の画定の目的上、本土及び群島とその島に関する国内法上の権利を再確認することを宣言し、東ティモール関係の宣言も行っている。オランダが、基線の設定及び海域の画定が条約に合致しているという主張は条約に従って設定された場合にのみ受諾可能であるとする一方、パナマはパナマ湾の歴史的湾としての画定に関する宣言を行っている。また、グアテマラは、条約承認がベリーズ領域に対するグアテマラの権利またはアマティケ湾に対する歴史的権利に影響を及ぼすものではなく、その領海及び他の海域画定は領土問題の解決後に行うと宣言し、ベリーズはこれが条約留保の効果を有し、無効であるとの異議を申し立てている。

　以上の概観から、条約成立直後もまた現在においても実体法の解釈について実質的に立場を変えることなく潜在または顕在する紛争に臨もうとする国々の様子をうかがうことができる。

2　裁判所の選択と選択的除外の実態

　2007年末までに、海洋法条約第287条による裁判所の選択を宣言している国は38、第298条の除外を宣言した国は22あり、そのうち同条1(a)の境界紛争の除外を宣言した国は18である[15]。裁判所の選択と海洋境界の除外に関する各国の宣言を整理したのが表1である。表1では、宣言において選択された裁判所に〇を示し、優先順位のあるものはこれを数字で示している。また、×は、該当する裁判所に紛争の付託を行わない意思を表示したものを表している。すでに述べたように、宣言を行わない場合には仲裁を選択したものと見なされることから、海洋法条約附属書Ⅶによる仲裁を好まない国には宣言を必須ということになる。ノルウェイとデンマークはともに、国際司法裁判所を選択しつつ、仲裁裁判所の管轄権から第298条の事項を除外している。両国間では、グリーンランドとヤンマイエンの海域境界画定紛争が国際司法裁判所によって解決されている(1993年判決)が、事件当時は両国とも海洋法条約の当事国ではなく、提訴では国際司法裁判所の強制管轄権受諾宣言が管

第8章　国連海洋法条約における海洋境界画定紛争の解決手続　　189

表1　当事国による裁判所の選択と境界紛争除外の宣言

	海洋法裁判所	国際司法裁判所	仲裁裁判所	特別仲裁裁判所	除外宣言
アルジェリア		×			
アルゼンティン	①			②	○
オーストラリア	○	○			○
オーストリア	①	③	?	②	
ベラルーシ	船舶釈放		○	○	
ベルギー	○	○			
カナダ	○		○		○
カボヴェルデ	①	②			
チリ	①			②	○
中国					○
キューバ		×			
デンマーク		○	×(298条)		○
エジプト			○		
赤道ギニア					○
エストニア	○	○			
フィンランド	○	○			
フランス					○
ドイツ	①	③	②		
ギリシア	○				
ギニアビサオ		×			
ホンデュラス		○			
ハンガリー	①	②		③	
イタリア	○	○			○
ラトヴィア	○	○			
リトアニア	○	○			
オランダ		○			
メキシコ	○	○		○	○
ニカラグア		○			
ノルウェイ	○		×(298条)		
オマーン	○				
パラオ					○
ポルトガル	○	○	○	○	○
韓国					○
ロシア	船舶釈放		○	○	○
スロヴェニア			○		○
スペイン	○	○			○
スウェーデン		○			
トリニダード・トバゴ	①	②			
テュニジア	①		②		○
ウクライナ	船舶釈放		○	○	○
英国		○			
タンザニア	○				
ウルグアイ	○				

轄権の基礎として援用された。これらの国にとっては、条約批准後も国際司法裁判所による裁判に信頼を置く立場は変わらず、除外事項についての紛争では、相手国も国際司法裁判所の管轄を受諾している場合にのみ義務的裁判が行われることになる。なお、表には掲げていないが、アイスランドも紛争解決とも関わる宣言を行っている[16]。

他の国によっても国際司法裁判所の利用は盛んに行われているが、キューバ、アルジェリアまたはギニアビサオの選択宣言が国際司法裁判所を拒絶する立場を明らかにしていることから、別の裁判所の存在が正当化されよう。

本書の主題との関連では、韓国が2006年春に、中国が2006年夏に、裁判所を選択することなく、相次いで除外宣言を行ったことが注目される。この方式は、フランスが1996年の批准時に採用していたものであるが、次第に広がりを見せている。また、トリニダードトバゴが2007年10月に裁判所の選択に関する宣言を行った。この宣言では、海洋法裁判所と国際司法裁判所がこの順位で選択され、仲裁裁判所への言及はない。この選択は、後述の事件の影響があるとも考えられるが、実際の紛争の付託の場合には、相手国が海洋法裁判所か国際司法裁判所を選択していなければ、仲裁に付託されてしまうので単に仲裁への相対的な不信を示すことになるに過ぎない。

裁判所を限定したりその義務的管轄から条約に許容された除外を宣言している国は合計44国で、条約当事国数に占める割合は四分の一をわずかに上回る。この割合は、それぞれ趣旨及び目的が異なり、選択が参加と離脱とで逆になる点からはいささか乱暴な対照ではあるが、国際司法裁判所規程当事国の選択条項受諾の割合である三分の一強や、自由権規約における第42条宣言国のほぼ四分の一という割合から見て、現在の一般的多数国間条約における選択制度の利用状況としては特異ではないといえよう。

調停委員及び仲裁裁判官の指名状況[17]は、26国がのべ100名を超える調停委員と仲裁裁判官を指名している。指名の態様は様々で、チリやメキシコはそれぞれ4名の枠全員を指名しているのに対して、ブラジルやチェコは調停委員と仲裁裁判官の双方の職を兼務する者を1名だけ、あるいは、トリニダードトバゴやドイツのように仲裁裁判官を1名指名するのにとどまっている国もある。

他方、裁判所の利用状況についてみれば、海洋法裁判所では、もっぱら第288条を管轄権の基礎とする事件は、境界画定紛争に関する事件のみならず

他の一切の種類の紛争を含めて、いままでのところサイガ号事件(本案)のみである。いっぽう、それに取って代わられる可能性すら考えられたこともある国際司法裁判所には海洋法条約発効以来、海域境界画定事件を含め海洋法条約の規定に関連を有している事件の付託数は10件を遙かに上回る。この現象は、少なくとも一部は、国際司法裁判所の事件の当事国に海洋法条約の非当事国が含まれていることで説明がつく。国際司法裁判所の場合には国連加盟国は自動的に規程当事国となり、その裁判による紛争解決を定める多数国間や二国間の条約が数多くあるのに対して、海洋法裁判所は海洋法条約当事国に開放される(附属書Ⅵ第20条)ものとされ、60国の参加で発効してそれほど間もないこともあって、海洋法条約とその関連の多数国間協定以外に海洋法裁判所の義務的管轄を定める条約のある国はほとんどないからである。海洋法条約の解釈適用が関連する事件におけるこれら二つの裁判所の利用状況の比較は、特定の条約のための裁判所の新設がもつ効果を評価する材料としては、海洋法条約当事国の数が国連加盟国にいっそう近づき、海洋法条約の趣旨及び目的を実現するための地域や二国間の条約が増加するまでは役に立たないと考えられる。いずれにせよ、これら裁判所の利用状況は、今後も注目を要する点である。

Ⅲ 新たな展開

1 第15部2節による紛争解決

　前節において概観したところからは、海洋法条約の制度による境界画定紛争の「自動的」解決は、たとえば中国や韓国の宣言に鑑みて北東アジアでは、絶望的であるといわざるをえない。しかし、近年2件連続して、海洋法条約による義務的仲裁裁判手続によって境界画定紛争に決着がもたらされた事例が出現した。これらは、海洋法条約による義務的仲裁の事例としては、みなみまぐろ事件、MOX工場事件、ジョホール海峡地区埋立事件に次ぐものであり、これら3件の仲裁はそれぞれ、管轄権否認、未決、和解取下となっているので、手続が本案判決まで進められた最初の事例となる。義務的裁判による本案判決であることはともかく、紛争の主題が海域画定であることは、条約交渉から条約採択の頃の「常識」から見たときにある種の感慨を禁じ得ない。条約の制度は、境界画定に関して、上に述べた北東アジアのような状況

を許容するために作り出され、海域画定紛争は合意提訴の場合以外に裁判に係属することは論理的可能性のレベルにとどまると考えるのが、常識的理解であったように思われるからである。

これらの手続では、先立つ交渉や現場での活動の状況に応じて除外を宣言しないまま、抜き撃ち的ともいえる提訴によって被告の立場に立たされた国も、反感を示しながらも、裁判所による手続きに従って裁判官に自国にとって有利な心証を形成するべく自らの主張を展開している。当面、管轄権を争う抗弁に集中して、その形勢が不利と見るや裁判の進行に一切協力しないという義務的裁判にありがちな態度がとられていないことも指摘に値するかもしれない。

これらの事件では、ともに常設仲裁裁判所が書記業務を提供し、判決が常設仲裁裁判所のサイトで公開されている。事件の判決から、手続面を中心に注目すべき点を以下に挙げる。

第1の事件は、2006年4月に判決が下されたバルバドスとトリニダードトバゴとの間の事件である[18]。2004年2月にバルバドスがトリニダードトバゴを被告に境界画定を求めて手続が開始されが、両国ともこの時点では第287条や第298条に定める宣言を行っていなかった。裁判所は、シュウェーベル(所長)、ブラウンリ(トリニダードトバゴ指名)、ロー(バルバドス指名)、オレゴ・ヴィクーニャ、ワッツの5裁判官により構成された。ハーグが裁判所所在地だったが、手続はほとんどロンドンで行われた。5裁判官のうち、ワッツが英国により指名されているが、他の4人は仲裁裁判官名簿に登載されていない。判決にはガイアナが訴訟書面の謄本の提供を求め、当事者の意思によりこの要請が却下されたことが記録されている。

被告たるトリニダードトバゴは、紛争と請求の範囲の不一致、条約第15部1節の手続の未了等々を根拠に裁判所の管轄権を争う先決的抗弁を提出し、同時に抗弁の審理は本案と併合されるべきことを述べた。仲裁裁判所は、両国が関連する期間にわたって海洋法条約当事国であったこと、宣言を行っていないことを確認し、排他的経済水域と大陸棚の境界に適用のある法に不一致があることを確認して、手続開始の要件を満たすと認めた。次いで、両国間に1970年代後期以来問題の海域における資源の利用に関する討議が行われてきたこと、2000年から画定とそれにより影響を受ける漁業に関してより公式な交渉が2003年までに9回行われ、2004年にも交渉が予定されていたが、

合意を達成できなかったことを指摘して、合理的期間内に合意達成ができなかった事実と適用のある法についてさえ合意がないことをもって、紛争の存在を認定した。そして、交渉継続の可能性やその予定があっても、第74/83条2に定める第15部手続の開始を妨げないと認定した。

さらに、意見交換を求める第283条は一般的な規定であって、境界問題については第74/83条1が合意による画定を求め、既に相当な交渉によっても合意が達成できずにきたために同条2の規定の適用によって第15部の手続が開始されるのだから、改めて交渉が必要になるわけではないと認定した。また、同項における「関係国(States concerned)」という複数形の規定や「第15部の手続」という一般的な規定が持ちうる一方的仲裁提訴を排除する効果については、規定の意味を第15部の規定に照らして理解すべきであり、第287条によって仲裁への一方的出訴権が認められていると判断した。

第2の仲裁は、2004年2月にガイアナがスリナムを相手として領海、排他的経済水域と大陸棚の境界画定を求めた事件で、2007年9月17日に判決が下された[19]。ガイアナは、当事者間で1975年から2000年まで境界紛争を解決する努力が行われ、2000年6月以降、合同技術委員会を設置し協議を行うなど、それが加速されたが、2004年2月以降は直接交渉による解決の見込みが尽きたと主張した。スリナムもこの点を争うことはせず、約4年間の直接交渉によって第74/83条2による手続が開始されたことになる。仲裁裁判所は、ネルソン(所長)、フランク(ガイアナ指名)、ホサイン、シェアラ(フィリップ辞職[直後に死亡]により交代)、スミット(スリナム指名)の5氏により構成された。このうちシェアラは、オーストラリアが指名して附属書Ⅶ裁判官名簿に登載されている。判決末文の作成地の記載はハーグで、当事者と裁判所との会合等はほとんどハーグで行われ、口頭手続はワシントンで行われた。

この事件では、スリナムがガイアナから求められたスリナム及び第三国の保有する記録文書の開示を拒んで対立し、裁判所は命令で文書の関連性や開示要請への対応の適否に関する調整を任務とする独立専門家を置くことを決定した。専門家は、書面手続の進行に並行する形で、当事者のみならず裁判所や第三国と連絡をとりつつ、文書の開示を実現したことが判決に明示されている。合意提訴であればこのような手配が必要とされることは少なそうであるが、義務的裁判の場合には訴訟の各段階において、被告側の抵抗を説得により克服しなければならないことを示している。

スリナムが先決的抗弁を提出し、植民地時代に起源をもつ陸の境界に関する不一致、係争地域の石油開発利権付与や資源探査をめぐる実力行使の責任などに対する裁判所の管轄権の存否が争われ、海域画定のみならず第74/83条3に定められる未画定の期間における関係国の義務とその違反の帰結も争点となった。裁判所は、当事者間に争いのあった先決的抗弁の審理を本案とともに処理することを決定した。

仲裁裁判所は、第293条の意見交換については、交渉による解決の可能性が尽きている場合にさらに当事国に交渉を義務づけるものではなく、これは境界紛争の局面ごとではなく、全体を一体として妥当するとの判断を示した。

問題となった事態は、ガイアナとの契約に基づいて試掘を行おうとしていたリグに対して、スリナム海軍の艦艇が退去命令を行い、これを操業者は武力による威嚇と認識して、現場を退去した。このことをガイアナは違法と主張したのに対して、スリナムはこれが正当な法執行活動であると反論した。スリナム側の見解では、係争区域において試掘を許可することがむしろ法に反していることになる。裁判所は、資源の物理的状態に変更を及ぼす活動を関係国との合意なしに行うのは、一応、第74/83条3の義務に反し、これに対抗して武力を持ち出すことも違法であるとして、かかる事態にいたるまでの両国の行動も含めて、ともに第74/83条3に違反したと認定した。

これら2件の海洋法条約による仲裁裁判所は、ともに当事者の請求に応えて構成要素たる地理的座標を明示し、境界線の説明図まで示して、海域の境界線を決定している。当事者にとって裁量または交渉の余地がほとんど残されていないことになり、判決の履行をめぐる新たな紛争が生じる危険は軽減される。

また、これらの仲裁裁判所の訴訟手続は、当事者の意思を慎重に確認しながら、一方的提訴によって開始された事件であるにもかかわらず、あたかも実質的な付託合意を作成し直すようにして事項的管轄を拡大して、事態全体を対象に据え、さらに、最終的到達点である境界線を構成するプロセスにおいてもその要素ごとに当事者の意思の合致を導き出すように行われたように思われる。

このように、排他的経済水域または200海里漁業水域の制度が各国に採用されだしてからほぼ30年、海洋法条約の発効から10年を経過して、地域によっては長期化している画定交渉に海洋法条約の紛争解決制度を利用して決着を

図る動きがあることも事実である。裁判所の側も実体的規定やその適用方法にもたらされてきた発展を踏まえるばかりでなく、訴訟指揮の面においても海域画定紛争の最終かつ終局の解決を達成する手法を確立しつつあるといえよう。

2 国際海洋法裁判所の裁判部設置

　国際海洋法裁判所は、国連海洋法条約によってドイツのハンブルクに設置され、1996年に活動を開始した。特に深海底制度について条約の解釈適用紛争に司法機能を提供する裁判所を設置する必要が認められた一方、その当事者は国際海底機構や事業体(エンタプライズ)から私人にまで及ぶために既存の制度ではカバーしきれないことが、その創設構想の当初の主な原因であった。いまひとつの理由は、交渉当時、開発途上諸国の間には国際司法裁判所のもつ保守性に対する不信感が根強く存在して、新たな「海の憲法」全体の番人として新たな常設裁判所を置き、裁判官の選出、適用する法の認定や解釈適用などにふさわしい公正な裁判を確保しなければならないという考え方が強く支持されたことにある[20]。深海底に関わる紛争解決機関の役割は、条約では、第187条及び附属書Ⅵ第14条によって、海底紛争裁判部という海洋法裁判所のひとつの裁判部によって担われることとされた。

　Ⅱ2で概観したように、海洋法条約の解釈適用に関する紛争を付託する裁判所として、この裁判所に最も高い優先順位を与えている国も少なからず存在する。

　2007年末までに、海洋法裁判所の件名簿には15件が登載されている。その大半は、条約第73条及び第292条によって義務的管轄が定められている船舶釈放に関する事件であり、残りの事件も上に述べたような附属書Ⅶ仲裁裁判手続において、仲裁裁判所の始動を待つ間について条約第290条によって義務的管轄が定められている暫定措置に関する手続である。このこと自体は、手続の当事国にも広がりがあり、条約起草の際に想定されていた役割を順調に果たしているといっても差し支えない。

　しかし、海洋法条約によるものを含む仲裁裁判所や国際司法裁判所に、海域画定紛争の事件あるいは海洋法条約の規定の解釈適用が強く関連する事件の付託が増加していくなかで、海洋法裁判所がほとんど船舶釈放事件しか

扱っていないことは、裁判所にある種の危機感を招来したものと考えられる。

2006年6月の条約締約会合において、ヴォルフルム所長は海洋法裁判所が海域画定紛争において持つ役割を検討していることを明らかにし、同年秋の国連外務省法律顧問非公式会合や冬の総会においてもヴォルフルム所長が海域画定紛争において海洋法裁判所が果たしうる役割を、裁判所規則第138条による諮問意見機能を強調して、強く訴える演説を行っていた。ここでは、海洋法裁判所の利用を促進するため、海域画定紛争の当事国に合意提訴の考慮を訴え、例えば個別の紛争に適用のある規則の認定のみを目的とした裁判所の利用も当事者の合意により可能であることを示していた[21]。

海洋法裁判所は、2007年3月に開催された裁判官会議において、常設の特別裁判部として海洋境界画定紛争裁判部(Chamber for Maritime Delimitation Disputes)を設置することを決定した。裁判所決議[22]は、この裁判部が8名の裁判官から成り、個別の事件で参与できる裁判官の数が6名を割る場合には6名になるよう新たに選任することを定め、また、2008年9月30日までの任期で8名の裁判官(ヴォルフルム裁判部長(宛職)、ネルソン、ラオ、ンディアエ、ジーザス、コット、ポウラック、柳井)を選出したことを記録する。そして、裁判部は、国連海洋法条約または他の裁判所に管轄権を付与する協定の解釈または適用に関する海域画定紛争であって、当事者が付託に合意したものを処理するため利用可能とすることが決定されたことを述べている。この裁判部の設置は、これまでに裁判所長の報告などに示されていた所内の検討の成果として、規程第15条によって認められた権限を行使して行われた。その後、所長は、機会あるごとに海洋法裁判所が海域境界画定紛争を処理する準備を整えたことを紹介し、仲裁裁判との比較における海洋法裁判所の裁判の利点を強調して、利用を訴えている。

2007年の条約締約会合では、ヴォルフルム所長が、前回同様に諮問意見の機能を強調しつつ、海域境界画定紛争の当事者が裁判所に合意提訴する場合に備えて裁判部を構成する裁判官の選任、国籍裁判官または特任裁判官の導入などこの部のために行った工夫を報告して、条約当事国には裁判所経費なしに利用できることをアピールした[23]。

同様に、2007年の国連総会でのスピーチ[24]では、海洋法裁判所が仲裁裁判よりも有利な点を強調して、海洋法裁判所の利用促進が訴えられた。まず、裁判所の選択に際して、常設裁判所が仲裁裁判所よりも判例の集積によって

一貫性を保つ利点があり、国際判例の調和は常設裁判所によってのみ達成されることに留意するよう求めた。そして、規程第15条2によるアドホック特別裁判部は、特別選任裁判官を加えることができ、裁判所規則の修正や追加も提案できることが説明された。さらに、仲裁では裁判官及び書記局職員の人件費に加えて施設使用料や翻訳通訳業務の費用も当事者の負担となるのに対して、海洋法裁判所の場合には手続費用が不要で、人件費の手続当事国の負担とはならないことは大きな利点であると述べた。

この海洋法裁判所の構想は、海域境界画定紛争特別裁判部の裁判官に当事国の選任した裁判官を加えて、これまでに裁判が行われた事件において示されたような、国際法の原則と規則の認定から領土の帰属の決定を含む最終的境界の画定まで多岐にわたる付託事項のいずれにも、仲裁と同様に対応可能にするということのようである。

海洋法裁判所に海域境界画定紛争が付託されていないのは、場合により、この裁判所を選択している国の間に海域境界画定紛争が生じ、それが交渉等によって解決されないケースがなかったからか、または、付託合意交渉において海洋法裁判所を利用する合意がなされなかったからである。裁判所の活性化を図るには、第287条による選択を多くの国に広め、その上で、具体的紛争を合意提訴する解決手続の選択において海洋法裁判所が選ぶのを促すことが順序ではなかろうか。もっとも、海洋法条約において海域境界画定とその紛争解決制度は、他の諸制度と比較していささか特異な独特の分野を構成していると考えれば、条約の他の規定に関する紛争とは切り離して、時宜に応じて、画定紛争の解決手続を選択するというアプローチも成り立つかもしれない。ただし、財政的コストの考慮によって手続を選択する場合であっても、どの裁判所にも開発途上国たる当事国の裁判所利用を財政的に援助するための基金が備えられるようになっているので、その条件が良い方が有利となる。

IV　ありうべき紛争解決手続

現在、次第に海域境界画定の問題は過去の問題となった沿岸国が増えつつある。未だに近隣諸国との画定協定が締結できないでいる国が、画定を完了するためには海洋法条約による義務的紛争解決手続が有効であることを示す

事例も現れている。不安定な未確定状態を維持し続けることに利点を見出してきた立場を見直す理由と機会も少なくないためであろう。要因として、国内措置に基づく調査が進展して探査開発段階に進む要請が強まったこと、現行の制度によって国内化された海域の各種資源（たとえば漁業と海底資源）の開発活動の間の調整のために海域の範囲を確定する必要が生じること、国内措置の進展によって事実上の画定が進んで不一致が明確かつ限定的になったこと、裁判例の集積の結果として画定の結果に対する予見可能性が増したことなどを挙げることができる。客観的視点に立てば、沿岸国が複数ある状態が別の条約による制度の運用に支障を及ぼす場合もあると考えられる。

　こうしたなかでも、合意付託の可能性を追求しなかったり、画定紛争を義務的裁判管轄から除外している国にとって、望ましい紛争解決手段はあくまで直接交渉であり続けるのであろうか。

　第三者機関を考えるひとつの手掛かりは、第298条1が義務的調停を採用していることである。既に述べたように、「この手続には紛争がこの条約の効力発生の後に生じ」かつ「交渉によって合理的な期間内に合意が合意がえられない場合」という条件が付されており、特に第1の条件によって義務的調停が発動されることは極めて稀であると考えられる。このことは、さらに領土問題を含む場合の義務的調停の適用除外によって、いっそう強められる。しかし、条約交渉過程において義務的紛争解決手段の適用を可能な限り回避しようとした国々が、これらの条件や除外によって実際上は付託義務から逃れられることが調停を受け入れた唯一の理由であると考えるのも極端であるように思われる。

　調停は、実際に使用された例は少ないが、裁判に前置され又は単独で条約の紛争解決手続に採用されている。この手続のもつ柔軟性は、限りなく裁判に近いものから秩序ある仲介とでも呼ぶべき態様まで可能にしている。アイスランドとノルウェイとの間のヤンマイエン調停委員会は、大陸棚境界紛争に共同開発案を持ち込むことによって問題を決着したが、この委員会の活動過程は、地質専門家による事実審査とその認定に基づく当事者間の直接交渉とそれを支援する仲介と見ることもできる。一般化して言えば、関与する第三者機関は、それがどのようなものであれ、当事者が国際法に基づいた衡平な結果を達成する合意に到達するという目的を達成するために、それを促す意思と能力を備えていれば成功の見込みが高い。

海域境界画定の事例では、裁判所は、境界線の示唆にとどまらない具体的指示を求められた場合には水路専門家を任命することが多い。近年の事例では、法的でなく実際的な理由によるにせよ、領海とそれに連続して排他的経済水域と大陸棚に一本の境界を引くことを求められることが多くなっている。このことによって、関連する事実は、大陸棚における地球物理学的なものから飛躍的に広がり、当事者間に不一致を生む事項が増すことになる。水路専門家の力を借りるよりも前に、問題を法の解釈適用に絞り込むために当事者間に不一致のある事実とその専門的評価を有権的に判断する仕組みが必要になる。

　海洋法条約では、海域画定についてそうした仕組みを検討する余裕がなかったために、調停を最終手段に据えたと考えることもできる。しかし、海洋法条約の制度全体を見渡すと、条約により作られた機関や制度の中で海洋に関するほとんどすべての分野の専門知識を利用することができるようになっている。このような資源を有機的に活用する方策を国連事務局と連携して模索するのに最も適当な機関は、海洋法裁判所といえるのではないだろうか。

【注】

1　海洋法に関する国際連合条約、1833 *UNTS* 3、日本1997年条約第6号。以下において、場合により単に条約という。2007年末時点の当事「国」数(第305条により国でない主体も条約に参加することができる。)は155である。

2　このことの意味について議論がありうるが、境界線は排他的経済水域のものと一致するか、または、代替されると考えられる。

3　小田滋『注解海洋法(上巻)』(1985年、235-243頁)。

4　Dubai-Sharjah Border Arbitration(1981), 91 *ILR* 543, at 579.

5　Conciliation Commission on the Continental Shelf Area between Iceland and Jan Mayen, Report and Recommendations to the Governments of Iceland and Norway(1981), 20 *ILM* 797 (1981)

6　Judgment, Continental Shelf(Tunisia/Libyan Arab Jamahiriya),12 *ICJ Reports 1982*. 本章における検討の対象は手続面を中心とするので、これらの事件を含め、仲裁や司法裁判による海洋境界画定に関する紛争の解決事例の実体法に関する詳細については他の各章を参照されたい。

7　小田、前掲書(注3)64頁。

8　この規定に対する国際司法裁判所所の見解は、「この規定は、問題を合意により解決する必要を表明し、衡平な解決を達成すべき義務を想起させる以外になにも述べていない」(メイン湾事件、para.95)、そして、「達成されるべき目標を設定するがその達成のための

方法については沈黙する。基準を設定することを差し控え、基準に特定の内容を与えることは、国又は裁判所に任せている」(リビア・マルタ事件、para.28)というものである。また、草案段階においては、「関係国に指針を与えることができるような特定の基準は全く示されていない。また、達成されるべき衡平な解決が強調されている」(テュニジア・リビア大陸棚事件、para.50)と述べている。

9 第15部の関連規定の起草経緯について、Myron H. Nordquist, Shabtai Rosenne and Louis B. Sohn (eds), *United Nations Convention on the Law of the Sea 1982: A Commentary*, Volume V, 1989, pp.3-9, 109-141. を参照。

10 筆者は、かつて、中村洸教授とともに「〔国連海洋法条約に対する〕解釈宣言」(『海洋法と海洋政策』第8号、外務省海洋課、1985年、95-117頁)に海洋法条約に関わる宣言をまとめた。また、「紛争解決制度に対する各国の対応」(『海洋法条約体制の進展と国内措置(第1号)』日本海洋協会、1997年、133-154頁)において紛争解決に関する各国の行動を、「わが国の海域の境界画定」(『同(第2号)』日本海洋協会、1998年、93-109頁)において海域境界画定の問題を調査したことがある。また、「第10章 海洋紛争の解決」(国際法学会編『日本と国際法の100年 第3巻 海』2001年)でも類似の検討を行った。本章はこれらの追跡調査の意味を持つことになるので、可能な限り記述の重複を避けたい。

11 海洋法条約への参加状況、宣言等について、United Nations Treaty Collection, 6. United Nations Convention on the Law of the Sea, http://untreaty.un.org/ENGLISH/ bible/ englishinternetbible/partI/ chapter XXI/treaty6.asp を参照した。

12 第6項。このほかにマルタの宣言は、自国海域の画定に用いられた基線は条約規定に完全に合致しているとの主張も含む。マルタは、国際司法裁判所に合意付託したリビアとの大陸棚境界紛争(判決1985年)においても、基線の正当性や中間線の優位を強く主張した。

13 エリトリアとの境界画定仲裁(1999年仲裁裁定(第2段階))においてイエメンは基本的に中間線を主張したが、裁定中には特にこの宣言への言及はない。

14 接続水域の境界画定について国連海洋法条約では規定がない理由として、接続水域における沿岸国の権限は水域の画定を必要とするものではないこと、その境界が排他的経済水域の共通することなどが考えられる。一方、同条約第303条2との関連では、境界の必要が生じると考えられる。

15 合衆国の加入を審議した米国上院は、条約加入の助言と同意の条件として、第287条により、その管轄事項に関して特別仲裁裁判所、それ以外の紛争には仲裁を選択し、第298条1による除外を宣言するよう政府に求めている。(http://thomas.loc.gov/cgi-bin/ntquery/ D?trtys:1:./temp/~trtystoLzZ0::)

16 拙稿(前掲注10)『第1号』(144、154頁)参照。

17 http://www.un.org/Depts/los/settlement_of_disputes/conciliators_arbitrators.htm 参照。2008年1月現在、指名の状況は次のとおりである。オーストリア：兼務4、オーストラリア：仲裁裁判官3、ブラジル：兼1、チリ：仲4；調停4、コスタリカ：兼1、キプロス：兼1、チェコ：兼1、ドイツ：仲1、フィンランド：兼4、フランス：仲4、エストニア：兼2、インドネシア：兼4、イタリア：仲2；調2、日本：仲4；調2、メキシコ：仲4；調4、モンゴル：仲2、オランダ：仲4、ノルウェイ：兼4、ポーランド：兼3、スロヴァキア：仲1；調1、スペイン：仲3；調3；兼1、スリランカ：兼2、スーダン：仲2；調2、スウェーデン：仲2、トリニダードトバゴ：仲1、英国：仲4

18 Arbitral Tribunal Constituted pursuant to Article 287, and in accordance with Annex VII, of the United Nations Convention on the Law of the Sea in the Matter of an Arbitration Between: Barbados and The Republic of Trinidad and Tobago, Award of the Arbitral Tribunal (The Hague, 11 April 2006). http://www. pca-cpa.org /upload/ files/Final%20Award.pdf.

19　Arbitral Tribunal Constituted pursuant to Article 287, and in accordance with Annex VII, of the United Nations Convention on the Law of the Sea in the Matter of an Arbitration Between: Guyana and Suriname, Award of the Arbitral Tribunal（The Hague, 17 September 2007）. http://www.pca-cpa.org/ upload/files/ Guyana-Suriname %20 Award. pdf

20　国連が広報に際して好んで用いる "Constitution of the Sea" を直訳した「海の憲法」という語について、海洋に関する包括的な規定を有することや当事国に矛盾する内容をもつ条約の締結を制限する規定の存在などを見れば、こうした表現をすることも解らなくもないが、海洋法会議においてひたすら旧来の秩序の打破と改革を追求して行動した開発途上国の信念を強く反映するこの表現を無批判に用いないようにすべきであると思う。

21　Statement by Mr Rüdiger Wolfrum, President of the International Tribunal for the Law of the Sea, on the occasion of the presentation of the Report of the Tribunal at the sixteenth Meeting of States Parties, 19 June 2006. http://www.itlos.org/ news/statements/ Wolfrum/ President%20Statement%20on% 20report.final.E.pdf

22　ITLOS/2007/RES.1, 16 March 2007, Twenty-third Session,Hamburg, 5-16 March 2005［sic］. http://www. itlos. org/documents_publications/documents/ITLOS .2007.Res.1. E.pdf.

23　Statement by Mr Rüdiger Wolfrum, President of the International Tribunal for the Law of the Sea, on the occasion of the presentation of the Report of the Tribunal at the seventeenth Meeting of States Parties, 18 June 2007. http://www.itlos.org/ news/ statements/ Wolfrum/President_%20statement_%20report.17thMOSP_ae-15-06-07 pm.pdf.

24　Statement by Mr Rüdiger Wolfrum, President of the International Tribunal for the Law of the Sea, on Agenda item 77（a）at the plenary of the sixty-second session of the United Nations General Assembly, New York, 10 December 2007. http://www. itlos.org/news/statements/ Wolfrum/Wolfrum.GA.10.12.07.E.pdf.

資料編　海洋境界画定関連地図

【地図①】 北海大陸棚事件(1969年)

〔西ドイツ／デンマーク、西ドイツ／オランダ〕

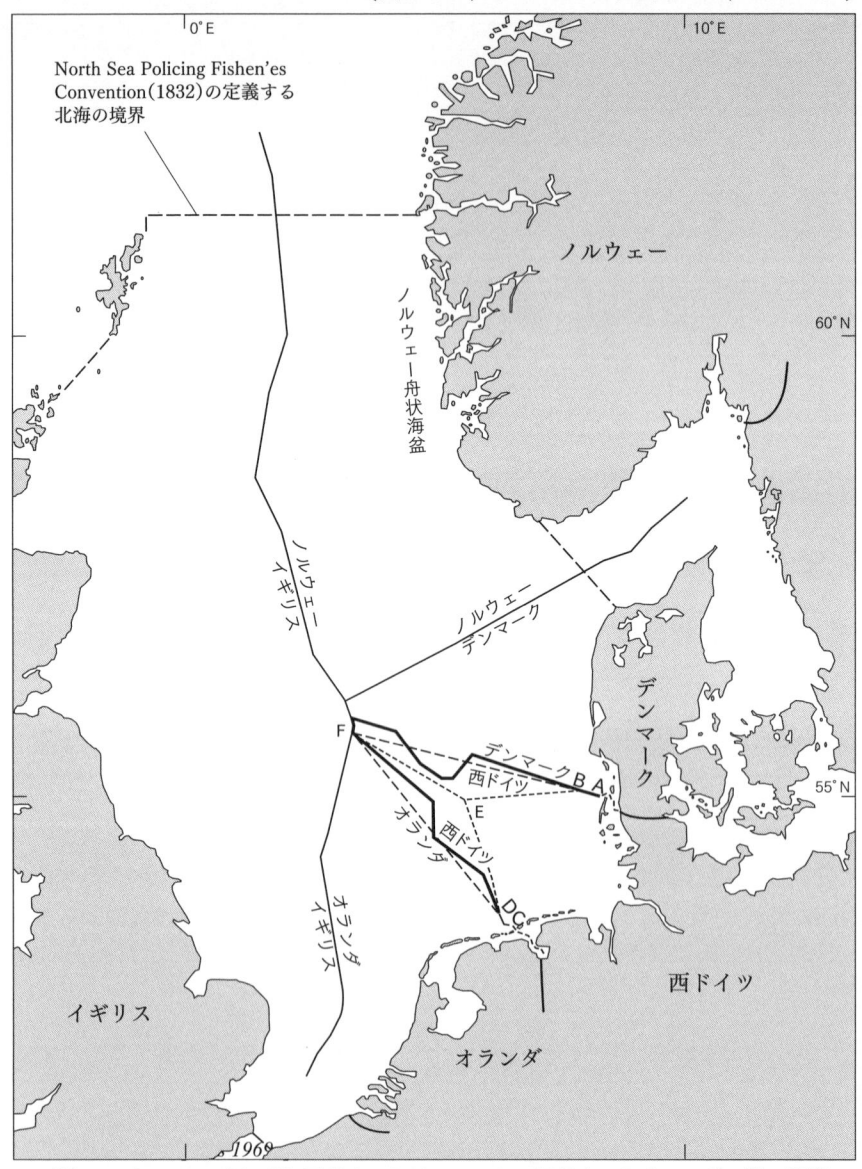

注) BEとDEは、それぞれ西ドイツとデンマーク、西ドイツとオランダの間の等距離線で、すでに画定済みであった部分。三国間の交渉の結果、境界線は北海の中心に達することで合意が成立した。

資料編　海洋境界画定関連地図　205

【地図②】　英仏大陸棚事件（1977年）

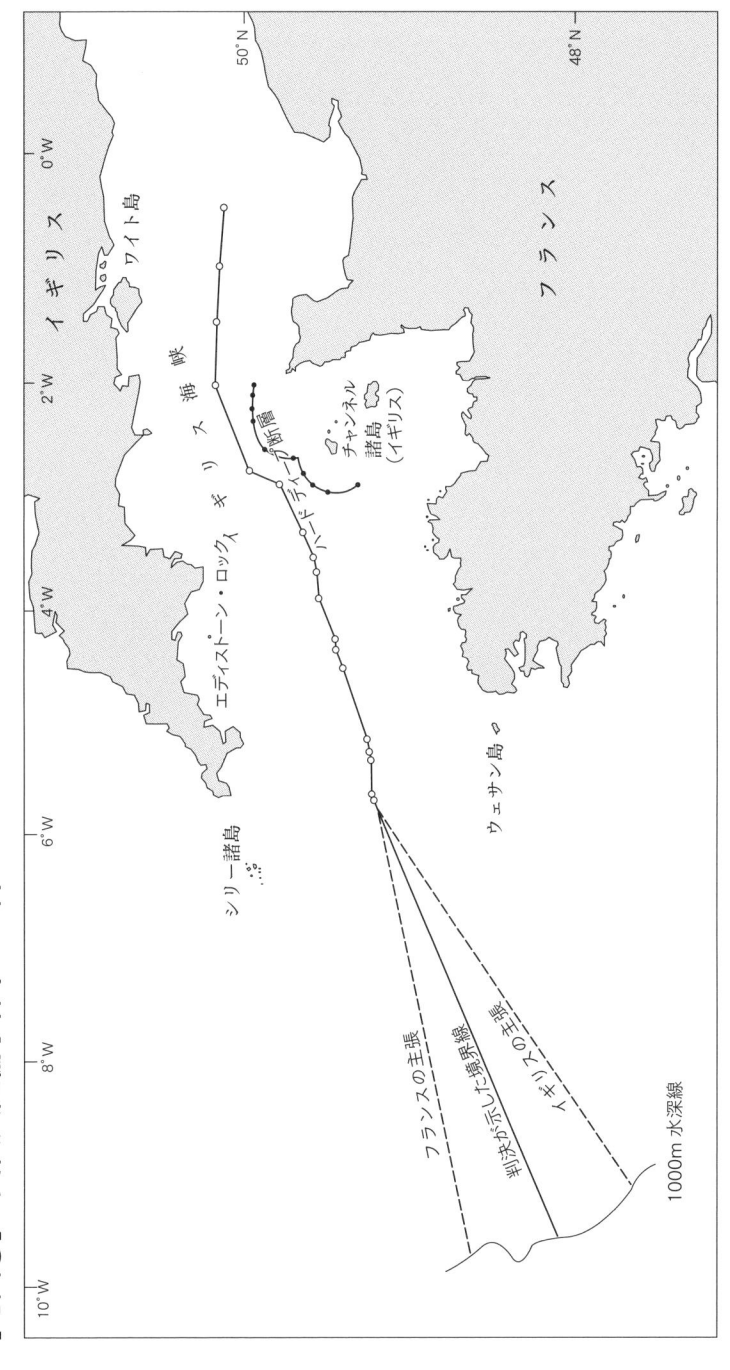

出典　*Reports of International Arbital Awards*, Vol.18 に掲載された判決中の地図（270頁）を参考に作成。

【地図③】 チュニジア／リビア大陸棚事件（1982年）

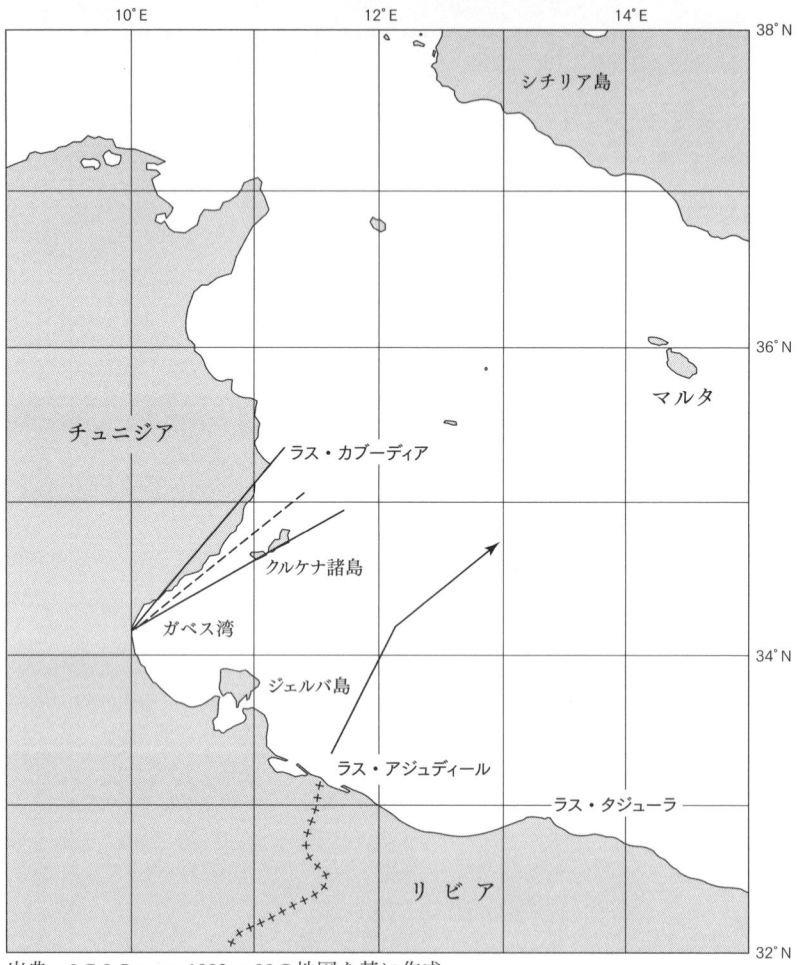

出典　I.C.J. Reports 1982, p.90の地図を基に作成。

資料編　海洋境界画定関連地図　207

【地図④】　メイン湾海洋境界画定事件（1984年）

〔カナダ／アメリカ〕

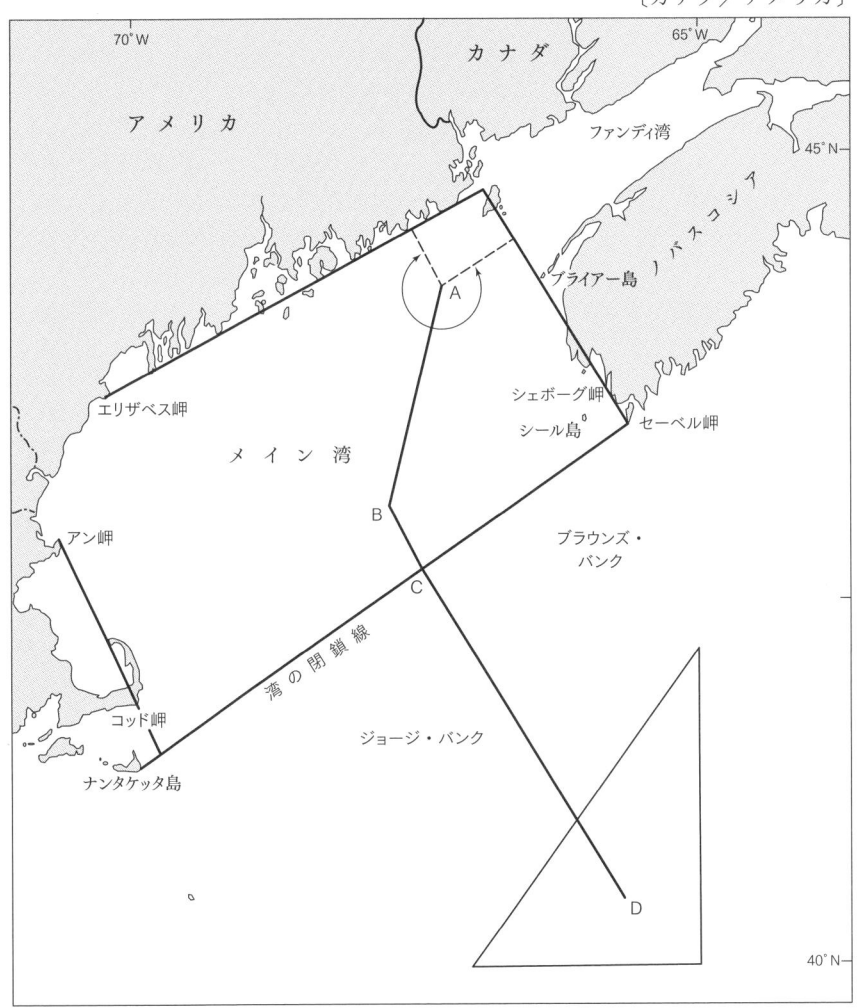

出典　I.C.J. Reports 1984, p.269, p.285, p.346の地図を参考に作成。

【地図⑤】 ギニア／ギニアビサウ海洋境界画定事件(1985年)

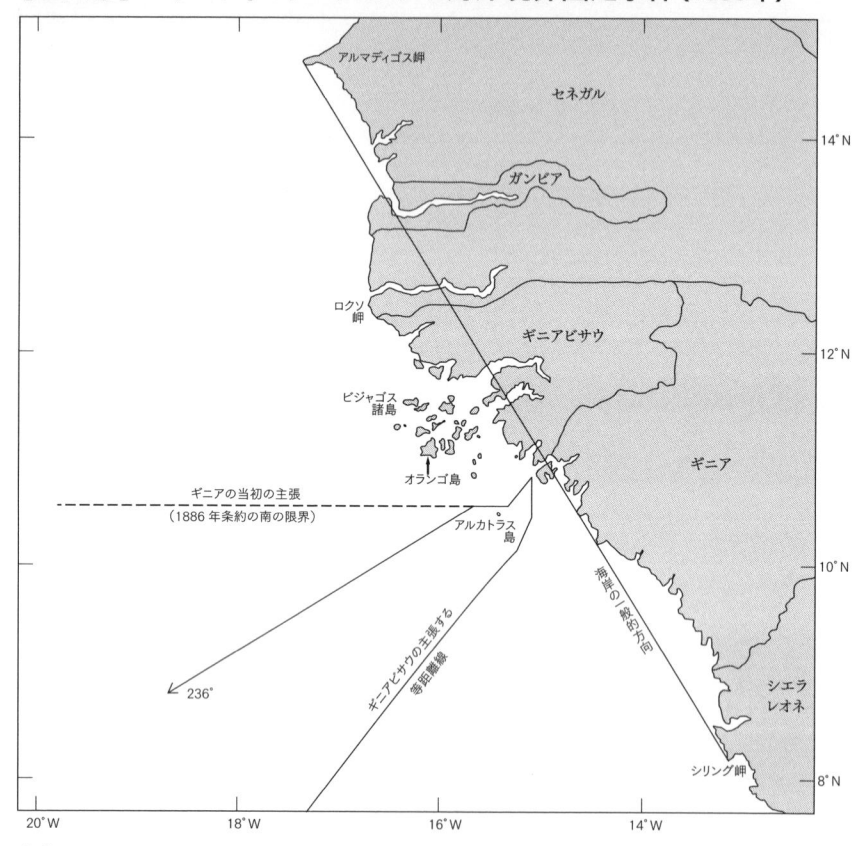

出典 *Revue générale de droit international public*, Vol.89 (1985) に掲載の判決に付された地図 (536頁) を参考に作成。

【地図⑥】　リビア／マルタ大陸棚事件（1985年）

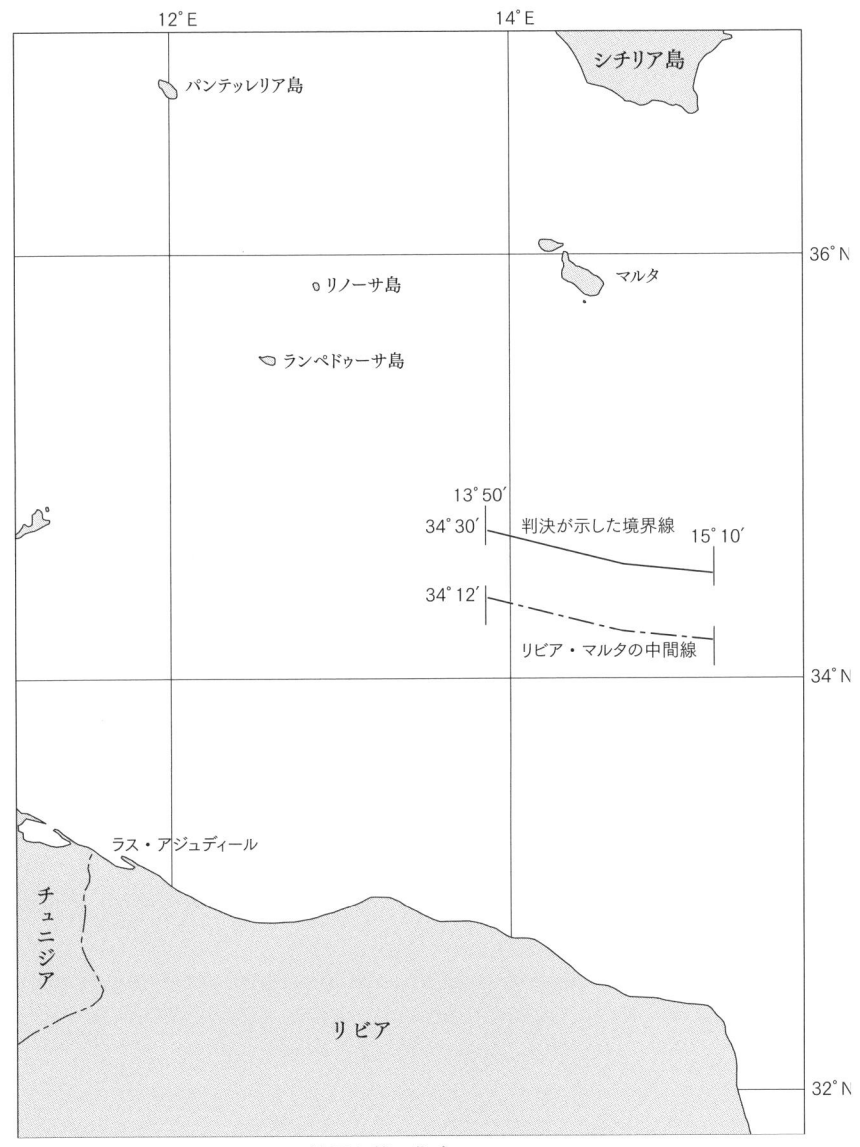

出典　*I.C.J. Reports* 1985, p.54の地図を基に作成。

【地図⑦】　サン・ピエール・ミクロン海洋境界画定事件(1992年)
〔カナダ／フランス〕

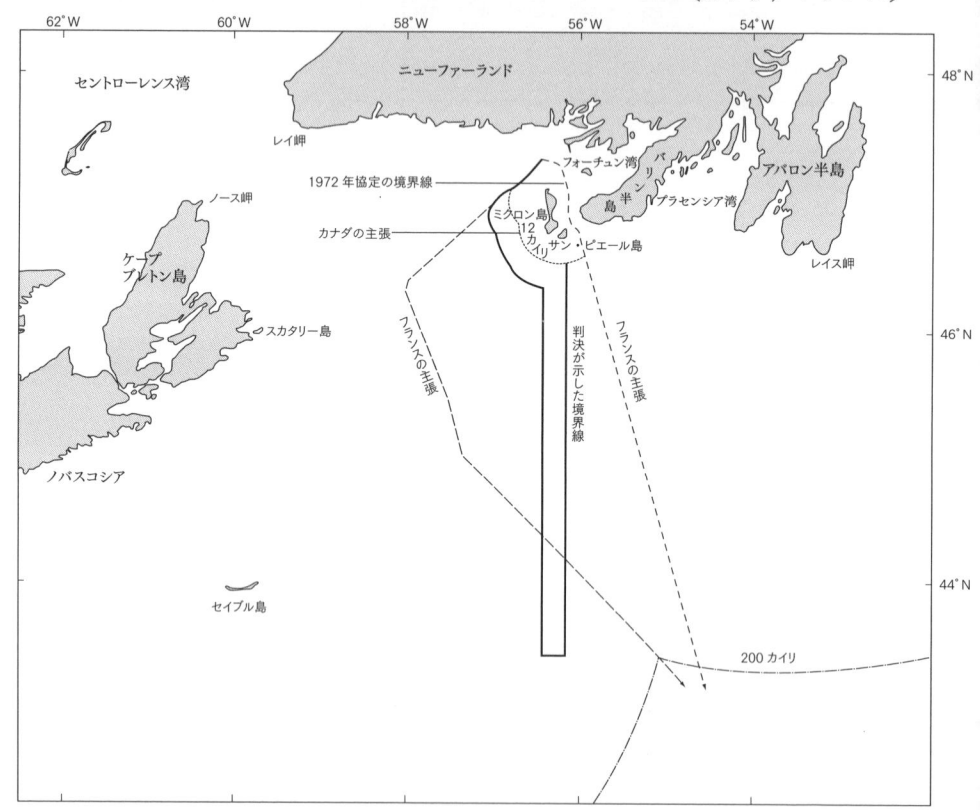

出典　*International Legal Materials*, Vol.31(1992)に掲載された判決に付された地図(148頁)を参考に作成。

資料編　海洋境界画定関連地図　211

【地図⑧】グリーンランド／ヤン・マイエン海洋境界画定事件(1993年)
〔デンマーク、ノルウェー〕

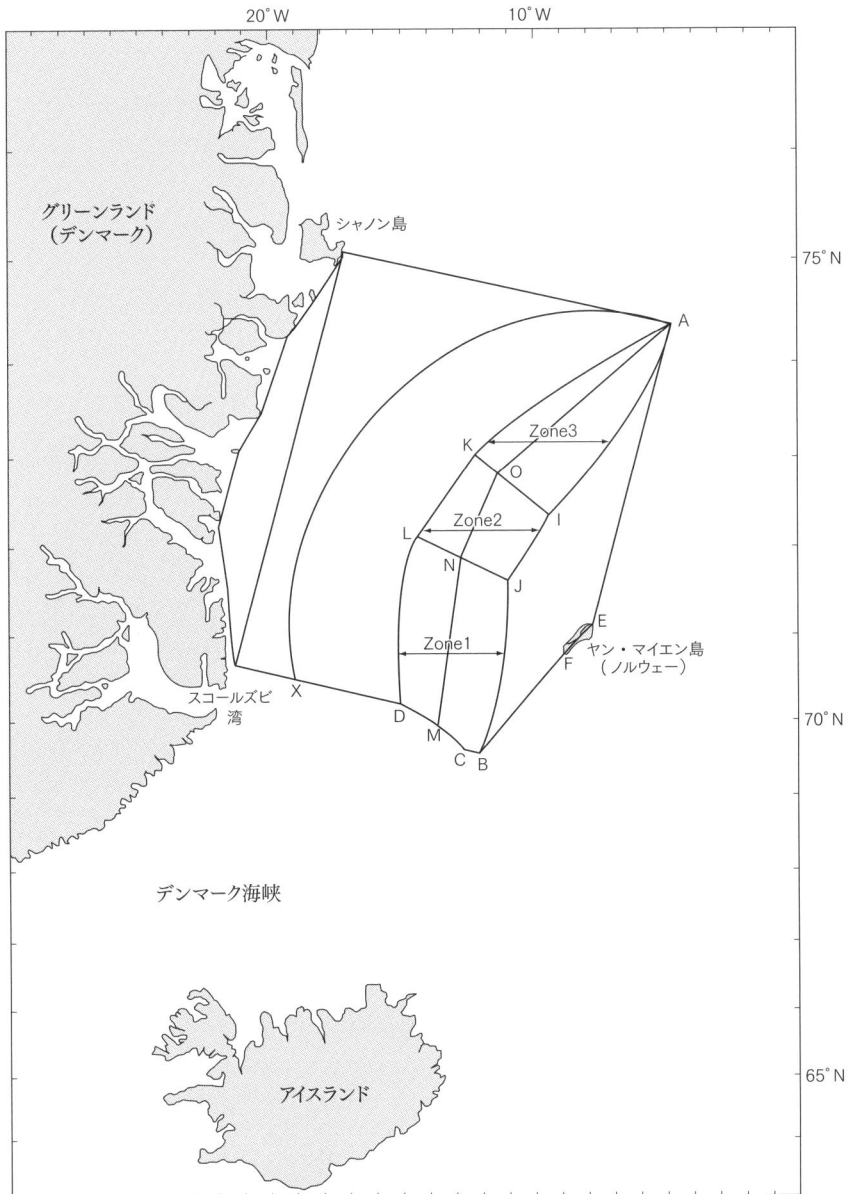

出典　*I.C.J. Reports* 1993, p.45, p.80の地図を基に作成。
注)　A-O-N-Mが判決の示した境界線。A-I-J-Bはグリーンランドから200カイリ線。
　　A-K-L-Dは中間線。A-Xはヤン・マイエン島からの200カイリ線。

【地図⑨】　エリトリア／イエメン海洋境界画定事件(1999年)

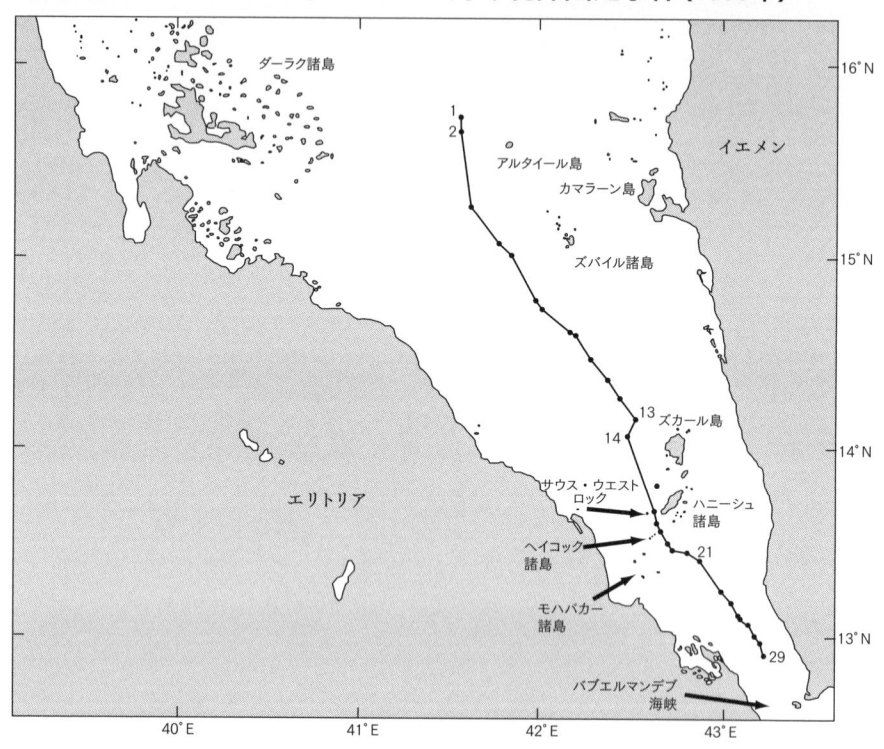

出典　常設仲裁裁判所のホームページ(http://www.pca-cpa.org/)に掲載されている判決に付されたchart 3を基に作成。

資料編　海洋境界画定関連地図　213

【地図⑩】カタール／バーレーン海洋境界・領土問題事件（2001年）

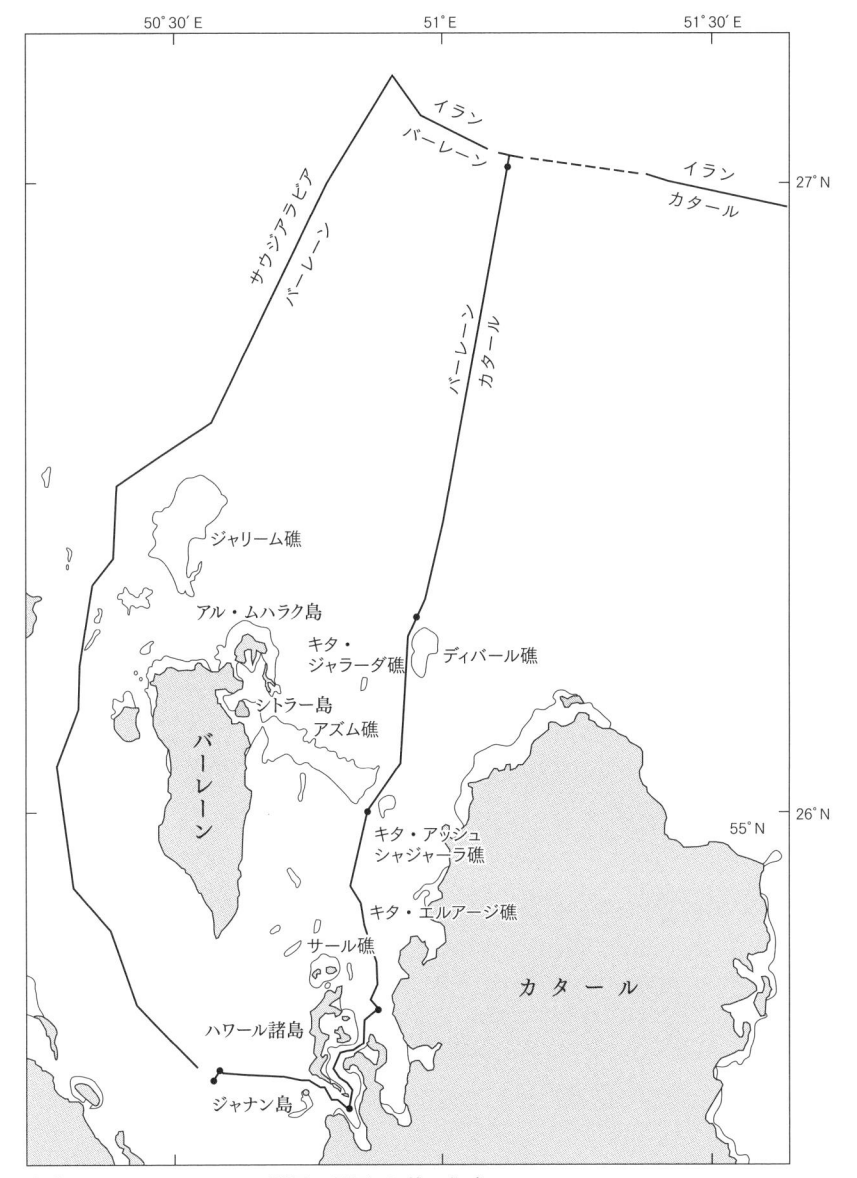

出典　*I.C.J. Reports* 2001に附属の地図7を基に作成。

【地図⑪】カメルーン／ナイジェリア領土・海洋境界事件（2002年）

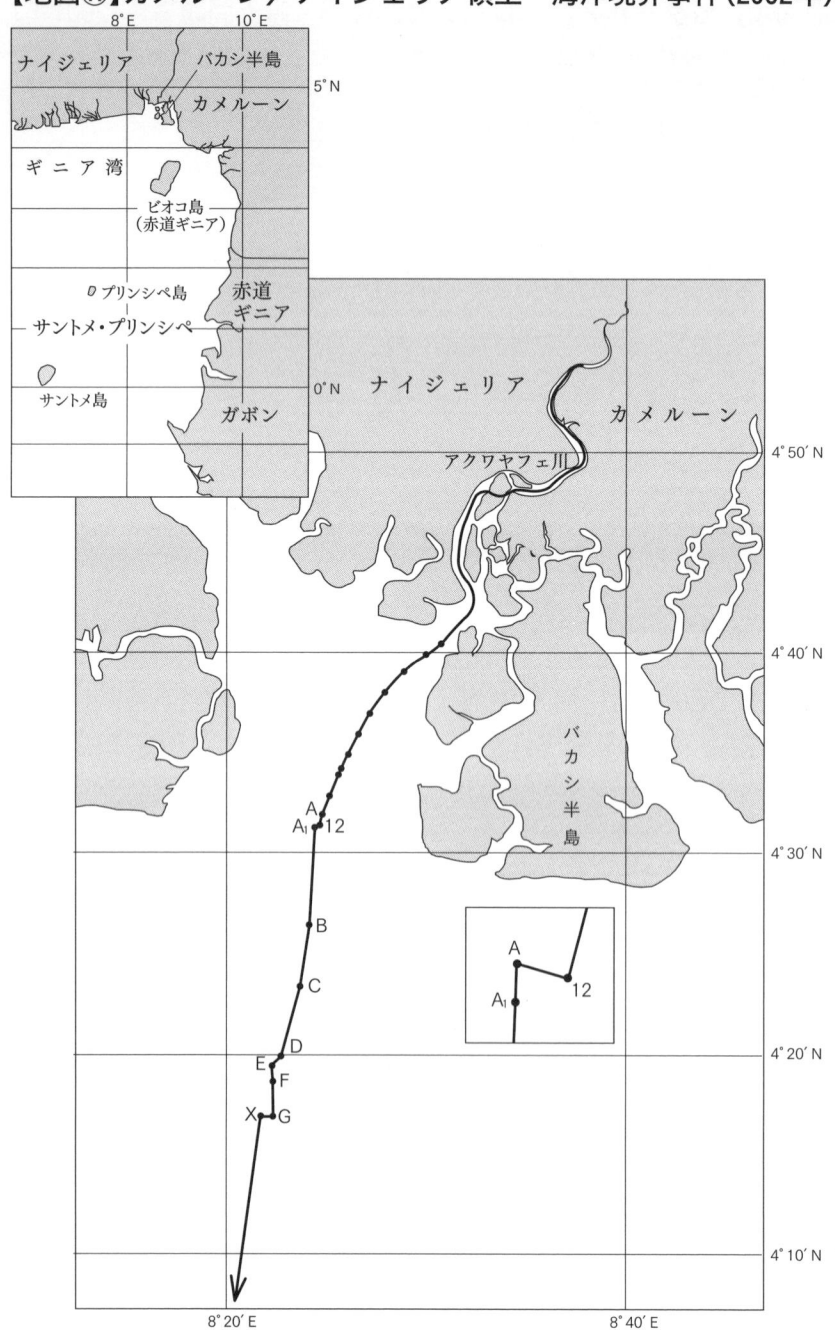

出典　*I.C.J. Reports* 2002, p.444, p.449の地図を基に作成。

資料編　海洋境界画定関連地図　*215*

【地図⑫】バルバドス／トリニダード・トバゴ海洋境界画定事件（2006年）

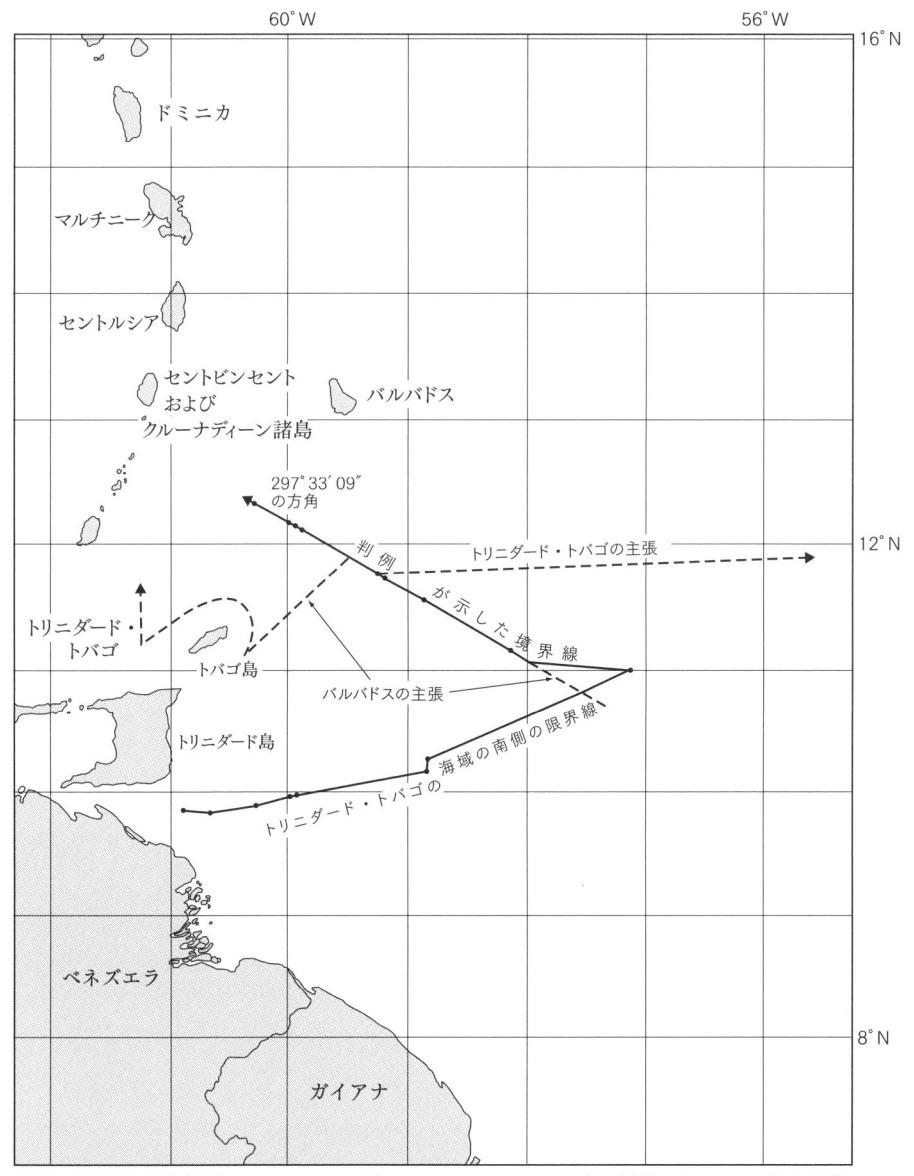

出典　常設仲裁裁判所のホームページ（http://www.pca-cpa.org/）に掲載されている仲裁判決の114頁の次の頁の地図を基に作成。

【地図⑬】ガイアナ／スリナム海洋境界画定事件（2007年）

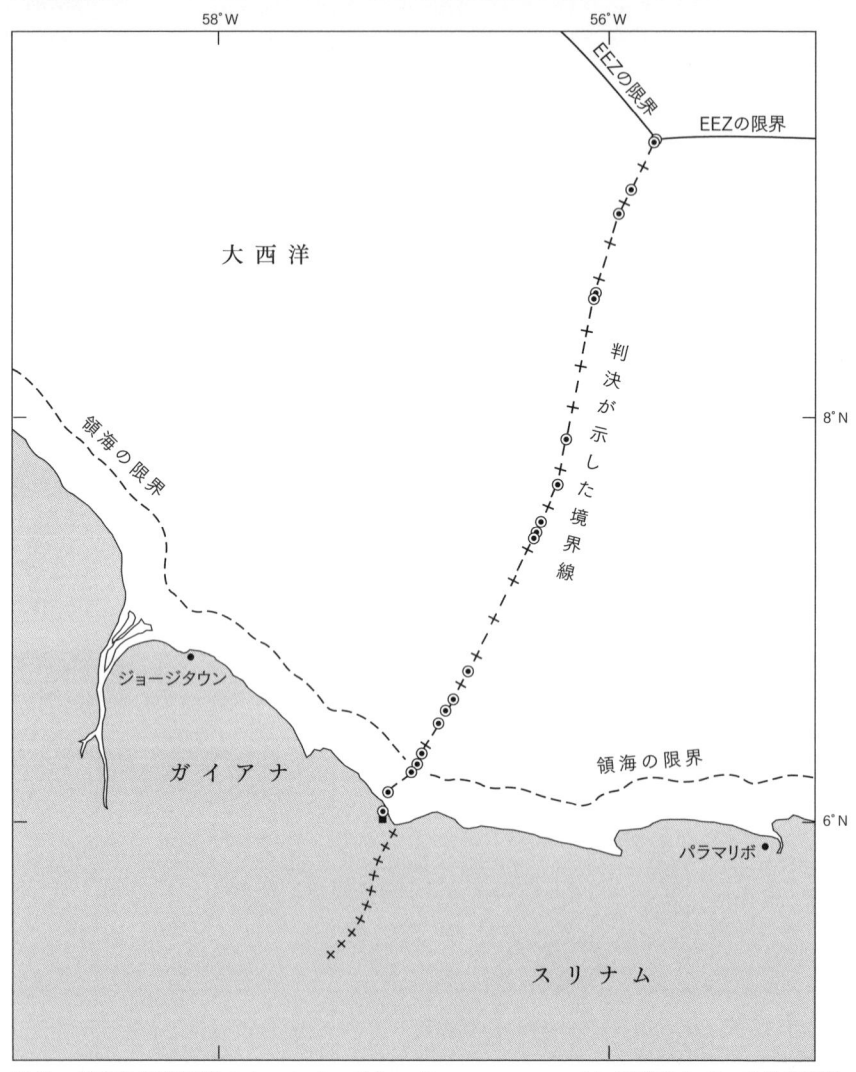

出典　常設仲裁裁判所のホームページ（http://www.pca-cpa.org/）に掲載されている仲裁判決の164頁の地図を基に作成。

【地図⑭】カリブ海におけるニカラグア／ホンジュラス領土・海洋紛争事件（2007年）

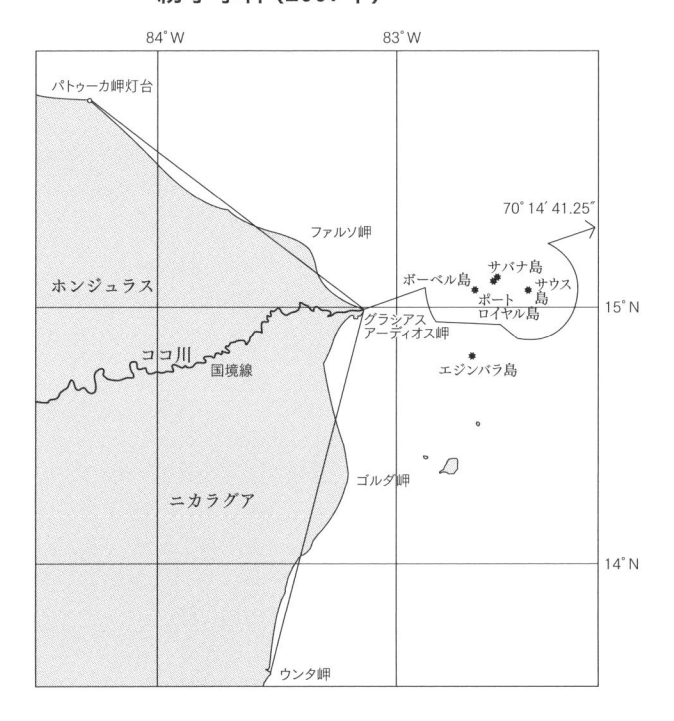

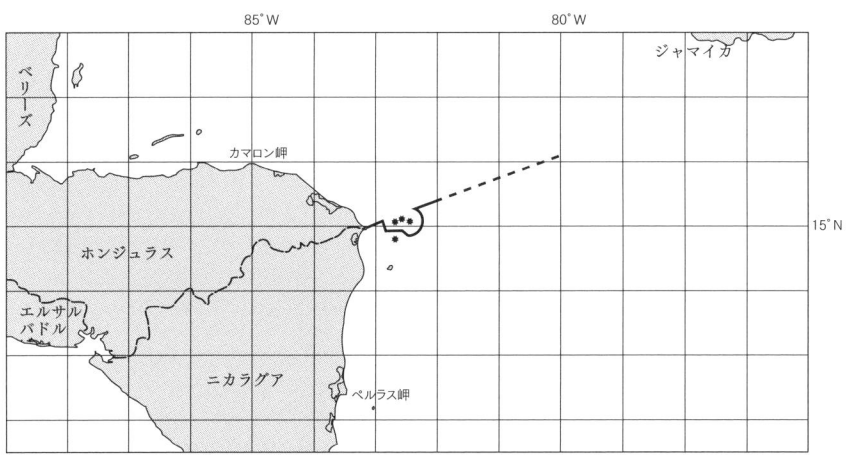

出典　国際司法裁判所のホームページ（http://www.icj-cij.org/）に掲載されている判決の91頁、92頁の地図を基に作成。

索 引

事項索引

【ア行】

一方的行為	108.
衛星からの遠隔探査(remote sensing)	173.
沿岸国権原論	105.
沿岸国法令	174.
──違反	174.
沖縄海溝	v, vi.
OCS限界設定手続	114.
沖縄トラフ(船状海盆)	63, 84, 86.
沖ノ鳥島	59, 124.
オーストラリアの国際司法裁判所の強制管轄受諾宣言	92.
小田滋	65.
音響(地震)探査活動	55.
音響による地質調査	172.

【カ行】

海岸からの距離	13.
海岸正面の海域への投影	16, 36.
海岸線の一般的方向	38.
海岸線の長さ	36, 40, 42.
海底開発機構	106, 121.
海底地形の不連続性	11.
開発可能性基準	108.
海洋汚染	166.
海洋科学調査	162, 166, 174, 176, 177, 184.
海洋環境の保護・保全	174, 175, 184.
海洋基本法〔日本〕	74.
海洋境界画定紛争裁判部(Chamber for Maritime Delimitation Disputes)	196, 197.
海洋構築物	174.
海洋構築物等に係る安全水域の設定等に関する法律〔日本〕	69.
海洋の科学的調査	59.
科学技術的ガイドライン	120.
科学的知見	118-123.
科学的調査	84.
科学的要因	118-123.
関連事情(原則)	vii, viii, 4, 7, 8, 9, 13-16, 19, 87, 134, 152, 163, 171.
寄港国としての執行	175, 176.
旗国主義	89.
義務的仲裁裁判手続	191.
義務的調停	185, 186, 198.
境界画定合意阻害行為	165-177.
境界画定紛争に関連する区域(relevant area)	6.
境界が未画定の海域における開発	93.
境界未画定区域	55, 161-179.
境界未画定の大陸棚	93, 94.
強制管轄権受諾宣言	188.
強制調停	72.
共同開発	iv, 17, 50, 68, 69-73, 83-102.
共同漁業水域(JFZ)	150, 170.
共同探査	iv, 69.
均衡性(比例性)(proportionality)	15, 16, 23-48, 152.
──の感覚(sense of proportionality)	16.
刑事管轄権	89, 96.
結果の衡平性	28.
権原重複海域	166.
鉱業法〔日本〕	95, 96.
公正かつ衡平な配分	24, 26, 144.
衡平原則(equitable principles)	4, 8, 15, 16, 171, 183.
──派	9, 182.
──＋関連事情(原則)	52, 66.
衡平性	24, 26, 33, 37, 39, 42.
衡平な解決	10, 11, 51, 53, 134, 137, 145.
衡平な結果	11, 184.
国際海底機構	195.
国際環境保護条約	121.
国連アジア極東経済委員会(ECAFE)	61.
固有の権利(inherent right)	109.

【サ行】

『冊封使録』	61.
暫定措置水域	50.
暫定的境界画定線	39.
──の修正基準	42.
暫定的中間線	28.
事実上かつ始原的に(ipso facto and ab initio)	109, 110.
事業体(エンタプライズ)	195.
地震(波)探査	18.173.

事項索引　*221*

自然延長(論)	vi, vii, 8, 10, 19, 62, 64, 68, 71, 85-87, 94, 110, 111, 119, 120, 122, 134, 141, 143, 152.
――者	182.
自由採取の原則	69.
重複請求区域(area of overlapping claim)	6.
主権的権利	3, 87, 105, 108, 162, 167, 170-173, 176.
春暁(油ガス田)	iii-v, 62, 63, 72.
情報提供義務	70.
除外宣言	190.
深海底制度	105, 126.
人類の共同遺産	106, 113.
誠実に交渉する義務	17.
尖閣諸島(中国名：釣魚諸島)	49.
潜在的権原 (overlapping potential entitlement)	vi.
潜在的重複請求区域(potential area of overlap of claims」)	6.
選択的除外(宣言)	167, 185.
船舶起因汚染	173, 174.
船舶釈放事件	195.
相互事前通報(制度／枠組)	59, 84.

【タ行】

対抗可能性	166.
第三者の行為(res inter alios acta)	7.
大陸棚縁辺部	104, 117, 119, 122.
――の外縁(outer edge of continental margin)	104.
大陸棚斜面脚部	122.
白龍尾島(Dao Bach Long Vi)	134.
竹島(韓国名：独島)	49.
単一の境界画定(a single maritime boundary)	29, 31, 33, 40, 163.
単一の境界線	13, 64.
地形学的(geomorphological)	
――概念	120.
――要因	19.
地質学的(geological)	
――概念	120.
――特性	67.
――要因	14, 19.
――要素	120.
地理的	
――形状	37.
――特性	26.
――要因	16, 19.
中間線(距離基準)	v-vii, 8, 29, 30, 34, 58, 62, 63, 66, 68, 71, 85-87, 124, 143, 145, 152, 163, 164, 166, 170-173, 181, 183.
地理的要因	15.
直線基線	146, 147, 148.
ディスクレイマー	v.
――条項	50, 87, 94, 95.
定着性生物資源	108.
低潮線基線	147.
手続の選択	184.
同一の境界線	63.
等距離・関連事情(原則)	10, 11, 145, 152.
等距離原則(派)	9, 12, 24, 141, 182.
等距離線(中間線)	35, 40, 134, 145, 147, 148, 152, 181, 183.
――の修正	14-16.
等距離中間線(原則)	vii, viii, 4, 7, 10, 19, 37, 58, 67, 152, 153, 186.
等距離・特別事情(原則)	3, 8, 12, 52, 66.
等距離方法	25, 38, 39, 40, 67.
特別仲裁裁判所	184.
特別の事情	3, 8, 9, 12, 67.
トンキン湾	133-154.

【ナ行】

中村洸	52, 65.
二等分線(bisector)	10, 12.
200メートルの水深基準	108.

【ハ行】

排他的漁業水域(EFZ)	164.
排他的経済水域および大陸棚に関する法律(EZ法)〔日本〕	66, 163, 164.
排他的経済水域及び大陸棚法〔中国〕	66.
半分効果	60, 84.
――大陸棚	iv, vi.
半分ずつ("half and half")	141, 142, 153.
半閉鎖海湾	143, 152.
非地理的要因	14.
比例性→均衡性	
ファサード	26, 27, 34-36, 38.
包括交渉(package-deal)	105, 107.
北方領土	49.

【ラ行】

利益配分(revenue sharing)制度	105, 106.
陸は海を支配する	107, 109, 110, 112.
李承晩ライン	56, 57.
琉球海溝	vi.
領海及び接続水域に関する法律〔中国〕	62.

領土の自然な延長	66.	歴史的中間線(historic median line)	33.
歴史上の境界線の考慮	10.	歴史的湾	188.
歴史的水域	140, 141.		

判例索引

アイスランド／ノルウェイのヤンマイエン調停委員会報告(1981年)	182, 197.
英仏大陸棚事件判決(1977年)	vii, 25, 33, 60.
エーゲ海大陸棚事件	18, 54, 172.
エリトリア・イエメン仲裁判決(1999年)	vii, 32, 39, 42, 60.
ガイアナ／スリナム事件	7, 9, 12, 13, 17, 37, 39, 42, 193.
カタール・バーレーン海洋境界事件判決(2001年)	vii, 34, 60, 67.
カメルーン・ナイジェリア境界事件判決(2002年)	vii, 34.
ギニア／ギニアビサオ境界画定事件(1985年)	30, 39.
グリーンランド・ヤンマイエン海洋境界画定事件判決(1993年)	
	v, vii, 5-10, 13-16, 31, 36, 39, 42, 67, 68, 169, 188.
サイガ号事件(1997年)	191.
サン・ピエール・ミクロン境界画定事件(1992年)	11, 31, 39, 42.
チュニジア／リビア大陸棚事件(1982年)	26, 30, 38, 39, 42, 53, 66, 183.
ドバイ／シャルジャ仲裁裁定(1981年)	182.
ニカラグア／ホンジュラス事件	7, 12, 15, 38, 67.
ノルウェー漁業事件(1951年)	110, 115, 117, 122.
バルバドス・トリニダードトバゴ事件仲裁判決(2006年)	vii, 8, 9, 11, 14, 16, 19, 35, 39, 42, 192.
北海大陸棚事件判決(1969年)	vi, 8, 12, 24, 29, 30, 66, 69, 110, 171, 182.
マブロマチス・パレスタイン事件(1924年)	57.
メイン湾境界画定事件(1984年)	vii, 13, 29, 36, 39, 42.
リビア・マルタ大陸棚事件判決(1985年)	vii, 11, 15, 27-29, 36, 39, 67.

条約索引

ウイーン条約法条約(1969年)	
31条	121.
海洋法裁判所規則(1996年)	
138条	196.
カイロ宣言(1943年)	56, 57, 61.
漁業協力協定補助議定書(補助議定書)(2004年)	133.
漁業協力に関する協定(中越漁業協定)(2000年)	133.
国際司法裁判所規程	4, 52, 183.
38条	4, 183.
38条1項(d)	52.

国連海洋法条約〔UNCLOS〕〔LOSC〕(1982年)	iii, vi, 3, 4, 9, 11, 16, 19, 51, 52, 54, 55, 63, 73, 84, 104-132, 137, 161, 167, 181, 182.
第15部	72, 74, 84, 92, 161, 162, 167, 183-200.
15条	144, 181.
56条1項	168.
56条3項	64.
57条	51, 63.
73条	195.
74条	64, 66, 144, 181, 182, 186, 187, 193.
74条1項	4, 10, 51, 169.
74条2項	72, 161.
74条3項	16, 18, 19, 53, 161.
76条	v, 63, 104, 182.
76条1項	vi, 51.
76条8項	64, 114, 116.
76条10項	64.
77条1項	168.
77条3項	114, 117.
83条	64, 66, 144, 181, 182, 186, 187.
83条1項	vi, 4, 10, 51, 162, 169.
83条2項	72, 193.
83条3項	16, 18, 19, 53, 83.
121条	59.
121条2項	62.
121条3項	183, 187.
123条	152.
187条	194.
218条1項	175.
220条1項	174.
241条	59.
249条	176.
283条	184.
284条	184.
287条	184, 188, 192, 197.
288条	189.
292条	195.
293条	194.
298条	19, 84, 92, 184, 188, 198.
298条1項(a)	72, 73, 162, 167.
298条1項(b)	72, 73.
298条1項(c)	72, 73.
299条	186.
310条	186.
国連海洋法条約附属書Ⅳ	
14条	195.
国連海洋法条約附属書Ⅴ	
7条	73.
第一次日韓協約(1904年)	58.

対日平和条約(1951年)　　　　　　　　　　　　　　　　　57, 61.
大陸棚条約(1958年)　　　　　　　　　　　　　　　iii, 3, 8, 104-132.
　　　5条8項　　　　　　　　　　　　　　　　　　　　172.
　　　6条　　　　　　　　　　　　　　　　　　　　31, 32, 67.
中越陸上国境画定条約(1999年)　　　　　　　　　　　　　　138.
南極条約(1959年)
　　　4条　　　　　　　　　　　　　　　　　　　　　104.
日華平和条約(1952年)　　　　　　　　　　　　　　　　　　62.
日韓漁業協定(1999年)　　　　　　　　　　　　　　　　50, 84.
日韓大陸棚北部協定(1974年)　　　　　　　　　　　　　　　50.
日中漁業協定(1997年)　　　　　　　　　　　　　　　　49, 84.
Biscay湾大陸棚境界画定に関するフランスとスペイン間の条約(1974年)　　39.
領海及び接続水域に関する条約(1958年)　　　　　　　　　　　181.
　　　24条　　　　　　　　　　　　　　　　　　　　　187.
　　　24条3項　　　　　　　　　　　　　　　　　　　181.
領海、排他的経済水域及び大陸棚の画定に関する協定(中越画定協定)(2000年)　133.
2007年に発効したオーストラリアと東ティモールの間のティモール海における
　特定の海洋措置に関する協定(CMATS協定)　　　　　　　　92, 97.
　　　3条　　　　　　　　　　　　　　　　　　　　　　97.
2003年に発効したナイジェリアとサントメ・プリンシペの協定　87, 89, 91, 92.
2003年に発効したオーストラリアと東ティモールの協定(ティモール海協定)　88, 89, 96.
　　　22条　　　　　　　　　　　　　　　　　　　　　97.
2001年のオーストラリアと国連東ティモール暫定行政機構との間の覚書　　88.
2001年に発効したクウェートとサウジ・アラビアの間の協定　　　　92.
1999年のデンマーク・英国のフェロー諸島及び英国間の海洋境界画定条約
　　　2条1項　　　　　　　　　　　　　　　　　　　　70.
1997年にタイとベトナムの間で締結されたタイ湾の海洋境界画定条約　　40.
1995年に発効したギニア・ビサウとセネガルの協定　　　　88, 90, 91.
1995年の英国とアルゼンチンとの間の南西大西洋における共同開発に関する共同声明　90.
1994年に発効したコロンビアとジャマイカの間の共同開発協定　　　90.
1992年に締結された英国とアイルランド共和国間の大陸棚画定条約付属議定書　40.
1992年のマレーシアとベトナムの覚書　　　　　　　　　　87, 91.
1989年のオーストラリアとインドネシア間のインドネシアの東チモール州と
　北部オーストラリア間の区域における協力区域に関する条約(チモール・ギャップ協定)　70, 88, 96.
1988年にデンマークと旧東ドイツの間で締結された境界画定条約　　　40.
1986年にビルマとインドの間で締結された境界画定条約　　　　　40.
1982年に発効したタイとマレーシアの覚書　　　　　　87, 89, 91, 96.
1981年のアイスランド・ノルウェーのアイスランドとヤンマイエン間の大陸棚協定　70.
1979年のタイ・マレーシアのタイ湾南部の共同開発区域設定の了解覚書　70, 90, 92, 93.
1974年の日本国と大韓民国との間の両国に隣接する大陸棚の
　南部の共同開発に関する協定(南部協定)　　　　　　　71, 83, 84-93.
　　　10条1項　　　　　　　　　　　　　　　　　　　95.
　　　19条　　　　　　　　　　　　　　　　　　　　　96.
1974年の日本国と大韓民国との間の両国に隣接する大陸棚の北部の
　境界画定に関する協定(北部協定)　　　　　　　　　　　　85.
1974年のフランス・スペイン間のビスケー湾大陸棚境界画定条約　　　70.
1974年のサウジアラビア・スーダン間の紅海共同区域・天然資源共同開発協定　70, 88, 91.
1969年のカタールとアラブ首長国連邦の間の協定　　　　　　　　91.

1965年のイギリス・ノルウェー間の大陸棚境界画定条約	69.
1965年のオランダ・イギリス間の大陸棚境界画定条約	69.
1958年のバハレーンとサウジ・アラビアの間の協定	91.
1887年6月26日に北京で締結された清仏条約	140.
2条	138.

【執筆者紹介】

村瀬　信也　　上智大学法学部教授

江藤　淳一　　上智大学法学部・法科大学院教授

田中　嘉文　　英国ウェストミンスター大学ロースクール、
　　　　　　　シニアレクチュラー

坂元　茂樹　　神戸大学大学院法学研究科教授

濱本　幸也　　外務省サービス貿易室首席事務官

兼原　敦子　　立教大学法学部法学科教授

加々美康彦　　鳥取環境大学環境情報学部准教授

奥脇　直也　　東京大学大学院法学政治学研究科教授

青木　隆　　　清和大学法学部教授

■編者紹介

村瀬 信也(むらせ しんや)
- 1967年　国際基督教大学卒業
- 1972年　東京大学大学院法学政治学研究科修了(法学博士)
  立教大学法学部専任講師を経て、
- 1974年　同学部助教授、ハーバード・ロー・スクール客員研究員(1976年まで)
- 1980年　国際連合本部事務局法務部法典化課法務担当官(1982年まで)
- 1982年　立教大学法学部教授(1993年まで)
- 1993年　上智大学法学部教授(現在に至る)
- 1995年　コロンビア・ロー・スクール客員教授、ハーグ国際法アカデミー講師
- 2004年　ハーグ国際法アカデミー理事(現在に至る)
  IPCC(気候変動政府間パネル)第4次報告書主要執筆者(2007年まで)

主要著作　『国際法の経済的基礎』(有斐閣、2001年)、『国際立法』(東信堂、2002年)、『武力紛争の国際法』(共編著、東信堂、2004年)、『自衛権の現代的展開』(編著、東信堂、2007年)ほか。

専　攻　国際法、国際環境法

江藤 淳一(えとう じゅんいち)
- 1981年　早稲田大学卒業
- 1987年　早稲田大学法学研究科博士課程満期退学
- 1987年　東洋大学法学部助手。以後、講師(1989年)、助教授(1995年)。
- 1991年　イエール・ロー・スクール客員研究員
- 1997在　ジュネーヴ軍縮会議日本政府代表部専門調査員
- 2001年　上智大学法学部教授(2004年より上智大学法科大学院兼担、現在に至る)

主要著作　「マルテンス条項―百年の軌跡」村瀬信也・真山全編『武力紛争の国際法』(東信堂、2004年)、「国際法における欠缺補充の法理」『世界法年報』25号(2006年)、「19世紀後半の陸戦法規の法典化における軍事的必要性の概念」『変容する社会の法と理論』(上智大学法学部創設50周年記念)(有斐閣、2008年)ほか。

専　攻　国際法

海洋境界画定の国際法　　　　　　　　　＊定価はカバーに表示してあります
2008年10月20日　　初　版　第1刷発行　　　　　　　　　〔検印省略〕

編著者©村瀬信也　江藤淳一　　発行者　下田勝司　　印刷・製本／中央精版印刷
東京都文京区向丘1-20-6
〒113-0023　TEL(03)3818-5521　郵便振替00110-6-37828　　発行所　株式会社 東信堂
　　　　　　FAX(03)3818-5514

Published by TOSHINDO PUBLISHING CO., LTD
1-20-6, Mukougaoka, Bunkyo-ku, Tokyo, 113-0023, Japan
E-mail：tk203444@fsinet.or.jp

ISBN978-4-88713-864-3　C3032